Aleixandre y Bousoño
escriben a Valente

Publicaciones de la
Cátedra José Ángel Valente
de Poesía y Estética

SeriePuntoCero
número 9

A Cátedra José Ángel Valente
de Poesía e Estética agradece a
Antoni Tàpies a cesión do motivo
gráfico da súa autoría co que se
compuxo o logotipo da Cátedra.

RUTH FERNÁNDEZ FERNÁNDEZ
LAURA PAZ FENTANES

Aleixandre y Bousoño
escriben a Valente

Epistolario Vicente Aleixandre/José Ángel Valente
Epistolario Carlos Bousoño/José Ángel Valente

Editor
CLAUDIO RODRÍGUEZ FER

universidade de santiago
de compostela

dous / mil / vinte e catro

Aleixandre y Bousoño escriben a Valente : epistolario Vicente Aleixandre-José Ángel Valente : epistolario Carlos Bousoño-José Ángel Valente / Ruth Fernández Fernández, Laura Paz Fentanes; editor, Claudio Rodríguez Fer. – Santiago de Compostela : Universidade de Santiago de Compostela, Edicións USC, 2024

290 p. ; 21 cm. – (Publicaciones de la Cátedra José Ángel Valente de Poesía y Estética. Punto cero ; 9)

D.L. C 272-2024. – ISBN: 978-84-10142-14-5

1.Valente, José Ángel, 1929-2000 – Correspondencia 2.Valente, José Ángel, 1929-2000 – Crítica e interpretación. 3.Aleixandre, Vicente, 1898-1984 – Correspondencia. 4.Bousoño,Carlos, 1923-2015 – Correspondencia I.Fernández Fernández, Ruth. Epistolario Vicente Aleixandre/José Ángel Valente. II.Paz Fentanes, Laura. Epistolario Carlos Bousoño/José Ángel Valente. III.Rodríguez Fer, Claudio,1956-, ed.lit. IV.Universidade de Santiago de Compostela. Edicións USC, ed.

929 Valente, José Ángel
860 Valente, José Ángel
860-1"19"Aleixandre, Vicente
821.134.2"19"Bousoño, Carlos

 Banco Santander colabora nas actividades da
Cátedra José Ángel Valente de Poesía e Estética

Ilustración de cuberta
Sen título, fotografía de Eduardo Ochoa

Edita
Edicións USC
Campus Vida
15782 Santiago de Compostela
https://www.usc.gal/publicacions

Maqueta
Isabel Argüelles García

Imprime
Imprenta Universitaria
Campus Vida

Dep. Legal: C 272-2024
ISBN 978-84-10142-14-5

ÍNDICE

1. EPISTOLARIO
Vicente Aleixandre/José Ángel Valente

Ruth Fernández Fernández

«Escribir es, para empezar, perder toda certeza, todo saber, anularse como persona privada –como 'autor'– para entrar en el lugar sin lugar de lo desconocido y de lo informe, el único lugar capaz de engendrar una palabra verdadera».

JOSÉ ÁNGEL VALENTE

«En fin, que teño moitos recordos da miña estadía compostelá, á parte dunha gran estima pola Universidade de Santiago. Por isto lle deixei a ela todo o meu arquivo e toda a miña biblioteca. Creo que en ningún sitio poderían estar mellor. De maneira que estou encantado coa creación da Cátedra que leva o meu nome e recibín con moita ilusión o meu doutoramento 'Honoris Causa' pola Universidade de Santiago, que agradezo e que aprecio moi sinceramente, e para o que tiven a sorte de que ti me apadriñaras. Non teño palabras para agradecervos a ti* e a Carmen, todo o que levades feito por min».

JOSÉ ÁNGEL VALENTE

«La importancia de los epistolarios de escritores para el conocimiento de la vida y la obra de estos, y aún de la literatura, de la cultura y de la sociedad de su tiempo en general, es algo que nadie puede poner en duda. Además, a veces, tales epistolarios tienen por sí mismos valor literario o artístico, incluso conscientemente buscado por parte del autor, y, en no pocas ocasiones, por su valor documental, cumplen una utilísima función auxiliar en la edición y anotación de otros textos de sus autores».

CLAUDIO RODRÍGUEZ FER

---

* En referencia al profesor y director de la Cátedra José Ángel Valente de Poesía y Estética Claudio Rodríguez Fer y a la escritora Carmen Blanco.

Dedicatorias

A mi familia, por su apoyo incondicional. A mis padres y a mi hermano David. Por estar siempre ahí, a pesar de mi mal humor cuando el estrés mostraba la peor cara del ser humano durante el tiempo dedicado a esta investigación. Gracias por el amor que me regaláis cada día. Gracias por comprenderme y apoyarme, por hacer de la vida juntos el mejor viaje literario. Por vosotros soy quien soy, por cada mirada cómplice, por cada sonrisa en el momento de más necesidad.

Un buen día, echando la vista atrás,
se dará usted cuenta de que estos años de lucha
han sido los más hermosos de su vida.
Sigmund Freud.

La curiosidad pudo más que el miedo
y no cerré los ojos.
Jorge Luis Borges.

Agradecimientos

Deseo expresar aquí mi agradecimiento a las personas que me han ayudado, animado y apoyado durante la realización de este trabajo de investigación, un camino difícil y también un viaje apasionante a través de la palabra escrita.

En primer lugar, quisiera dar las gracias al profesor Claudio Rodríguez Fer, por su apoyo y sus sugerencias desde el comienzo de este estudio años atrás hasta la finalización del mismo, proceso en el que me ha animado a seguir el camino de la investigación, compaginado siempre en mi caso con el de la docencia, la primera meta. Gracias por ejercer de tutor durante el tiempo dedicado a la realización de mi tesis doctoral. Siempre en la memoria como uno de los profesores de la Facultad que dejaron huella en sus pupilos.

Gracias a todos los estudiosos de la obra de José Ángel Valente, por la palabra impresa, consultada a través de las distintas investigaciones que preceden a esta para conocer más de cerca al poeta de Augasquentes. Cada manual ha contribuido a arrojar luz en el conocimiento de la figura del escritor.

A los amigos y compañeros de trabajo que me escucharon quejarme durante el avance de la investigación cuando se daban pasos atrás y que me decían «tú puedes», animándome a continuar para alcanzar esta segunda meta, gracias.

Gracias al personal que está al frente de las bibliotecas de la Universidad de Santiago de Compostela y de la Cátedra José Ángel Valente de Poesía y Estética, facilitando el acceso a los materiales necesarios para llevar adelante este trabajo. A todos los que se cruzaron en mi camino y que fueron conociendo el avance de esta investigación, esperando que puedan encontrar en ella la esencia que hemos querido sacar a la luz.

Por último, y lo más importante, agradezco a mi familia todo el apoyo recibido durante todos estos años y a lo largo de toda mi vida, viendo más de cerca el proceso de esta investigación en los dos últimos cursos, aguantando mi mal humor en algunos momentos, cuando las cosas no salían como una esperaba y el avance se ralentizaba. Calmando mis agobios y dándome ánimos siempre para salir adelante, sin temer a nada. Gracias a mis padres y a mi hermano, que siempre me expresaron su amor de forma presencial y a través de la distancia. Que nunca me dejaron rendirme. Gracias, mamá. Gracias, papá. Gracias, David. Nunca os lo diré las veces suficientes. Por ser como sois y por quererme así.

1.1. Introducción. *Notas sobre el estudio del epistolario*

Se sabe que Vicente Aleixandre fue un «prolífico corresponsal y que sus cartas se cuentan por "miles": cartas a la familia, cartas a los amigos, cartas a los poetas jóvenes y no tan jóvenes, desconocidos o consagrados, españoles o extranjeros. Cartas privadas y cartas públicas» (EMILIOZZI, 2001:9). El poeta escribió misivas durante toda su vida, desde su juventud hasta su muerte. Probablemente este gran caudal de epístolas se vio aumentado por su condición de persona sedentaria y de enfermo crónico, como se confirma con la consulta de los diferentes manuales que se refieren a su biografía y que aparecen citados en la bibliografía final.

A lo largo de las páginas del epistolario que Vicente Aleixandre dirige a José Ángel Valente se ve, pues, esa dedicación y cómo estas cartas albergan el apoyo a distintos poetas en sus proyectos académicos y literarios, publicaciones, presentaciones a premios, concesión de lectorados y diferentes puestos de trabajo, reconocimientos varios, viajes, lecturas públicas, etc.

En el caso del poeta perteneciente al Grupo del 27, en la persona de Vicente Aleixandre, se observa que existe realmente un hábito a la hora de escribir cartas a los amigos. Se trata de una actividad con la que el autor de *Historia del corazón* manifiesta sentir placer[1], como se desprende de las páginas que le envía a José Ángel Valente y que ahora nos ocupan en este estudio. Escribe a diario, a veces incluso enviando varias misivas al mismo destinatario en días consecutivos, y cada jornada también recibe cartas.

Se verá cómo va cambiando su caligrafía con el paso del tiempo, cómo se va deformando la letra de las cartas manuscritas cuando en los últimos años ya casi no podía ver, cuando no podía leer ni escribir. Después de ese impedimento pasaría a dictarlas, disculpándose además por enviarlas mecanografiadas y no escritas de su puño y letra, como él entendía que debían ser las cartas personales.

Hoy se sabe que escribió miles de cartas. Al igual que numerosos investigadores, en este trabajo somos conscientes de que estas misivas resultan imprescindibles para comprender de manera total la figura del poeta del 27 y su relación con los escritores y amigos a los que dedica muchas páginas, homenajes, poemas, etc. Los epistolarios se convierten, así, en una fuente fundamental para el completo conocimiento de sus autores, como ocurre con las misivas enviadas al escritor gallego.

El epistolario de José Ángel Valente, que se custodia por deseo del poeta en la Cátedra José Ángel Valente de Poesía y Estética de la Universidad de Santiago de Compostela, está compuesto

---

1   «Vicente Aleixandre siempre creyó en la carta, nunca perdió su fe en ella […] Aleixandre las disfrutaba, y por esto, como ya hemos visto, les fue fiel hasta el final de sus días» (EMILIOZZI, 2001:34).

por miles de cartas, postales, telegramas y faxes que recibió o, en copia, que envió el citado autor a lo largo de su vida.

Su riqueza documental en lo biográfico, lo histórico, lo intelectual, lo artístico y lo poético es, pues, extraordinaria, como se ha podido comprobar en los epistolarios ya total o parcialmente editados [...] No obstante, algunos de estos epistolarios podrían ampliarse algo o mucho con material todavía inédito que obra en la Cátedra Valente, donde además se conservan miles de misivas nunca editadas que ofrecen toda clase de interés (RODRÍGUEZ FER, 2021:9-10).

Buena prueba de la riqueza de este epistolario la constituye el conjunto de cartas escritas por poetas del llamado Grupo del 27, concretamente por Jorge Guillén, Vicente Aleixandre, Dámaso Alonso y Luis Cernuda, autores todos importantes en la obra, y en varios casos, también en la vida, de José Ángel Valente (RODRÍGUEZ FER, 2018:177).

En la Cátedra que lleva el nombre del poeta ourensano el conjunto de misivas archivadas que conforman los distintos epistolarios es muy importante en número. Tal vez no se dispone de todo el material deseado para completar el epistolario intercambiado con el poeta del 27, pero sí se sabe de la existencia de cientos de documentos que vienen a esclarecer el estudio de la vida y de la obra del autor de *Poemas a Lázaro* y que están a disposición de los filólogos en la sede de la Universidad, perteneciendo tal vez José Ángel Valente a la «última promoción que cultivó el género epistolar y que compartió un proyecto de vida y pensamiento si no común sí coincidente en no pocos resortes educativos y actitudes vitales» (CABALLERO BONALD, 2010:271) con muchos poetas de su generación.

Por todo ello, la decisión tomada ha sido la de centrar el estudio en esta ocasión en el *corpus* de cartas y tarjetas postales que José Ángel Valente guardó de su relación con el poeta del Grupo del 27, Vicente Aleixandre. Es conveniente destacar, además, el esmero con que se han conservado y clasificado las cartas, algo que hace que el archivo de la Cátedra se convierta en un valiosísimo fondo documental para los investigadores que deciden acercarse a la figura del poeta gallego ahora y para quienes lo hagan en el futuro.

Existe un amplio *corpus* epistolar mantenido por Valente con los poetas del 27, algo que pudimos comprobar al ordenar en la Cátedra las cartas recibidas. Así, la pretensión de este trabajo fue la de preparar la futura edición de la correspondencia postal mantenida entre el poeta ourensano y Vicente Aleixandre para conocer la relación de amistad entre los dos poetas y sacar a la luz aspectos de su vida y de su obra que las misivas plasmaron como fotografías de su existencia.

La frecuencia de las cartas no es regular, es decir, hay años en los que Aleixandre escribe muchas (hasta en días consecutivos, con lo que Valente las recibiría casi juntas), desde comienzos de la década de los cincuenta hasta mediados de los setenta, mientras que en años posteriores la cantidad de epístolas enviadas al autor de *Fragmentos de un libro futuro* se ve reducida drásticamente, llegando a ser casi anecdótica en los años 80 (del año 78 y del 81 se observa, por el momento, que no se conserva ninguna).

El frecuente intercambio epistolar de las dos primeras décadas deja paso a un contacto prácticamente anecdótico en las siguientes, hay años en que llegan a registrarse épocas de total ausencia de misivas en el archivo, bien porque se perdieron y no llegaron a su destino, porque su destinatario no las ha conservado o simplemente porque no existieron. De cualquier forma, los documentos que conforman el *corpus* que aquí se describe resultan fundamentales para ahondar en el estudio de ambos escritores, aportando datos sobre sus relaciones personales y el avance de su obra literaria.

En efecto, en este repositorio se encuentran cientos de cartas de corresponsales de los más variados lugares del mundo y muchas copias de las enviadas por Valente, lo que constituye una fuente de conocimiento intelectual y personal inestimable para el estudio de la vida y de la obra del donante y de decenas de figuras literarias, filosóficas y artísticas con él relacionadas. Y ello tanto en las lenguas propias del poeta –el castellano y el gallego– como en otras (RODRÍGUEZ FER, 2018: 176-177).

Además, es necesario apuntar en este momento que, como cabría suponer debido al gran escritor de cartas que fue Vicente Aleixandre, la extensión de las misivas emitidas por el poeta del 27 suele ser considerable, y así existen cartas manuscritas de varias páginas. No obstante, no debe olvidarse tampoco que existen casos de cartas más breves, a las que se suman las tarjetas postales. De José Ángel Valente solo se conservan dos cartas mecanografiadas y una carta manuscrita que el poeta ourensano le envía al autor de *Espadas como labios* y que se añadirán como apéndice en este estudio.

Sí se tiene constancia de la existencia de más misivas, según lo que se puede leer en las cartas de Aleixandre, quien le comunica haber recibido postal o carta cuando es el caso. De ahí que nos aventuremos a pensar que este *corpus* pueda verse ampliado cuando el archivo de Vicente Aleixandre se ponga a disposición de la comunidad investigadora.

Si las cartas de Vicente Aleixandre a José Ángel Valente son misivas, en su mayoría, muy extensas, no ocurre así al revés. No se cuenta con más que tres respuestas (de la última etapa del epistolario) firmadas por parte del poeta gallego, frente a los ciento veinte documentos conservados por el escritor andaluz. Se trata, además, de misivas de corta extensión.

Una constante en casi todas las cartas de Aleixandre es el hecho de hablar de los libros que van publicando los dos autores, del proceso de creación de las distintas obras, de la actividad de la lectura y de la corrección de los textos que van a salir a la luz, así como de la participación en distintos premios y revistas literarias de la época. El quehacer poético que ocupa a los autores se convierte en tema de conversación de este epistolario, también las visitas de distintos escritores y amigos en casa del andaluz, los encuentros, las reuniones, las salidas, la participación en seminarios, cursos, homenajes y jurados de premios. No solo hablan de literatura y asuntos académicos, sino que a través de las cartas se sabe de la salud de Aleixandre y de las circunstancias vitales de los familiares de Valente, del nacimiento de sus hijos, en definitiva de la vida[2] de los dos escritores.

---

2 «Coincide además con Lorca "en la necesidad de compartir con alguien su 'ambiente vital': su obra, pero además el ambiente que los rodea". Madrid

Al adentrarnos en el estudio de las cartas del Nobel descubrimos que escribió distintos tipos de misivas, según quién fuese su destinatario. No debe olvidarse tampoco que las cartas que se leen en un epistolario nacieron para ser privadas, aunque la pretensión de una investigación así sea hacerlas públicas, con su futura edición y presentación, o con su descripción y análisis, como es el caso de esta obra.

Debe tenerse presente, pues, que cuando llegue el momento y uno se adentre en su lectura tal vez esté cometiendo una falta de intromisión al hacerse dueño de las palabras escritas para otro destinatario, alguien muy concreto, dentro de lo que se entendía como una comunicación privada. Nos estamos convirtiendo en receptores de unas cartas que tuvieron otro destinatario y que fueron concebidas con un fin diferente al que nos ocupa como filólogos.

Aleixandre no solo escribe cartas, sino que también es lector de diferentes epistolarios. En una carta dirigida a José Luis Cano[3], del 11 de agosto de 1955, dice que «leíamos, en

---

y Miraflores de la Sierra, y con el paso del tiempo, en la afluencia de las cartas, Miraflores de la Sierra y Madrid, consustanciándose cada vez más el poeta con el campo y no con la ciudad o 'corte'. El invierno y el verano» (EMILIOZZI, 2001:31).

3   El crítico literario José Luis Cano (1912-1999), fundador de la colección Adonáis con Juan Guerrero Ruiz, será citado en varias ocasiones en el epistolario. Cofundador, junto a Enrique Canito, de la revista *Ínsula. Revista de Letras y Ciencias Humanas* en 1946 y director de la misma entre 1983 y 1998, fue autor del *Epistolario de Aleixandre*, publicado por Alianza Editorial en el año 1986, que consta de 126 cartas. José Luis Cano se convierte aquí en el destinatario del poeta, su confidente.

el reposo, cartas de Schiller [...] En el próximo año, Eva me traerá la correspondencia de Hölderlin». Con posterioridad, el 31 de agosto de 1956 en una carta que dirige a Gerardo Diego, compañero de generación, afirma lo siguiente: «Leo mucho, escribo algo. Leo cartas de D. Juan Valera» (EMI-LIOZZI, 2001:10).

Se ve, pues, un apasionado del género epistolar, contribuyendo con su pluma a engrosar los archivos de cartas de varias generaciones. Cuando el Archivo Vicente Aleixandre, hoy en manos de la viuda de Carlos Bousoño, pase a poder ser consultado por la comunidad científica, se descubrirá en realidad toda esa riqueza que tan solo puede aventurarse por las referencias de sus coetáneos y poetas más jóvenes con los que el académico mantuvo una relación de amistad durante tantos años.

Las páginas de este epistolario abarcan veintiocho años, iniciándose el 27 de septiembre de 1954 (en carta enviada por el poeta Vicente Aleixandre a José Ángel Valente desde Madrid) y cerrándose el 27 de julio de 1982 con una tarjeta postal.

El *corpus* sobre el que se ha realizado este estudio está formado por ciento seis cartas y doce tarjetas postales que Vicente Aleixandre le escribió a José Ángel Valente, además de una carta dirigida a Alberto Jiménez Fraud (escrita por Aleixandre) y una de José Ortega (enviada al poeta del 27), que se incluyen en el estudio por corresponder a la época y tratar asuntos relacionados. A estos documentos se suman las tres misivas que el escritor ourensano le envió al poeta del 27, las únicas conservadas en el archivo, firmadas por el poeta gallego y dirigidas al autor de *Sombra del paraíso*.

1.2. Objetivos. Procedencia del epistolario y justificación de la selección presentada

El principal objetivo de este estudio es el de analizar la correspondencia epistolar mantenida entre el poeta del 27 Vicente Aleixandre y el escritor José Ángel Valente, quedando para el futuro la propia edición del epistolario, hasta ahora un material inédito que se encuentra archivado en la Cátedra José Ángel Valente de Poesía y Estética, dependiente de la Universidad de Santiago de Compostela y con sede en la propia Facultad de Filología de la misma ciudad, de la cual es director el profesor y poeta Claudio Rodríguez Fer.

Después de realizar la transcripción de las cartas para su edición futura, este trabajo tiene ahora un carácter descriptivo, para mostrar los temas más frecuentes de las misivas, ahondar en la relación de amistad mantenida entre los dos autores y ver cómo se influyeron mutuamente en el panorama literario, al compartir comentarios sobre los poemarios que piensan publicar y ofrecer su opinión sobre los distintos artículos y reseñas que salen a la luz.

Es importante tener en cuenta que, con el tiempo, el material recopilado puede contar con alguna actualización, si aparecen nuevas cartas que puedan añadirse al *corpus* del epistolario. Es algo que está condicionado, en parte, por las familias de los autores de las cartas, ya que pueden aparecer nuevos materiales, hasta el momento inéditos y desconocidos por la comunidad investigadora, como es el caso de las cartas escritas por José Ángel Valente dirigidas al autor de *Sombra del paraíso*.

En este trabajo ese material resulta hoy imposible de describir, al ser negada su consulta por parte de la familia de Carlos Bousoño, propietaria del mismo. Se trata de un problema que viene de muy atrás, pues ya en el año 2007 se supo que la Diputación Provincial de Málaga no iba a adquirir el legado de Vicente Aleixandre hasta que no tuviese el respaldo jurídico que certificase la legalidad de la compra. Era necesario esperar a que se solucionase la disputa de la familia del académico con el poeta Carlos Bousoño en torno a la propiedad de algunos bienes. La Junta de Andalucía y la Diputación de Málaga tasaban en cinco millones de euros el legado. Amaya Aleixandre, sobrina del poeta del 27, no se mostraba de acuerdo con la venta de ese legado por parte de Bousoño, a quien, según él, Vicente Aleixandre se lo había cedido antes de morir.

En 2015 el mundo conoció la muerte del poeta Carlos Bousoño, que dejaba en manos de su viuda, Ruth Crespo, la custodia de ese legado literario. Se sabe que la biblioteca personal de Aleixandre, formada por unos tres mil volúmenes con cientos de títulos de la poesía española de posguerra, además de su propia obra, incluye textos también inéditos, como lo son las cartas de José Ángel Valente que hoy faltan en este estudio.

La comunidad científica sabe que hay un buen número de documentos que forman parte de los epistolarios recibidos por el poeta sevillano y que fundamentalmente se trata de cartas posteriores a 1939. Vicente Aleixandre, como se ha sugerido con anterioridad, le escribió a todo el mundo: a autores consagrados como Azorín o Pío Baroja, pasando por sus compañeros de generación, como Jorge Guillén, Cernuda, Dámaso Alonso, Emilio Prados, Manuel Altolaguirre... A ellos se suman autores surgidos con posterioridad y a los que el poeta abrió siempre las puertas de su casa: José Hierro, Gabriel Celaya, Blas de Otero, Francisco Brines, Pere Gimferrer, José Ángel Valente... También hay copia de borradores de epístolas enviadas por el poeta del 27 a su amigo y confidente José Luis Cano[4]. Todo un mundo por descubrir al que se nos

---

4 Nueva alusión a José Luis Cano, escritor y crítico español que fue considerado como uno de los mejores conocedores de la poesía de la generación del 27 y de la generación del 36. Cofundó en 1946 la revista literaria *Ínsula*, siendo posteriormente su director (1983-1987). Fue también director de la colección Adonáis de poesía, que recibe el nombre del premio aludido, uno de los más prestigiosos en el campo de la poesía. Así lo calificará Aleixandre en la carta que dirige a Alberto Jiménez Fraud el 19 de octubre de 1955. Sería también precisamente J. L. Cano quien iniciaría en el año 1995 una campaña para protestar por el estado en que se encontraba el inmueble de Velintonia 3, denunciando así el abandono institucional de tal emblemático lugar desde la muerte del premio Nobel en 1984.

Fue a partir de la primavera y el verano del 39 cuando realmente nuestra amistad se hizo más íntima, y nuestros encuentros más frecuentes. A partir de 1940, ya reconstruida su casa de Velintonia, mis visitas, casi siempre en domingo, tomaron un ritmo semanal que duró hasta su muerte. Cuando llegaba el verano, Vicente y su hermana Conchita se trasladaban a Miraflores de la Sierra, al que el poeta llamaba «mi segundo pueblo» (CANO, 1986b: 13).

Mi primer encuentro con Vicente Aleixandre fue en febrero de 1929, en Málaga, con ocasión de una visita del poeta a esa ciudad para conocer a Emilio Prados y Manuel Altolaguirre, que el año anterior le habían editado su primer libro, *Ámbito*, en la colección de la revista

han cerrado las puertas, al negarse el acceso al material aludido. Fue en el año 2011 cuando la Audiencia Provincial de Madrid decretó que el matrimonio Bousoño era el propietario legal del archivo. La Diputación de Málaga seguía interesada en adquirir el fondo, después de conocerse el fallo judicial. En ese momento se publicaban las cartas que Aleixandre le envió a Miguel Hernández y a su viuda, Josefina Manresa. Sin embargo, el volumen de Espasa no incluía las respuestas de Manresa a Aleixandre, de las que se sabe que se guardan en el fondo propiedad de los Bousoño. Esto ocurre ahora con las cartas de José Ángel Valente que se encuentran en ese archivo.

Este legado pertenecía desde el año 1983 al poeta Carlos Bousoño y a su esposa Ruth Crespo, amigos de Vicente Aleixandre. Desde el momento en que se conocieron las noticias de una posible venta de los bienes a la Junta de Andalucía, la sobrina del poeta reclamó el archivo del escritor. Se sucedieron los juicios y el Supremo terminó por confirmar que el matrimonio Bousoño era el propietario. Las últimas

---

Litoral que ellos dirigían. Yo era entonces un estudiante de diecisiete años que hacía ya versos –malos versos– de la mano protectora de Emilio Prados [...] Pero aquel primer encuentro fue fugaz: una rápida presentación y un intercambio de frases banales. Y ya no volví a ver a Aleixandre hasta el otoño de 1931 en que me trasladé a Madrid para seguir estudios universitarios. Le llamé entonces, tímidamente, por teléfono –es lo primero que me dijo Prados al despedirnos: «No dejes de llamar a Vicente: tenéis que ser amigos»– y le recordé aquel encuentro de 1929 en la malagueña calle Larios. «Aquello no cuenta», me dijo. «Tiene usted que venir a verme. Yo salgo poco. Tome usted nota de mis señas: Velintonia, 3, Parque Metropolitano» (CANO, 1986b: 9).

noticias refieren que la Comunidad de Madrid ha iniciado el procedimiento para declarar Bien de Interés Cultural (BIC) el archivo personal del poeta Vicente Aleixandre, de esta manera se haría accesible en el futuro. Acceder a él con libertad seguro hubiese sido el deseo del poeta Aleixandre. Se intuye que es uno de los archivos más completos de la Generación del 27, con un gran valor patrimonial e interés cultural, histórico y bibliográfico, que incluye textos inéditos, cientos de cartas y galeradas de sus textos con notas manuscritas. Lo dicho, un valioso tesoro por descubrir.

1.3. Metodología. Criterios de presentación del *corpus*

Al ser inmenso el archivo existente en la Cátedra, desde el inicio se tomó la decisión de concretar y acotar un *corpus* que después se habría de estudiar con detalle, centrando ahora el trabajo exclusivamente en la descripción del material relativo a la correspondencia mantenida por carta entre uno de los poetas más prolíficos de la llamada Generación del 27, Vicente Aleixandre, y el poeta ourensano José Ángel Valente. Fue precisamente por ser este un número de cartas muy extenso que se decidió centrar la investigación en la correspondencia epistolar mantenida con el autor de *Espadas como labios*, con quien José Ángel Valente desarrolló una relación de amistad más fructífera y del que se conserva el mayor número de misivas, acotando el material que se presentaría en la futura edición y cuyo análisis ahora nos ocupa, quedando para posibles

31

trabajos futuros otros epistolarios mantenidos con poetas de su generación.

El profesor Claudio Rodríguez Fer proporcionó una copia de parte del material manuscrito, indispensable para el estudio de los documentos. No obstante, el *corpus* también fue consultado en el espacio físico de la llamada Cátedra Valente. El material fotocopiado sirvió para trabajar cómodamente (sin tener la necesidad de permanecer en la Cátedra para la lectura o transcripción de cada una de las cartas, especialmente mientras duró el estado de alarma por causa de la expansión del Covid-19 y meses posteriores) y de manera más intensa (fuera de los propios horarios establecidos en la Facultad, en su mayor parte coincidentes con el horario de trabajo de la doctora que hizo este estudio).

Aunque en la mayoría de los casos la correspondencia se lee sin mayores problemas, es necesario señalar que existieron situaciones en las que conseguir dilucidar algún párrafo resultó una tarea bastante compleja, siendo en momentos muy puntuales imposible descifrar parte de la información que Aleixandre envió a su amigo Valente. Se presentaron lagunas difíciles de resolver, que requirieron mucho tiempo de relectura de las cartas, comparando grafías entre distintas palabras y los trazos característicos de sus cartas. A esta dificultad se suma el problema de otras epístolas o tarjetas con algunos términos totalmente ilegibles. Hubo casos puntuales que obligaron a una consulta *in situ* para el correcto tratamiento de las distintas misivas (recordemos: un total de 123 documentos en el caso de la correspondencia mantenida entre el sevillano y el poeta ourensano), con el fin de obtener la máxima legibilidad del material, en ocasiones borroso e incluso ininteligible, como dejamos apuntado para el futuro al transcribir el documento concreto que presenta tales problemas.

Así, es necesario indicar que existen misivas y tarjetas postales en las que una mínima parte de la información incluida es irrecuperable, por el soporte empleado en su momento, pero sobre todo debido a problemas de conservación o a las características del papel (papel cebolla muy fino en algún caso, las conocidas hojas holandesas para el correo aéreo), ya que el anverso y el reverso mezclan lo escrito al transparentarse la caligrafía, un hecho que dificulta enormemente la lectura y la posterior transcripción de una pequeña parte de la correspondencia. Algunas de las ausencias se explican, pues, por este motivo al que aludimos ya en este momento. Conviene aclarar que se trata de casos puntuales de palabras, ya que no existen cartas ni tarjetas postales que presenten un problema mayor y por lo general se transcriben sin graves problemas, a pesar de las dificultades esperables a la hora de interpretar la caligrafía de Vicente Aleixandre, con trazos que, en ciertos momentos, complican la labor de transcripción, uno de los objetivos de este trabajo, para su posterior edición.

Por lo que a la metodología se refiere, conviene incidir en que para alcanzar los objetivos fijados se ha decidido desde el comienzo partir de una perspectiva plural, es decir, de una concepción integral de los estudios literarios sin dejar al margen ningún objeto de interés. No solo interesan los datos relativos a la creación artística de los dos poetas, sino también a la propia vida compartida, a las circunstancias personales que envuelven el proceso de redacción y publicación de sus poemarios.

Se tiene en cuenta una perspectiva inmanente, ocupándonos del análisis textual de las cartas, y una perspectiva no inmanente, teniendo en cuenta el contexto en el que las misivas que aquí se describen fueron escritas. De esta manera, no se deja a un lado el contexto histórico, social y cultural en el que se desarrolló el epistolario, por ser algo que se considera fundamental para su comprensión.

Conviene indicar que se ha analizado esta correspondencia anotando todos aquellos datos que se creyeron pertinentes para el completo entendimiento de las cartas, tanto en las notas a pie de página que se verán cuando se publique el epistolario como en las explicaciones que se dan de los documentos y que se presentan separadas por décadas, así como en los capítulos biográficos incorporados en este estudio. Esta metodología obliga a ocuparnos del análisis textual de los documentos y del contexto en el que fueron concebidos, prestando atención al medio social y cultural en el que se redactan y se envían.

Se sigue una metodología inductiva, al partir de la lectura del conjunto de cartas archivadas en la Cátedra Valente para ofrecer una nueva visión sobre la relación personal mantenida entre el Premio Nobel y José Ángel Valente. Además, se tienen en cuenta las obras publicadas por los dos autores a lo largo del tiempo que abarca el epistolario.

En cuanto a la descripción y el análisis de los documentos que conforman el *corpus* del epistolario objeto de estudio debe indicarse que se sigue un orden cronológico, tanto en la disposición de los cuadros iniciales como en la sección que se centra en la reflexión sobre los temas que aparecen en las misivas. Igual ocurrirá con la transcripción del epistolario en el futuro, siguiendo una disposición temporal, según el momento histórico en el que tuvo lugar el intercambio de esa correspondencia. Se pretende con ello facilitar la lectura de los documentos y observar la evolución de la relación intelectual y personal mantenida entre los dos autores a lo largo de casi treinta años.

Como ya se anunció anteriormente, el material analizado se corresponde, prácticamente en su totalidad, con las cartas y tarjetas postales enviadas por Vicente Aleixandre a José Ángel Valente desde Madrid o Miraflores de la Sierra[5]. Para

---

5   Miraflores de la Sierra, en Madrid, es el lugar desde el que Aleixandre envía la mayor parte de sus cartas a J. Á. Valente. La primera estancia en Miraflores de la Sierra se remonta al año 1925, cuando su padre trabajaba en las oficinas de los Ferrocarriles del Norte y Aleixandre sufre su primera nefritis, que lo convertirá en un enfermo crónico (DE LUIS, 1982: 8).
    La Sierra de Guadarrama es el sanatorio de Madrid. Cirilo Aleixandre alquiló allí una casa, en Miraflores, para instalar al enfermo [...] Tras cinco meses de cura al aire libre y muy mejorado, Vicente va a intentar rehacer su vida. Vivir en Miraflores es estar demasiado lejos; vivir en la ciudad no es aconsejable. El padre decide tomar una casita en Aravaca, a ocho kilómetros de Madrid [...] Allí termina de escribir *Ámbito*» (DE LUIS, 1978: 104-106).
    Es fundamental dar por sentado que ese será el epicentro de las reuniones con los poetas y el centro neurálgico desde el que se siguen los avatares de la vida de Valente a ojos del sevillano.

el final quedan las tres cartas archivadas en la Cátedra que le envió José Ángel Valente al autor de *Espadas como labios*, datadas el 18 de mayo de 1969, el 16 de abril de 1974 y el 7 de febrero de 1976. De este modo, se hace una diferenciación también por destinatario, sin mezclar las cartas de Valente en el *corpus* de Aleixandre, algo que sería extraordinariamente útil para el futuro en el caso de disponer de nueva correspondencia del poeta gallego, si es que los herederos del legado de Vicente Aleixandre dispusiesen de ese material y se lo facilitasen a la comunidad investigadora para completar la otra cara de la colección.

Por lo que se refiere a los criterios de presentación que se siguen en este trabajo, debemos tener en cuenta que, además de ordenar las cartas cronológicamente, se ofrece en este manual un cuadro en el que se hacen constar las incidencias más sobresalientes tras la recopilación. Es necesario señalar que la carta descrita en primer lugar, la que abriría la edición del epistolario, no está fechada, y tampoco presenta datos relativos al lugar de emisión. A menudo se ve que hay texto escrito en los márgenes de las cartas, con escritura apretada y deformada, ocupando un espacio que debía estar libre (recurso que emplea a menudo Aleixandre para evitar comenzar otro pliego de papel).

Se observan también pequeños errores de acentuación en monosílabos, hábito que presenta Vicente Aleixandre en su escritura y que se actualiza. Muestra cierta vacilación en el uso de las mayúsculas para referirse a los meses del año, haciendo un uso arbitrario de la mayúscula o de la minúscula.

Aparece algún error sintáctico y de carácter ortográfico, además de repeticiones innecesarias de sílabas por algún descuido en la escritura. Existen casos puntuales de tachaduras en las cartas, que no impiden la lectura de la epístola en cuestión. En muchas ocasiones los títulos de las obras referidas por Vicente Aleixandre y los nombres de las revistas a las que envían sus colaboraciones los autores del epistolario no aparecen destacados ni mediante el subrayado ni con el uso de las comillas.

Hay que recordar que las citas bibliográficas se incorporan siguiendo la convención fijada para este tipo de trabajos y los manuales consultados en esta investigación se recogen en la bibliografía final. Este estudio se cerrará con una conclusión global, en la que trataremos de sintetizar el trabajo llevado a cabo sobre el epistolario conservado en la Cátedra, después de tratar los asuntos más relevantes a los que se alude en las cartas.

Antes de pasar al análisis de cada documento se ha decidido trazar una breve biografía de los dos autores, siendo plenamente conscientes del *corpus* existente y de la ausencia de un conjunto de misivas que aventuramos existen dentro del Archivo Vicente Aleixandre. Las hemos titulado «José Ángel Valente. Lo que las cartas descubren» y «Vicente Aleixandre. Lo que esconderán los inéditos» y se incluyen después de los cuadros elaborados para ofrecer una visión de conjunto del material recopilado. Servirán como un repaso biográfico para presentar a los poetas y ubicarlos en el contexto de este epistolario.

1.4. El epistolario como un hilo conductor entre la vida y la obra

A través de la lectura de las misivas, desde el año 1954 hasta 1982, se observa el proceso de creación de títulos como *Sombra del paraíso*, *Pasión de la tierra*, *La destrucción o el amor* o *Los Encuentros* (que contó con dos editores y cuya última semblanza dice el autor fue dedicada a José Ortega y Gasset), de Vicente Aleixandre; *Poemas a Lázaro*, *La memoria y los signos*, *Siete representaciones* o *Breve son*, de José Ángel Valente, solo por citar en este punto algunas de las obras referidas en las misivas que se estudiarán.

Por medio de este *corpus* epistolar se conocen los avatares de la publicación de las distintas obras de los autores de las cartas, así como las de otros escritores aludidos en ellas y pertenecientes al círculo de amistades trabadas alrededor de la figura del poeta sevillano y en el que se incluye José Ángel Valente, estando presente en algunos de esos encuentros y referido muy a menudo como poeta ausente, puesto que a través de la distancia Vicente Aleixandre lo trae a su jardín y lo hace partícipe de todo lo que sucede con sus coetáneos a través de las cartas que le envía luego. Lo echa de menos y le recrimina con frecuencia el hecho de que no regrese y lo visite en su casa. En el año 1955 Aleixandre le aconsejaría que no estuviese demasiado tiempo fuera, ya que corría el riesgo de que se olvidasen de él[6]. Valente no siguió su recomendación.

---

6   Así lo recoge Ángeles García en una entrevista para el periódico *El País* (que llevaba por título «Los intelectuales están domesticados») publicada

Después de Oxford se trasladaría a Ginebra[7], donde pasaría la mayor parte de su vida.

El fin de esta obra es fundamentalmente hacer una síntesis de la investigación centrada en la transcripción y la anotación de un epistolario hasta el momento desconocido e inédito, que viene a aumentar la bibliografía sobre estos dos autores. Este libro permite, además, revisar el proceso de creación y de publicación de las obras referidas, así como testimoniar la amistad mantenida entre los dos escritores y conocer algunos aspectos biográficos de primera mano, contados en primera persona por los propios autores de las cartas. De este modo, se ofrece a los lectores la oportunidad de gozar de un retrato particular de los poetas amigos de Vicente Aleixandre (Carlos Bousoño, José Luis Cano, Jaime Ferrán, Alfonso Costafreda,

---

el 24 de julio de 1994: «cuando me fui a Inglaterra, en el año 55, al irme a despedir de Aleixandre, que era como la tía abuela de todos nosotros, me dijo en su casa de Miraflores: "está bien que te vayas a Oxford, pero no estés mucho tiempo fuera porque aquí en España se olvidan muy pronto de la gente y se olvidarán de ti". Dije si me olvidan qué más me da ¿quién me iba a olvidar» (FERNÁNDEZ RODRÍGUEZ, 2012: 334).

7   Al principio José Ángel Valente solamente piensa permanecer en la ciudad de Ginebra dos o tres años, con el fin de ahorrar dinero y poder volver a Madrid para preparar una oposición universitaria y retomar su trabajo de tesis (abandonado al marchar a Oxford). Sin embargo vivirá en el territorio suizo veinticinco años. A principios de 1958 abandona Inglaterra y se instala en Ginebra, manteniendo el vínculo con la Universidad de Oxford, por asuntos académicos y por la relación amorosa iniciada con una joven inglesa en los años setenta, Katherine Dumbleton.

Yo viví veinticinco años en Ginebra, a la que no debo absolutamente nada. Ni a la ciudad ni a sus gentes (VALENTE, 2011: 287).

Claudio Rodríguez, etc.) a los que se refiere en las cartas que le envía a Valente a Oxford y a Ginebra y que comparten tiempo y espacio en su casa de Miraflores de la Sierra.

Somos testigos así de ese papel de mecenas que ejerce con los poetas que le visitan, tal vez también motivado, como señalaba Ricardo Gullón, porque Vicente Aleixandre «llega a la poesía un poco más tarde que sus compañeros de generación. Sabemos, por confidencia del poeta, cómo descubrió la poesía: a los dieciocho años conoció en un pueblo de la Sierra de Ávila a quien iba a ser su gran amigo, Dámaso Alonso, y éste le prestó un tomo de versos de Rubén Darío. Era el primer libro de esta clase que caía en sus manos y "aquella verdaderamente virginal lectura fue –dice– una revolución en mi espíritu. Descubría a la poesía: me fue revelada, y en mí se instauró la gran pasión de mi vida que nunca más me habría de ser desarraigada". Poco después cayó enfermo, y la enfermedad, obligándole durante algunos años a reposo y soledad, le hizo concentrarse en la lectura y en la creación poética» (CANO, 1981: 10).

Se tiene noticia a través de las cartas de diferentes aventuras retratadas por los autores en primera persona (como es la visita al Castillo de Manzanares, de la que sale un poema que se incluye en la obra *En un vasto dominio*), así como peripecias varias referidas a su círculo de amigos y al entorno familiar, además de mencionar aspectos que tienen que ver con las circunstancias profesionales de José Ángel Valente en distintos momentos de su vida y a los que alude Vicente Aleixandre continuamente. No debe olvidarse tampoco que, por medio de la correspondencia enviada, el poeta del 27 hace una reflexión sobre su propia obra y la de sus contemporáneos, algo muy valioso, a la manera de una poética sobre la lírica del momento histórico en que escribe.

Tampoco puede dejar de mencionarse que se observa un cambio importante hacia las últimas cartas del epistolario, teniendo en cuenta el criterio temporal aludido, ya que cuando Aleixandre tiene mayor edad advertimos una mano menos firme, que altera la caligrafía. Por otros epistolarios consultados y por lo que dice el autor en los últimos escritos que le envía a Valente, también se sabe que al final de su vida, cuando ya casi estaba ciego, encargaba la labor de escribir su correspondencia a una secretaria, por lo que las cartas aparecerán mecanografiadas. De esta manera, ya en la misiva fechada el 17 de agosto de 1976 Aleixandre se excusa por no haber contestado antes y dice «no te he escrito por el estado de mi vista –cataratas además de glaucoma (...) Conchita también está mal de la vista (aparte su enfermedad de movimientos) y en otoño los dos seremos examinados a fondo (al fondo en los ojos) y me supongo que nos tendremos que resignar a los bisturíes. Te escribo casi a tientas y casi no puedo leer».

Ese diagnóstico sobre las cataratas lo conoce ya cuando se lo comunica en otra carta previa datada el 1 de febrero del mismo año, cuando le dice que «en noviembre descubrió el oculista que tengo cataratas, con lo que he tenido que reducir el trabajo de mis ojos. Estoy a tratamiento para ver de detener el proceso. De salud no estoy peor salvo mis ojos. Espero tenga arreglo. Estoy decidido a operarme si fuera necesario. No quiero acabar, si se puede evitar, como Valera o Galdós».

Un año después de hablarle de su situación, diagnosticado el glaucoma, Aleixandre se dirige a Valente haciéndole saber lo siguiente: «he sufrido dos operaciones y antes Conchita otras dos. Las cuatro de glaucoma, que veníamos padeciendo hace años y que al fin el cirujano oculista se decidió a intervenir. Empezamos en noviembre, con la primera de Conchita y acabó la última en junio con la segunda mía. Cada dos meses una operación y la larga convalecencia antes de la siguiente. Nuestra visión ha quedado disminuida, cosa prevista, pues estas operaciones suprimen la enfermedad, pero no resuelve lo que en su curso se ha ido perdiendo». En esa carta del 29 de agosto de 1977 vuelve a recordar a Juan Valera y a Galdós «que acabaron ciegos su vida. Espero que en esta casa, con tantas medidas tomadas, otra sea la situación». Confiesa que su ración de lectura disminuyó, al igual que la escritura, considerando los libros como «manjares prohibidos».

Siguiendo el avance de ese declive, el 13 de marzo de 1979 confiesa que sigue sin poder leer ni escribir, «pero te pongo estas líneas, dictadas, para que sepas que me ha llegado tu libro. Es un libro "prometido" porque me lo mandas para que me acompañe, pues leerlo es solo una esperanza, y me ayuda con su presencia». El problema parece no tener solución, es algo que disgusta enormemente al escritor, tan activo como había sido, como lector y autor, en verso y prosa.

Así, el 6 de mayo de 1980 le repite en la única misiva de ese año (desde 1977 solo existe en el archivo una epístola anual, excepto del año 1978, del que no hay ninguna) que sigue «sin leer ni escribir y por eso te dicto estas palabrillas (…) Si nos vemos (por mi parte ver es casi un decir) ya me contarás de tu vida y obra». Finalmente, en el documento que cierra el epistolario de Aleixandre, el 27 de julio de 1982, ratifica su problema de visión: «Yo no estoy mejor de mis calamidades, pero adelante mientras se pueda. Dolores, visión limitada (un solo ojo y protestón). (…) Espero algún día nos veremos otra vez, tú del todo, yo a medias». Se observan, además, en sus palabras las huellas del humor que lo caracterizaba y que lo acompañó hasta sus últimos días.

Por lo que se refiere a las tarjetas postales enviadas por Vicente Aleixandre, debe señalarse que son también manuscritas. Varias de las postales reproducen diferentes imágenes, mientras que hay otras tarjetas que no tienen ninguna fotografía a la que referirnos. Tras la lectura de diferentes estudios sobre la obra de Vicente Aleixandre podemos decir que el poeta del 27 elige cuidadosamente sus tarjetas, siempre pensando en el destinatario al que van dirigidas, buscando la conexión con el receptor de las mismas. Además, con su elección deja patentes sus gustos, como ocurre con la pintura europea, de la que fue un gran coleccionista. De alguna manera se observa esa búsqueda consciente por parte del emisor de dejar huella en el amigo que recibirá la tarjeta, permitiendo que conozca a través de esa elección algunas de sus preocupaciones o inquietudes, como cuando alguien elige un libro para otra persona y en esa selección, sin poder evitarlo, deja la huella de su personalidad.

El trabajo supone una novedad y también una primera aproximación a un *corpus* que podrá ser objeto de futuras investigaciones para añadir nuevas reflexiones a las presentadas y tal vez completar el trabajo con la correspondencia que hoy se encuentra en manos de la familia Bousoño y que resulta del todo imposible consultar. El siguiente paso será el de la edición del epistolario de Vicente Aleixandre enviado a José Ángel Valente, cuando legalmente pueda procederse a su publicación.

Creemos necesario incorporar algunos datos fundamentales de la biografía de los autores, con la pretensión de que ayuden a comprender los momentos decisivos que afectan a su relación, mantenida desde los años 50 hasta la década de los 80. Estas notas biográficas servirán de presentación de ambos poetas, teniendo en cuenta las entrevistas que el poeta Claudio Rodríguez Fer le realizó a José Ángel Valente[8], siguiendo de cerca su *Diario anónimo* y tomando como base fundamental los estudios biográficos que el investigador lucense y actual director de la Cátedra editó y dirigió, para aproximarnos a la figura del poeta ausente, José Ángel Valente. Nos referimos en este punto a los trabajos publicados en los tres tomos de *Valente vital* a los que aludiremos en diferentes momentos de este trabajo y que serán citados en la bibliografía final. En el caso de Vicente Aleixandre serán

---

8 «Entrevista vital a José Ángel Valente: de Ourense a Oxford» –*Moenia. Revista lucense de Lingüística & Literatura*, núm. 4, (1998), pp. 451-464– y «Entrevista vital a José Ángel Valente: de Xenebra a Almería» –*Moenia. Revista lucense de Lingüística & Literatura*, núm. 6, (2000), pp. 185-210–.

fundamentales las aportaciones de José Luis Cano y Leopoldo de Luis.

La decisión de tener como referencia la cronología de las cartas y no, por ejemplo, su lugar de emisión ha respondido también a la finalidad de permitir al lector el ser testigo de la evolución vital que se desarrolla a través de las epístolas, siendo factible el seguimiento de los cambios físicos del poeta del Grupo del 27, así como de las circunstancias familiares del poeta ourensano, con el nacimiento de los hijos, el fallecimiento de seres queridos y sus cambios laborales y de residencia. También, y más importante desde un punto de vista filológico, esta presentación permitirá seguir el avance y los progresos conseguidos en su trayectoria literaria, los pasos en la edición de varios poemarios, la participación en certámenes literarios, la colaboración en distintas revistas literarias, la realización de varios viajes, etc.

1.5. *Corpus* analizado y temas tratados

A continuación se hace una síntesis en la que se destacan algunos de los aspectos más significativos del *corpus* que conforma el epistolario que aquí analizamos, especificando los temas que aparecen en las cartas y tarjetas postales enviadas por los poetas. Se ofrecen además unos cuadros que permiten obtener una visión panorámica, observando ya en este punto la disparidad en el número de documentos firmados por uno y otro autor a lo largo del período de casi treinta años al que nos hemos referido con anterioridad.

Número total de cartas	Número total de tarjetas postales
106 de V. Aleixandre a J. Á. Valente	**12** de V. Aleixandre a J. Á. Valente
1 de V. Aleixandre a Alberto Jiménez Fraud	
1 de José Ortega a V. Aleixandre	
3 de J. Á. Valente a V. Aleixandre	

En este trabajo se reúnen las ciento seis cartas y las doce tarjetas postales que Vicente Aleixandre le escribió a José Ángel Valente, además de una carta dirigida a Alberto Jiménez Fraud (escrita por Aleixandre) y una de José Ortega (enviada al poeta del 27), por corresponder a la época y tratar asuntos relacionados con lo que Aleixandre le refiere a Valente en las cartas firmadas por él. Se añaden tres misivas más, a modo de apéndice, archivadas en la Cátedra Valente, que el escritor ourensano le envió al poeta del 27. Abarcan el arco temporal que va de los años cincuenta hasta los ochenta en el caso de las cartas en las que Aleixandre es el emisor, mientras que los documentos del apéndice, en los que es el destinatario, están muy separados en el tiempo, datados el 18 de mayo de 1969, el 16 de abril de 1974 y el 7 de febrero de 1976.

Como se ha señalado, las cartas de Vicente Aleixandre a José Ángel Valente son largas (véanse referencias como la de la carta fechada el 23 de abril de 1965, «Ya ves que yo no te escribo corto», mientras que el 25 de noviembre de ese mismo año le reprocha que «Me tienes muy abandonado. ¡Mira que en tantos meses ni una línea!», insistiendo en esa idea el 22 de julio de 1966: «Eres un "réprobo" que no me has escrito en toda la temporada»). Las cartas de Aleixandre a Valente se suceden en el tiempo, aparecen con frecuencia, a la vez que el andaluz le insiste al autor de *Punto cero* para que le remita unas líneas, aunque la carta sea breve. Tan solo quiere saber cómo va su día a día, necesita de vez en cuando su saludo y así se lo dice en varios momentos (el 4 de septiembre de 1958, el 19 de junio de 1960 y el 26 de agosto de 1963, por ejemplo).

Algunas muestras más de esa insistencia en tener correspondencia de Valente, aunque no se trate de una carta tan larga como las que envía él, aparecen el 23 de octubre de 1956: «Escríbeme cuando te apetezca, aunque sea menos largo que esta carta. Ya sabes que me basta con unas rápidas letras tuyas, muy compensadoras» y el 9 de mayo de 1958: «Ponme una postalita desde ahí, antes de abandonar Europa. ¡No me seas réprobo! Y luego, si puedes y hay lugar, alguna postalita también desde América» o el 11 de noviembre del mismo año: «No hace falta que me escribas carta, pero sí una de esas postales largas que son como cartas apretadas y buenas».

El 17 de abril vuelve a pedirle carta: «A ver si después de escribir a Emilia me pones una carta (no hace falta que sea kilométrica; sino, no se encuentra momento). O en último caso desde Oxford». Es una insistencia que acompaña a todo el conjunto, que se repite a menudo según avanzamos en la lectura del epistolario y, de igual manera, el 12 de junio de 1960, vuelve a solicitar esa correspondencia que no consigue llegar. Lo hace con estas palabras: «Cuando tú puedas ponme unas líneas, sólo de verdad unas letras (seis renglones) para saber más adelante cómo marcháis todos», o también «Ponme una de esas postalillas tuyas sabrosas y dime qué hay de tu proyecto de venir en este otoño a lo (de) tu piso etc. (…) No me seas tácito y ponme esas líneas diciendo si vienes», el 27 de septiembre de 1971.

En otra ocasión aclara lo siguiente: «Ya no digo que me escribas carta. Pero sí una postalilla antes de salir de Ginebra diciendo cuándo llegarás a Madrid» (1 de febrero de 1962). Hay situaciones en las que ya no se limita a solicitar esa carta que no llega, sino que se propone reprenderlo por no obtener respuesta a sus misivas ni recibir las visitas que tanto le gustaban en su retiro de Miraflores. Así, el 17 de mayo de 1967 le dice: «Esta vez es un año entero de ausencia, y además tú eres un perezoso creciente en materia de cartas y cada vez escribes menos. Meses y meses sin saber de ti», y el 9 de junio de 1969 le recuerda que «ya va a hacer dos años que no nos vemos. ¡La temporada más larga!».

La frecuencia epistolar no es la deseada para Aleixandre, a quien le gustaría saber de su amigo gallego más a menudo, sobre todo al encontrarse en el extranjero y verse en escasas ocasiones, como refiere en la carta del 25 de abril de 1968: «Este año ha sido el de menos noticias ginebrinas y el que me he sentido más aislado de vosotros. Quizá esta sea la primera vez que pasará más de un año sin volver a "lo nativo", como tú dices». Le preocupa la distancia y el hecho de no tener noticias, por lo que es significativo fijarnos en la petición del 17 de abril de 1958: «que yo sepa siempre tu dirección» o «yo quiero sentir siempre la evolución de tu vida de cerca y que no nos sintamos nunca alejados», en carta del 9 de enero de 1960.

Vicente Aleixandre es, como se ha dicho en las primeras páginas de este estudio, un gran amante de la correspondencia, un gran escritor de cartas y se muestra consciente de su labor epistolar. Sabe que escribe mucho y con frecuencia. Sus cartas son muy seguidas cronológicamente y de varias páginas. Así, aludiendo a la extensión de alguna misiva, dice «cierro mi carta, que ya está bien» (el 15 de diciembre de 1956) o «tardé en escribirte, pero no he sido breve» (el 4 de diciembre de 1956).

En las misivas también le solicita varias colaboraciones para revistas de la época, y ahí sí insiste en que no sea exiguo: «Ya ves que para estar en cama mi carta no es breve. Por tu foto me pareciste más gordo, como buen padre de familia. Bueno, Pepe, adiós. Que no hagas corto tu artículo; extiéndete con la amplitud que te apetezca para que el "homenaje" no resulte enteco» (carta del día 2 de enero de 1959). Otro de los ejemplos en los que se observa la petición de Vicente Aleixandre para que José Ángel Valente le escriba algún artículo sobre su obra lo vemos en: «*Historia del corazón* lo tienes reciente y cualquier sugestión sobre el libro me parecerá de perlas. Como, por supuesto, cualquier otra cosa.- Date prisa, porque el nº quieren que sea el de mayo. Y mándale tu texto a José Manuel Caballero Bonald, Virgen de la Consolación 3 (Barrio de la Concepción), Madrid. Él me dice que te ha escrito. Si te ha dado otras señas mándalo donde sea» (en carta del 5 de abril de 1958).

Un día después vuelve a escribirle sobre ese asunto, reiterando lo dicho con anterioridad, para añadir que «a mí me darás una gran alegría si tu colaboración no falta. Tu original mándaselo a José Manuel Caballero Bonald, Virgen de la Consolación 3. (Barrio de la Concepción), Madrid» (en carta del 6 de abril de ese mismo año). Se ocupa sobre este mismo asunto en la carta fechada el día 17 de abril, añadiendo que «me daba pena que el número saliera sin nada tuyo». Con frecuencia observamos la insistencia de Vicente Aleixandre para que el poeta ourensano le escriba unas letras o finalice algún trabajo ensayístico cuando se trata especialmente de reseñas sobre sus libros.

La poesía y el propio acto de la creación se convierten en dos de los temas fundamentales que aparecen en el epistolario que nos ocupa.

Para Vicente Aleixandre, los poetas son «ángeles desterrados de su celeste origen» (*Sombra del Paraíso*), aunque de carne y hueso. Pero en la carta II, confidencialmente, precisa: «ángeles desterrados de un mundo que vagamente recordamos y presentimos, y al que anhelamos retornar con toda sed de nuestros corazones. Las alas se nos notan, pueden tocarse su bulto apenas disimulado bajo la ropa. Como pueden verse como un rastro fugaz y resplandeciente, en donde anunciamos un mundo entrevisto en el éxtasis, no sé si profecía o si recuerdo, pero sí imagen de nuestro ineludible destino. Yo sí, yo traigo y presento a los hombres un mundo elemental, cruzado de luz y sombra [...]». El poeta se reconoce como un vencedor de la muerte, pues ha depositado su fe en la poesía que desborda los límites aparenciales. La poesía es «el más hermoso acto de amor» (ZARDOYA, 1987:117).

En carta del 24 de octubre de 1961 reflexiona sobre para quién escribe. Así, le dice a Valente lo siguiente: «A "Papeles" [refiriéndose a la revista *Papeles de Son Armadans* de Cela] quiero mandar pronto el poema que tú conoces "Para quién escribo"» (que se incluirá en la obra *En un vasto dominio*).

Destacamos una afirmación: «Yo escribo versos, todavía escribo versos. Esto en mí será como la vida, a lo que parece, y me dejará con la muerte [...]».

¿Para quién escribe? «Mi poesía habla a los hombres, se encara con los seres vivos, y un solo hombre que me escuche tiene que oírme como si en él estuvieran representados todos los hombres [...]».

¿Cómo escribe? Sus libros los siente «orgánicamente» y estudia con cuidado el desarrollo de todas y cada una de sus partes (ZARDOYA, 1987:118).

A través de la lectura y posterior análisis del *corpus* puede observarse que se trata, en definitiva, del seguimiento de una relación de amistad que se va haciendo más fuerte según se suceden los intercambios epistolares, en los que se va a hablar de la vida y de la obra de los dos escritores. De este modo, en el conjunto de las misivas recopilado y analizado los temas son muy variados: se insiste en la idea del grupo de amigos, con la intención de Vicente Aleixandre de perfilar también a las personas que lo integran; se habla fundamentalmente de noticias del mundo literario, tales como premios, publicaciones de libros, colaboraciones en distintas revistas, envíos de obras y comentarios a estas dando la enhorabuena, etc.

Pero también se tratan asuntos más personales, siendo la vida y la muerte dos temas fundamentales en estas páginas, asuntos vinculados al ámbito de la familia, para abordar distintos acontecimientos, unos tristes y otros felices. Entre las buenas noticias a las que se alude en las cartas están las que hacen referencia al nacimiento de varios de los hijos de Valente o a las visitas que Emilia Palomo (la primera mujer del poeta gallego) hace con ellos (Lucila, Antonio y su ahijada Patricia, ya que la pequeña María muere al poco de nacer) al poeta del 27 en su residencia.

Entre los sucesos desgraciados figura el fallecimiento de algunos familiares de Valente (siguiendo el proceso de la enfermedad de la madre de Emilia, la mujer del poeta, desde la carta fechada el día 12 de junio de 1960) y de amigos comunes a los dos escritores (como Alfonso Costafreda). También aparecen referencias a otro acontecimiento desventurado para el poeta del 27: la muerte de su perro Sirio, un animal que había sido siempre testigo de sus encuentros con los amigos escritores en Madrid o Miraflores, sucedida el 16 de noviembre de 1966. Este hecho se lo comunica a Valente el 11 de enero de 1967, siendo este perro el segundo al que le pone ese nombre, algo que sabemos en la carta del 19 de mayo de 1956, cuando habla de un nuevo Sirio[9]. Con este ser

---

9 El nuevo perro de Vicente Aleixandre recibe el mismo nombre que el anterior, como recuerdo y homenaje al primero. A lo largo del tiempo, a través de la lectura completa del epistolario, asistimos a la despedida del animal, el segundo Sirio que deja a Aleixandre en silencio en una tarde de jardín, como le contará a Valente en la carta fechada el día 11 de enero

se retrata y pasa muchas de las tardes que también comparte con los hijos de Valente y de las que habla en las cartas, de ahí que lo señalemos, por las reiteradas veces que se refiere a él y el cariño con que lo hace.

En las cartas que Vicente Aleixandre escribió a José Luis Cano se advierte también esa preocupación por el tema de la muerte que intuimos en estas páginas:

> Vicente Aleixandre deja constancia –en su epistolario a José Luis Cano– de las heridas que va causando la muerte, "separación definitiva", «Voy viendo marchar a amigos queridos, personas estupendas, y por el otro cabo voy viendo morir a viejos compañeros. ¡Cuánta separación! Decía no sé quién que vivir es ver volver. Vivir es partir más bien. ¿Quién vuelve?» (ZARDOYA, 1987,116).

---

de 1967, después de tener nombrado al animal en muchas otras epístolas anteriores. Dice que le pone de nuevo ese nombre recordando el anterior, pero tal vez se esconda el deseo de otorgarle cierta idea de eternidad o de juventud, anulando el poder del paso del tiempo. Recogemos las palabras de Aleixandre del estudio de Concha Zardoya sobre el Epistolario a José Luis Cano citado en la bibliografía final:

> Uno ahora quisiera ser joven, pero con la conciencia de ello; conciencia que no tiene el joven, pues no puede tenerla. Cuando a mí los jóvenes me cuentan su vivir, me doy cuenta de que viven en presente, que es el modo de vivir en cénit. No hay perspectiva. No hay por tanto conciencia. Es en cierto modo, en escala distinta, lo que le pasa a «Sirio», mi perro, que vive en absoluto presente, con soberana ignorancia del tiempo. Por eso en mi poema «A mi perro», él es el fuerte y yo el débil. Pero quisiera ser fuerte como los jóvenes, los muy jóvenes, bajo el sol, en el ápice de la ola. ¡Pero sabiéndolo! (ZARDOYA, 1987: 118-119).

El Premio Nobel habla en sus cartas tanto de aconteci-mientos importantes como de otros intrascendentes, pero en cualquier caso en sus palabras queda reflejado el clima de confianza que se estableció entre él y Valente, no solo a través de las epístolas, sino también por los encuentros que tienen lugar en la casa del autor de *Sombra del paraíso*, y que este echa de menos cuando Valente se encuentra en el extranjero y lo visita esporádicamente, al tener como residencia habitual Oxford primero y después Ginebra.

El terreno personal y el profesional se entremezclan en las cartas que Aleixandre envía a Valente, desde los años cin-cuenta hasta los ochenta, siendo el *corpus* que aquí se des-cribe testimonio de su periplo vital. De la mano de Vicente Aleixandre conocemos muchos acontecimientos de la vida familiar de Valente, y también los avances literarios de los dos autores. A través de esas palabras que le envía asistimos al progreso vital de José Ángel Valente, que va cumpliendo años y madurando como persona y como escritor a ojos de Aleixandre, quien recuerda a menudo la evolución del poeta ourensano en el epistolario.

Con su lectura sabemos cómo era Valente para el autor del 27, llamándolo desde el cariño «pequeño monstruo del silencio» (por las pocas cartas que le envía) en una misiva fechada el 6 de abril de 1958, idea que ya apuntaba el 2 de septiembre de 1956. Pero también incluyendo en diferentes cartas descripciones que muestran el progreso del poeta. Así, leemos: «El poeta es el mismo de tu primer libro, pero consi-derablemente más rico y maduro. Es un poeta evolucionado que aquí alcanza una primera meseta de madurez y arroja una mirada extensa, preñada de preocupación, sobre el destino del hombre» (refiriéndose a *Poemas a Lázaro*, en una misiva datada el 21 de junio de 1959). En ese mismo escrito le dice que esa obra le parece un libro importante, «decisivo para la estimación de una generación y creo que la tuya cobra mucho más vuelo con la existencia de esta obra, que te coloca sin duda entre los definidores de ella (…) el libro muestra el poder del poeta. Es un poeta con capacidad de desarrollo».

Vida y obra aparecen unidas en los escritos que se envían los dos autores. Pero, no obstante, el *corpus* esencial es el que conforma el conjunto de cartas que firma Vicente Aleixandre, ya que suponemos por lo referido antes que es el más extenso en número y longitud de cada uno de los documentos que lo integran. El único con el que contamos, debido a las dificultades presentadas en el acceso al otro *corpus*, desconocido todavía para la comunidad investigadora.

A pesar de no contar con las solicitadísimas cartas de José Ángel Valente para completar este epistolario, nos atrevemos a aventurar que, con seguridad, cuando aparezcan serán bastantes menos y de menor extensión, al recordar la insistencia de Aleixandre que reclama respuestas a sus epístolas, contestaciones que no parecen llegar. Habrá cartas de Valente a Aleixandre, sí, pero en número inferior. Calculamos que el *corpus* se verá reducido a la mitad, por las referencias en los documentos transcritos, como se señalará en el capítulo previo a la conclusión.

Las cartas registran también peticiones para ayudar a algún amigo (como es el caso de una misiva fechada el 5 de mayo de 1958, en una referencia a Claudio Guillén: «No puede ir de lector a Canadá: La propuesta desde aquí llegó tarde. Se encuentra pues con el grave problema económico de no tener destino para el curso próximo. ¿No podías tú desde ahí hacer algo para darle un lectorado en Inglaterra? Su caso es penoso: madre viuda; él, hijo mayor y necesitando no pesar sobre su madre») o incluso la redacción de cartas de recomendación.

Igualmente, los escritos reflejan cómo fue la relación mantenida por Vicente Aleixandre con autores muy distintos, amigos suyos. Las cartas sirven para hacerle llegar la opinión sobre su obra, a la vez que pide al autor de *Fragmentos de un libro futuro* que escriba sobre sus libros alguna reseña para distintas revistas literarias en auge en el momento, como son *Ínsula*, *Revista de Occidente*, *Papeles de Son Armadans* o *Caracola*, entre otras.

1.6. Relación cronológica de cartas que conforman el epistolario

En el siguiente cuadro se recoge el número de documentos que conforman el epistolario estudiado, en los que Vicente Aleixandre figura como el emisor, subdividido por décadas. Al margen del apéndice, integrado por las tres cartas de José Ángel Valente, en los cuadros que figuran a continuación se incluyen tanto las epístolas como las tarjetas postales firmadas por el Premio Nobel escritas desde el año 1954 hasta 1982. Es conveniente recordar que no se conserva en la Cátedra Valente ninguna carta de 1978 ni de 1981, si es que existieron.

Como ya se apuntó, casi todas las misivas y postales de estos cuadros están dirigidas a José Ángel Valente, a excepción de la fechada en Madrid el 19 de octubre de 1955 (*) y dirigida a «D. Alberto Giménez» (Alberto Jiménez Fraud), al estilo de una carta de recomendación, y también una de las cartas de 1964 (*), dirigida a Vicente Aleixandre en la que el remitente es José Ortega, director de la *Revista de Occidente*.

Sin fecha ni lugar	1954	1955	1956	¿1956-1957?	1957	1958	1959	1960	1961
1	1	2 *	10	1	7	8	7	9	6

Sin fecha	1962	1963	1964	1965	1966	1967	1968	1969	1970
1	9	8	9*	5	5	4	3	3	2

Sin lugar	1971	1972	1973	1974	1975	1976	1977	1979	1980	1982
1	3	2	3	2	1	3	1	1	1	1

1.6.1. Relación de cartas y tarjetas postales con mayores problemas de legibilidad

TARJETA POSTAL	CARTA	CARTA	CARTA	CARTA
Madrid, 6-1-56	Madrid, 8-6-56	Madrid, 17-4-58	Madrid, 9-5-58 (en la parte final)	Madrid 2-1-59

1.7. Cuadros con la correspondencia que conforma el *corpus* estudiado

1.7.1. *Cartas de Vicente Aleixandre a José Ángel Valente*

LUGAR	FECHA	OBSERVACIONES
-----------	-------------	Sin lugar de emisión ni fecha. Descolocada. En esta figura únicamente que se trata de la 2ª página de una carta.
Madrid	27 de septiembre de 1954	
Velintonia, Madrid	19 de octubre de 1955	Dirigida a Alberto Giménez (Alberto Jiménez Fraud), en la que Aleixandre le presenta al poeta Valente, entonces lector de la Universidad de Oxford.
Madrid	7 de noviembre de 1955	
Madrid	5 de enero de 1956	Difícil legibilidad.
Madrid	6 de enero de 1956	Difícil legibilidad. Tarjeta postal.
Madrid	7 de febrero de 1956	
Madrid	29 de marzo de 1956	
Madrid	19 de mayo de 1956	
Madrid	8 de junio de 1956	Difícil legibilidad.
Miraflores	2 de septiembre de 1956	
Madrid	23 de octubre de 1956	
Madrid	4 de diciembre de 1956	
[¿Vistalegre?]	[¿1956-1957?]	
Madrid	15 de diciembre de 1956	
Velintonia	en domingo (sin fecha)	Tarjeta postal.
Madrid	13 de febrero de 1957	
Madrid	20 de febrero de 1957	Tarjeta postal.
Madrid	21 de marzo de 1957	

Madrid	10 de abril de 1957	
Velintonia (Madrid)	15 de abril de 1957	Tarjeta postal.
Madrid	3 de junio de 1957	
Miraflores	20 de septiembre de 1957	
Madrid	14 de febrero de 1958	.
Madrid	5 de abril de 1958, día de su santo	
Madrid	6 de abril de 1958	
Madrid	17 de abril de 1958	Difícil legibilidad.
Madrid	9 de mayo de 1958	Final casi ilegible.
Madrid	14 de junio de 1958	Una parte ilegible.
Miraflores	4 de septiembre de 1958	
Madrid	11 de noviembre de 1958	
Madrid	2 de enero de 1959	Difícil legibilidad.
Madrid	11 de febrero de 1959	Tarjeta postal.
Madrid	14 de marzo de 1959	
Madrid	5 de abril de 1959	
Mallorca	23 de mayo de 1959	Tarjeta postal.
Madrid	12 de junio de 1959	Tarjeta postal.
Madrid	21 de junio de 1959	
Madrid	9 de enero de 1960	
Madrid	15 de mayo de 1960	
------------------	20 de mayo de 1960	No especifica lugar de emisión.
Madrid	12 de junio de 1960	
Madrid	19 de junio de 1960	
Madrid	6 de julio de 1960	
Miraflores	29 de julio de 1960	
Madrid	6 de octubre de 1960	
Madrid	10 de noviembre de 1960	
Madrid	30 de marzo de 1961	
Miraflores	12 de julio de 1961, "Miércoles"	

Miraflores	24 de julio de 1961	
Madrid	27 de septiembre de 1961	Tarjeta postal.
Madrid	24 de octubre de 1961	
Madrid	5 de diciembre de 1961	
Madrid	1 de febrero de 1962	
Madrid	4 de abril de 1962	
Madrid	9 de abril de 1962	
Manzanares	----------	Texto mecanografiado. Se trata del poema sobre el Castillo que adjunta a la carta anterior.
Madrid	2 de julio de 1962	
Miraflores	13 de julio de 1962	Tarjeta postal.
Miraflores	8 de agosto de 1962	
Madrid	18 de octubre de 1962	
Madrid	23 de noviembre de 1962	
Madrid	13 de diciembre de 1962	
Madrid	1 de marzo de 1963	
Madrid	10 de abril de 1963	
Madrid	27 de abril de 1963	
Madrid	29 de abril de 1963	
Madrid	11 de junio de 1963	
Madrid	6 de julio de 1963	Tarjeta postal.
Miraflores	26 de agosto de 1963	
Miraflores	16 de septiembre de 1963	
Madrid	7 de febrero de 1964	
Madrid	5 de mayo de 1964	
Madrid	18 de junio de 1964	
Madrid	22 de septiembre de 1964	
Madrid	19 de noviembre de 1964	
Miraflores	12 de julio de 1964	
Madrid	6 de diciembre de 1964	

Madrid (*Revista de Occidente*)	30 de noviembre de 1964	Dirigida a Aleixandre por J. Ortega. Mecanografiada.
Madrid	29 de diciembre de 1964	
Madrid	3 de enero de 1965	Tarjeta postal.
Madrid	5 de febrero de 1965	
Madrid	23 de abril de 1965	
Madrid	15 de junio de 1965	
Madrid	25 de noviembre de 1965	
Madrid	26 de enero de 1966	
Madrid	16 de febrero de 1966	
Miraflores	12 de julio de 1966	
Miraflores	30 de agosto de 1966	
Madrid	19 de octubre de 1966	
Madrid	11 de enero de 1967	
Madrid	17 de mayo de 1967	
Miraflores	26 de julio de 1967	
Madrid	24 de noviembre de 1967	
Madrid	25 de abril de 1968	
Madrid	16 de junio de 1968	
Madrid	30 de septiembre de 1968	
Madrid	25 de febrero de 1969	
Madrid	13 de mayo de 1969	
Madrid	9 de junio de 1969	
Madrid	5 de mayo de 1970	
Miraflores	21 de agosto de 1970	
Madrid	17 de marzo de 1971	
Madrid	7 de mayo de 1971	
Madrid	3 de junio de 1971	
Madrid	4 de abril de 1972	
Miraflores	14 de septiembre de 1972	
Madrid	24 de enero de 1973	
Miraflores	27 de julio de 1973	
Madrid	28 de noviembre de 1973	

Madrid	4 de mayo de 1974	
Madrid	4 de junio de 1974	
Madrid	16 de febrero de 1975	
Madrid	1 de febrero de 1976	
Madrid	26 de junio de 1976	
Miraflores	17 de agosto de 1976	
Miraflores	29 de agosto de 1977	
Madrid	13 de marzo de 1979	Mecanografiada.
Madrid	6 de mayo de 1980	Mecanografiada.
Miraflores	27 de julio de 1982	Tarjeta postal.

1.7.2. Cartas de José Ángel Valente a Vicente Aleixandre. Apéndice

LUGAR	FECHA	OBSERVACIONES
Ginebra	18 de mayo de 1969	Mecanografiada.
Ginebra	16 de abril de 1974	Manuscrita.
Collonges-sous-Salève Francia	7 de febrero de 1976	Mecanografiada.

1.8. Vida y obra confluyen. Apuntes biográficos de los poetas

1.8.1. José Ángel Valente. Lo que las cartas descubren

De origen humilde, de familia sencilla. Así podría comenzar una biografía del poeta gallego José Ángel Valente, nacido en Ourense[10] el 25 de abril de 1929, a las cinco y media de la

10 En ocasiones se referirá a su lugar de nacimiento como Augasquentes, en Ourense, en el «antiguo reino gallego de la lluvia y la savia nació, pues, el

62

mañana. Tenemos en su persona a un escritor que se va a ver profundamente marcado por la figura paterna, aquella que se mostraba obsesionada con integrar al muchacho en la sociedad pudiente, algo comprensible si indagamos en sus orígenes. Es entonces cuando se sabe que su padre, Emiliano Marcial Valente García, natural de Ourense, era trabajador en la ferretería Villanueva y Zarauza (fundada por el industrial Francisco Villanueva). Valente lo recuerda en el poema «El santo» de *A modo de esperanza*, como un burócrata sumiso, una persona obediente, en definitiva, un hombre bueno y sencillo.

De su madre, Purificación Docasar de la Torre, nacida en Santiago de Compostela, debe mencionarse su papel secundario en la casa ante la figura predominante de Lucila Valente[11],

---

hombre que pudo haber sido musgo, lobo, roca, hongo y sobre todo agua. Y nació en el lugar de las aguas pluviales y termales que motivan el nombre de Aguas Calientes» (RODRÍGUEZ FER, 2012:15).

11 Le dedica un poema en *A modo de esperanza*, recogido en sus *Obras completas I*, donde vemos que aparece calificada como «siempremadre» (VALENTE, 2006a: 70).

Era su madrina Lucila Valente Rodríguez, la jefa matriarcal del clan Valente, quien dirigía el rezo y guiaba a la familia por el mundo de los muertos, pero también quien organizaba la casa y las relaciones de los vivos. Aunque siempre soltera y sin hijos propios, resultó ser la auténtica matriarca de la numerosa prole de su primo Marcial, compuesta por el matrimonio y sus siete descendientes (RODRÍGUEZ FER, 2012: 29).

A miña nai casou moi nova e veu á casa que xa estaba feita, onde o meu pai vivía coas dúas primas. Unha delas era Lucila, a outra chamábase Nieves e levaban o nome das dúas tías de Ramón Otero Pedrayo, que vivían enfronte da casa, non sei por que levaban o nome nin que

madrina del poeta. Como recoge el investigador Claudio Rodríguez Fer en *Valente vital I*, la vemos como una niña más participando de los juegos infantiles con sus siete hijos. Su papel quedó relegado al de la esposa reproductora, en segundo plano, en una casa que manejaba la prima de su marido y que el poeta ve como su verdadera figura materna[12].

Es bautizado el día 1 de mayo de 1929 en la Parroquia de Santa Eufemia la Real del Norte y actúa precisamente como madrina la prima de su padre, Lucila Valente, mientras que el padrino es su abuelo[13] Benjamín Docasar, médico rural que moriría cuando el poeta tenía solo catorce años, algo que dejaría huella en sus *Cántigas de alén* y que también se reflejaría

---

relación había entre eles. Nieves morreu cando eu era moi pequeno e o meu pai sentiuse obrigado a ter a prima que quedou viva na casa, a non deixala soa, porque elas tíñano acompañado cando el estaba só. Esta muller, Lucila, quedou alí e era a xefa da familia. Entón, a miña nai tivo un papel un pouco secundario. Eu sempre recordo a miña nai embarazada, era unha muller nova, xogaba connosco e era case como unha irmá. A miña nai non é a miña figura materna, a miña figura materna é a miña tía Lucila e iso marcou moito a miña nai. A miña nai sempre foi unha muller un pouco introvertida, metida en si mesma (RODRÍGUEZ FER, 1999: 453).

12 RODRÍGUEZ FER, Claudio (2012): «Valente en Galicia: Quedar para siempre», en *Valente vital (Galicia, Madrid, Oxford)*, edición de Claudio Rodríguez Fer, Santiago de Compostela, Universidade de Santiago de Compostela.

13 A sus abuelos paternos no llegó a conocerlos. Manuel Valente y Pilar García, naturales de Coles, habían tenido una tienda de zapatos «frente a la casa de Xocas, el etnógrafo galleguista Xaquín Lorenzo». Fallecieron como consecuencia de la gripe española de 1918 (RODRÍGUEZ FER, 2012:20).

en *El inocente* con el poema «Hombre a caballo», aludiendo al hecho de que se trasladaba así, yendo armado con pistola por el monte. Debe recordarse en este punto que la madre era mucho más joven que su padre, puesto que tuvieron al que se convertiría en autor de *A modo de esperanza* con diecinueve y treinta y tres años, respectivamente.

La pérdida de diferentes seres queridos a tan temprana edad motivó que los poemarios *A modo de esperanza* y *Poemas a Lázaro* se relacionasen con la muerte, llenándose sus páginas de textos de carácter elegíaco. No será el final de este tipo de poemas, puesto que años más tarde, con motivo de la muerte de su hijo Antonio, se observará ese tono en *No amanece el cantor* y en *Fragmentos de un libro futuro*. Este hecho lo marcará profundamente, siendo un duro golpe para el poeta. El sentimiento elegíaco se plasmará en los poemas de sus dos últimos libros especialmente. Lo recordará también en sus anotaciones para el *Diario anónimo* en varias ocasiones, como ocurre el 28 de febrero de 1990:

Hoy, hacia la una y media, recogí las cenizas de Antonio en Saint Georges. Caía una lluvia menuda y fría. Volví a sentir un intensísimo dolor. Hace ocho meses exactos de su muerte (VALENTE, 2011:23).

En «Autopresentación en 1961», el poeta José Ángel Valente sintetiza brevemente su biografía hasta ese momento:

Nací en 1929 en Orense. En esa provincia gallega transcurrieron mi infancia y adolescencia. En 1946 empecé a estudiar leyes, nunca acabadas, en Santiago de Compostela. Viví allí un año. Al año siguiente me trasladé a Madrid, donde por esas fechas comencé a colaborar en algunas revistas literarias. En 1953 me licencié en la Facultad de Letras y en 1955 me casé. A partir de ese año he vivido primero en Oxford y después en Ginebra (VALENTE, 2008: 1102).

Influenciado por la figura paterna, el joven José Ángel se matricula en Derecho en la Universidad de Santiago de Compostela el curso 1946-1947. Vive en el Hotel La Perla, en Porta Faxeira, y entra en contacto con alguien que tendrá gran relevancia en su vida: el sacerdote, y licenciado en Derecho, Maximino Romero de Lema[14], quien le va a proponer continuar su formación en Madrid[15]. No sería sencillo, ya que faltaban los recursos. Recordemos el origen humilde del poeta. Pero Romero de Lema se encarga personalmente

---

14 Dedicará también un artículo a esta figura trascendental, con la que mantendrá lazos de amistad, por su actitud abierta y moderna, titulado «Una breve memoria» (VALENTE, 2008: 1375-1378).

15 «Lucila fue, por acción y por omisión, una persona decisiva para la formación del niño, del hombre y del poeta, así como su verdadero referente materno durante toda su infancia y adolescencia. Más aún, la madrina se ocupó de sus necesidades materiales hasta el momento de morir, en 1947. De hecho, mientras vivió le preparó las maletas para todos sus viajes, tanto a Santiago de Compostela como, finalmente, a Madrid. El ahijado recordará siempre, emocionado, como ella, ya muy enferma, preparó recostada en el que habría de ser su lecho de muerte el último equipaje que habría de organizar para el universitario que se disponía a marchar a Madrid» (RODRÍGUEZ FER, 2012:31). La recordará en el poema «Agonía», entre otros textos, como es el poema elegíaco titulado precisamente «Lucila Valente» que aparece en *A modo de esperanza*. Se evocará también en «Destrucción del solitario», «Aniversario» u «Otro aniversario».

de que Valente pueda continuar sus estudios con una beca[16], instalándose en el Colegio Mayor Nuestra Señora de Guadalupe[17], dependiente del Instituto de Cultura Hispánica, cuyo director era Joaquín Ruiz Jiménez.

Pero en Madrid se va a agrandar la grieta ideológica y psicológica que comienza a separarlo de los designios de su padre y de la mentalidad dominante en la familia. De hecho, él había comenzado a estudiar Derecho en Compostela por influencia paterna y si continuó con esta carrera en Madrid fue para complacer a su progenitor, empeñado en que su hijo fuese notario o registrador y alcanzara el éxito social y el desahogo económico correspondientes (RODRÍGUEZ FER, 2012:108).

---

16 En *Valente Vital I* se recoge que esa ayuda económica «se aplicó a Pepe desde un principio. La recomendación de don Maximino [Romero de Lema] bastaba» (AGUDO, 2012:178). Añade, en palabras de Antonio Lago Carballo, director del colegio mayor Nuestra Señora de Guadalupe y posteriormente del colegio mayor Ximénez de Cisneros que «se seleccionaba a la gente por su calidad intelectual con independencia de sus recursos financieros» (AGUDO, 2012:179).

17 «El Guadalupe fue uno de los más peculiares ámbitos de gestación de los escritores de mi edad que integrarían luego –incluso por razones vagamente amistosas– el Grupo generacional del 50. Si mal no recuerdo, vivían en el Guadalupe [...] [Eduardo] Cote [Lamus], [Ernesto] Mejía [Sánchez] y [Jorge] Gaitán [Durán], los nicaragüenses Carlos Martínez Rivas, Ernesto Cardenal, José Coronel Urtecho y Mario Cajina; el colombiano Hernando Valencia Goelkel, el peruano Julio Ramón Ribeyro, el mexicano Edmundo Mouchi y el chileno Miguel Arteche [...] José Agustín y Juan Goytisolo, José Ángel Valente y Emilio Lledó» (CABALLERO BONALD, 2010: 271).

Desde 1947 hasta 1955 el poeta gallego se encontrará en la capital. Y será despúes de cursar el tercer año de Derecho[18] cuando tome finalmente la determinación de estudiar Filología Románica[19]. Era su vocación[20], lo que realmente le gustaba. Eso se refleja en el hecho de que acabase la carrera en cuatro años, en lugar de los cinco planificados.

No curso que estiven en Santiago, 1947-1948, coñecín a unha persoa –eu sempre tiven moita sorte, porque nestes medios tan

---

18 También Vicente Aleixandre por recomendación paterna inicia en el año 1914 los estudios de Derecho e Intendencia Mercantil, tras terminar el bachillerato el año anterior, cuando muere su abuelo D. Antonio Merlo, clave en su educación. Acabará sus estudios en el año 1919, momento en que es nombrado profesor ayudante por el catedrático de la Escuela de Comercio D. Fabio Bergamín. Durante el curso 1920-1921 impartirá clases de Legislación Mercantil Española. Será también la época en la que aparezca en la revista *Grecia*, vinculada al ultraísmo, su primer poema publicado: «Noche», bajo el pseudónimo de Alejandro G. de Pruneda (DUQUE AMUSCO, 1998:18). Poco despúes abandonará la docencia y entrará en la Secretaría de la empresa Ferrocarriles Andaluces. No será la única vez que utilice pseudónimo para firmar algunos poemas, como ocurre en el año 1929 para la revista *Mediodía*. En esa ocasión se esconderá bajo el nombre de José Manuel García-Briz.

19 Decisión tomada «pese al gran disgusto que supuso para su familia, que tenía proyectado para él un futuro como diplomático» (AGUDO, 2012:185).

20 Dirá Valente lo siguiente: «Renunciei ó lugar que para min tiñan reservado os que proxectaban a miña vida: o meu pai, que quería para min o mellor, pero o mellor que eles querían xa, para min, non era o mellor. Entón, chegou un momento, cando eu terminei a carreira en Madrid, que sentía o afogo da vida española e marchei por afogo, non marchei por razóns ideolóxicas porque ninguén mas dera, ninguén me formara» (RODRÍGUEZ FER, 1999: 456-457).

pechados do mundo da posguerra franquista, encontrei xente, e así como logo coñecín en Oxford a don Alberto Jiménez Fraud, pois coñecín en Santiago a un sacerdote galego que se chamaba Maximino Romero de Lema, que era das terras de Fisterra. Este home era un crego de vocación serodia, era un abogado e representaba xa un mundo de espiritualidade completamente diferente ó que eu tiña coñecido [...] díxome que tiña que ir a Madrid. Eu comenteille que o meu pai non tiña moitos medios e, entón, díxome que non me preocupara, que me ía levar ó Colexio Maior de Guadalupe, que dependía do Instituto de Cultura Hispánica, do que era director Joaquín Ruiz Giménez e que alí tería unha bolsa (RODRÍGUEZ FER, 1999: 459).

En 1952 Antonio Lago Carballo pasa a dirigir el Colegio Mayor Cisneros[21], tomando en ese momento la decisión de llevar a ese enclave a los mejores estudiantes, calificados como «los inquietos». Ahí figuraba José Ángel Valente, junto

---

21 Había sido fundado en el año 1942, tomando como ubicación la sede de la Residencia de Estudiantes. Mientras Valente estuvo en el Cisneros, pasaron por el lugar figuras notables como Antonio Bardem, Luis Rosales, Dionisio Ridruejo, Laín Entralgo, Torcuato Fernández Miranda, Leopoldo Panero, Gonzalo Torrente Ballester, Gerardo Diego, Carlos Barral, José Agustín y Juan Goytisolo, a los que se suma un largo etcétera. Varios de esos nombres aparecerán citados en distintas ocasiones en el epistolario que nos ocupa. Además, en la ACI (Asociación Cultural Iberoamericana) tendrían lugar una serie de eventos («celebrados las primeras cinco sesiones en domingo y más tarde entre sábado y domingo, que consistían en la presentación de la persona invitada, en la lectura y en un brindis con una copa de vino español») que llevan a contar con la presencia de Blas de Otero, Caballero Bonald, Jaime Ferrán, Leopoldo de Luis, Rafael Morales, etc. Es significativo que Valente solamente intervenga como presentador de Cote el 4 de diciembre de 1952 (AGUDO, 2012: 203-206).

a otros nombres como Emilio Lledó o Aurelio Menéndez. A partir de ese curso comienza además a trabajar como secretario para la revista *Índice de Artes y Letras*, siendo Juan Fernández Figueroa[22] el director de la publicación.

A *Índice* cheguei porque Figueroa buscaba un secretario de redacción e, entón, propuxéronmo a min, ou sexa que cando cheguei a *Índice* como secretario, non colaborara antes. Creo que Figueroa contactou comigo a través do director do Colexio Cisneros e empecei a traballar. Estiven de secretario de *Índice* dous anos, máis ou menos. Nese tempo colaboraba moito con *Ínsula*, colaboraba nas dúas revistas, que era o que había en España nese momento. En *Espadaña* colaborei porque axiña establecín relación con Eugenio de Nora, que é unha persoa pola que teño un gran afecto, creo que foi un dos bos escritores desa época que soubo calar a tempo. En *Alcalá* colaboro pero

---

22 Juan Fernández Figueroa (1919-1996) fue un escritor, periodista y director de la revista *Índice de Artes y Letras*, desde 1951 hasta 1976, cuando sale a la luz el último número. José Ángel Valente será el secretario de la publicación entre 1952 y 1954. En la obra titulada *La novela de la memoria* se critica la relación entre los dos escritores, considerando que el ourensano sacaba provecho de la misma para promocionarse en el panorama literario, aunque con el tiempo se mostrase esquivo a su adscripción a un grupo o promoción. Leemos lo siguiente:
   Tengo la impresión de que Pepe Valente se asoció a Fernández Figueroa no solo por motivos amistosos sino en razón de una sutil estrategia literaria, es decir, por acceder a esa precaria porción de poder literario que con tan exquisitas pinzas diseccionó luego [...] procedía a denostar a quienquiera que fuese y a autoproclamarse como el más autónomo paradigma, magister dixit, de la poesía contemporánea nuestra (CABALLERO BONALD, 2010: 378-379).

pouco, alí son colaboracións un pouco incidentais. En *Ínsula* e *Índice* son sistemáticas. Boa parte dos meus ensaios que están en *Las palabras de la tribu* publicáronse en *Ínsula* e en *Índice* (RODRÍGUEZ FER, 1999: 462).

En Madrid conocerá a Xesús Alonso Montero, a Celso Emilio Ferreiro, a Ben-Cho-Shey (Xosé Ramón Fernández- Oxea), a Eduardo Blanco Amor, a Uxío Novoneyra y a Camilo José Cela, quien le invitará a colaborar en su revista *Papeles de Son Armadans*, como leemos en las cartas. Hay en las misivas con fecha 5 y 6 de abril de 1958 referencias a una colaboración por la que de nuevo pregunta Aleixandre al poeta gallego el día 9 de mayo, para asegurarse de si está enviada.

En la capital de España vivió ocho años, pasando ya en el año 1955 a instalarse en Oxford[23]. A la ciudad inglesa lle-

---

23 «Aunque carecemos de datos concretos que evidencien el proceso administrativo por el cual el escritor gallego llega a Oxford, no hay que desechar que la solicitud del lectorado de Valente tuviese alguna relación con la proximidad del autor con Vicente Aleixandre –en un terreno más personal– y con Dámaso Alonso –más académico y burocrático– durante su período madrileño, puesto que el catedrático español, que había sido profesor en Oxford y Cambridge, tenía contacto frecuente con Edward Meryon Wilson, catedrático de español de Cambridge, que había pasado algunos meses como becario en la Residencia de Estudiantes en 1929 [...] M. Wilson consultaba y era consultado por su homónimo en Oxford, Peter Rusell, cuando cualquiera de los dos departamentos de Español necesitaba cubrir alguna vacante docente con cierta premura y sobre todo en casos de nombramientos complicados» (FERNÁNDEZ RODRÍGUEZ, 2012: 314-315).
No olvidemos tampoco que en otro momento, como se lee en las cartas, Aleixandre solicitará intermediación a Valente, estando ya este en Ginebra,

gó el 15 de octubre, se trasladaría ya casado[24] y con veinticinco años. Había contraído matrimonio el 7 de febrero de 1955 con la que fue novia durante casi ocho años de Carlos Edmundo de Ory, Emilia Palomo, «una joven procedente de una familia de tintes ideológicos muy distintos a los que por

---

para conseguir plazas para otros escritores españoles, como es el caso de Claudio Rodríguez. Nos referimos a la carta fechada el 14 de febrero de 1958. Se alude también a la posibilidad de acudir a Dámaso Alonso si es necesario.

24 Como testigos de la ceremonia, en la partida de boda, figuran el poeta Vicente Aleixandre (que será el padrino de su tercera hija) y José Montero. Julio López Cid asegura que ignora quién es ese J. Montero y que el autor de *Espadas como labios* no asistió al evento, como se recoge en *Valente Vital I.*

El 7 de febrero de 1955, en la Capilla del Colegio Mayor Cisneros, José Ángel Manuel Valente Docasar (de 25 años de edad) y Emilia Palomo López (de 30 años, una diferencia que constituía igualmente una rareza en la época) contraen matrimonio ante el Reverendo D. Federico Sopeña Ibáñez (quien en su momento había ofrecido a Valente la posibilidad de ser su secretario), teniendo como padrinos al padre de él (Emiliano Marcial Valente García) y a la madre de ella (Emilia López Pitarch) y como testigos a Vicente Aleixandre y a José Montero, según la partida de la boda. Por su parte, Julio López Cid me asegura que Aleixandre no asistió, que él fue uno de los testigos –si bien no figura en este escrito– y que, al igual que el resto de personas consultadas, ignora quién es "José Montero", lo que me lleva a pensar en una posible –insisto en el "posible"– confusión con Xesús Alonso (AGUDO, 2012: 229-230).

En el epistolario comprobamos en palabras del propio Aleixandre que sí asistió, más allá de lo que digan la partida de la boda o Julio López Cid.

entonces frecuentaba nuestro poeta, emprendedora y con fuertes inquietudes intelectuales» (AGUDO, 2012: 227).

> Casei pouco despois de licenciado e, coa miña formación católica, de seguida embaracei á miña muller, axiña procreei. Ademais, a miña muller non debeu de levar moi ben a conta, como soe pasar coas primerizas. O caso é que fun facer as prácticas da milicia universitaria a Ceuta, ela veu comigo e o parto adiantouse (RODRÍGUEZ FER, 1999: 460).

Ya tiene en ese momento una hija, nacida en Ceuta[25] en ese mismo año, como se sabe por las cartas que conforman el epistolario estudiado. El contacto directo con el Norte de África tendrá a esa ciudad como epicentro, puesto que durante los veranos de 1954 y 1955 estará destinado en Ceuta para realizar las prácticas de la milicia universitaria. Valente visita Tetuán y Xauen en el año 1954 con su esposa Emilia Palomo, algo de lo que se habla en la carta que Aleixandre envía a Valente desde Madrid el 27 de septiembre de ese año. El poeta del 27 dice haber recibido en Miraflores una postal enviada por Valente y su esposa desde Xauen y le refiere que él también visitó esas ciudades cuando viajó a Tánger para una lectura el año anterior.

Se incorpora de forma tardía a ese inicio de curso, pierde la primera semana y el 27 de septiembre de 1955 le comunica

---

25 La primera hija de José Ángel Valente Docasar nace el 1 de agosto de 1955 en el Hospital de la Cruz Roja de Ceuta, mientras el poeta cumple las milicias militares, y tendrá por nombre Lucila, como su madrina, la figura de «siempremadre» ya referida en *A modo de esperanza*.

a Peter Russell que su ausencia se ha debido a razones personales y familiares. Por la documentación existente se sabe que ese retraso en su incorporación se debe al nacimiento de la pequeña, llamada Lucila María África[26]. La niña nace de forma prematura y eso obliga también a la hospitalización de Emilia. Tampoco tiene dinero para costearse el viaje a Oxford en ese momento y se plantea solicitar una beca para el desplazamiento, recurriendo a la intervención de Lago Carballo. Además, existe otra dificultad añadida: debe contar con el permiso militar para salir de España.

Fun cunha nena, que foi a nena que tiña nacido en Ceuta e despois, en Oxford, naceu o meu fillo, no 56, e despois veu tamén a nai da miña muller. Alí vivía modestamente porque tiña un salario que non era moi elevado, pero estaba moi a gusto,

---

26 Vemos en ese hecho una muestra del interés que siente el poeta gallego por la cultura marroquí. En junio de 1955, como afirma el profesor Claudio Rodríguez Fer en *Valente vital*, Valente presentó su «Primer poema de amor» en el número 5 de una revista editada en Tetuán bajo el nombre de *Ketama*. Se trataba de una publicación bilingüe en árabe y español. Ese texto aparecerá después como «Hemos partido el pan» en *A modo de esperanza*. El gusto por lo árabe se verá de nuevo en su etapa almeriense, instalado en una casa con vistas a la Alcazaba. Pero como también recoge el profesor Claudio Rodríguez Fer, «será en el corazón de Europa donde descubra la Cábala judía [...] Y también será ese el momento en el que penetre y profundice más en la tradición mística islámica. Dos encuentros, el judío y el musulmán, que influirán decisivamente en su obra poética y ensayística, que no hallaba satisfacción en reducirse a la exclusiva órbita cristiana». Es la etapa de Oxford, Ginebra y París. (RODRÍGUEZ FER, 2017: 22). Remitimos a la lectura del estudio titulado «Del Magreb a Israel: Semillas semitas», en *Valente vital (Magreb, Israel, Almería)*.

porque ademais traballaba moitísimo, pasaba moita parte da miña vida metido na Biblioteca Bodleiana (RODRÍGUEZ FER, 1999: 463).

Desde el mes de octubre de 1955[27] figura como *lecturer* en la Universidad de Oxford, pero la realidad es otra. Puede observarse que en la misiva que Vicente Aleixandre dirige a Alberto Jiménez Fraud el 19 de octubre de 1955 ya menciona a Valente como Lector en Oxford.

De lo que también se tiene constancia es de que dos años antes de trasladarse a Oxford, el poeta gallego había tomado la decisión de aceptar el lectorado en la ciudad inglesa. Gordon Chapman se lo habría propuesto a Peter Rusell en 1953 y Valente aceptaría entonces ese traslado (FERNÁNDEZ RODRÍGUEZ, 2012: 317-318). Se habría hecho un precontrato para que el autor de *Punto cero* se trasladase a Oxford al acabar su licenciatura. Algo muy habitual a la hora de conseguir los lectorados de los que se habla en el epistolario es la recomendación acudiendo a distintos intermediarios. Así,

---

27 El nombramiento por parte del Board of The Faculty of Medieval and Modern Languages se realiza el cinco de mayo de 1955, y el oficial se anuncia en la Oxford University Gazette el día tres de noviembre de 1955 (FERNÁNDEZ RODRÍGUEZ, 2012: 322). En *Valente vital* leemos que un *lecturer* era «en el sistema universitario británico, algo semejante a un profesor asociado, una persona que tiene un puesto permanente y que se ocupa de tareas de investigación y docencia sobre temas literarios o filológicos y que posiblemente también da algunas clases de lengua. Además [...] su estatus académico es superior al de un lector y la paga es considerablemente más alta» (FERNÁNDEZ RODRÍGUEZ, 2012: 373).

en el mismo estudio leemos que «la recomendación de Peter Russell hace que Valente llegue a la ciudad inglesa el día 15 de octubre de 1955».

Llega a Oxford solo, mientras su mujer y su recién nacida hija quedan en Madrid. Al principio se dedica a escribir poemas, a preparar sus clases y a adaptarse al nuevo idioma, a lo que se refiere el poeta Vicente Aleixandre en la carta fechada el 7 noviembre de 1955.

El curso siguiente, después de pasar el verano en España, se traslada a la ciudad oxoniense en septiembre, renovado su contrato[28]. Viaja solo de nuevo. Su familia se queda en Madrid hasta el 13 de diciembre. Es en ese momento cuando el poeta se reencuentra con su esposa, Emilia Palomo, con su suegra y con su primogénita. Lo hacen en Dover.

Los documentos muestran que la residencia familiar la tendrán en el número 52 de Beech Croft Road hasta finales de 1957. Pero desde el mes de mayo de ese año figura la existencia de una vivienda con jardín en el número 5 de Divinity Road, alejada del centro, en una zona residencial de casas adosadas. Esta vivienda aparece mencionada todavía en los años 70, convirtiéndose en la más duradera del poeta en la ciudad inglesa. Será en ese momento, durante una estancia en

---

28 Es nombrado lector por recomendación de Rusell el 30 de marzo de 1956, publicándose el nombramiento el 2 de mayo de ese año, para comunicársele a Valente la resolución el 15 del mismo mes (FERNÁNDEZ RODRÍGUEZ, 2012: 326). Peter E. Rusell (1913-2006) fue un hispanista e historiados neozelandés, alumno de Dámaso Alonso y catedrático de Estudios Hispánicos en la Universidad de Oxford entre los años 1953 y 1981.

Oxford, cuando el poeta intente alquilar la que había sido su casa por un largo periodo de tiempo. No lo logró, puesto que ya se había vendido en el verano de 1960. Estas no fueron las únicas viviendas de Valente en Oxford, sino que se documentan dos más.

Otra de las circunstancias personales que debe mencionarse acerca del poeta gallego es que en Oxford es padre por segunda vez. Mientras trabaja como lector en la ciudad inglesa nace su hijo Antonio, hecho al que se alude en el epistolario que comparte con Vicente Aleixandre. El niño llega al mundo el 1 de mayo de 1957. Casi siete años después de cerrarse el intercambio epistolar entre los poetas se conoce la fatídica noticia de la muerte del joven Antonio[29].

---

29 Mientras en Almería preparaba su equipaje para viajar de nuevo a Ginebra, el 28 de junio de 1989 Valente recibe una terrible llamada de mañana. La empleada de hogar Josefa Belmonte acude al grito emitido por el poeta, que por boca de Emilia Palomo, su ex mujer, acaba de conocer la muerte de su hijo Antonio por una sobredosis de heroína. En el tercer volumen de *Valente vital* se recogen las palabras de Valente en una entrevista del periodista Juan Ramón Iborra, recordando aquel fatídico día:

Yo estaba aquí y me fui a Ginebra en coche. No sé cómo no me maté. Y al día siguiente de la incineración, caí fulminado por el primer infarto. Y cuatro años después, en la misma época, como si fuera un aniversario, tuve el segundo [...] El cirujano me trataba muy bien. Pero es curioso, había dos mujeres, una psicóloga y una anestesista, que se acercaron a mí. Las dos iban en la misma dirección y me dijeron que yo tenía algo dentro que no soltaba. Y que tenía que hablar. Lo que yo llevaba dentro es que no aceptaba la muerte de mi hijo. Yo soñaba con él vivo. Y cuando me despertaba, me arrasaba en lágrimas porque me daba cuenta de que no estaba vivo... Un crío al que quería mucho (IBORRA, 2002: 383).

En ese año de 1957 el poeta comienza la investigación para su tesis[30], como refiere el autor de *Espadas como labios* en una carta datada el 13 de febrero de 57, preguntándole: «¿Has empezado a trabajar en tu tesis?». Pero es necesario recordar que dos años antes ya leíamos en una carta dirigida a Alberto Jiménez Fraud (con fecha del 19 de octubre de 1955) que se sabía de las intenciones de Valente de realizar ese trabajo durante su estancia en Oxford. Leemos «Desea preparar su tesis doctoral aprovechando su estancia inglesa».

En 1957 le confiesa a Carlos Bousoño que está valorando prolongar su estancia en la ciudad inglesa, a lo que el primero le responde que podría buscarle un trabajo fijo y bien pagado como traductor literario si decide regresar a España. Sin embargo en septiembre de ese año Valente parece que ha tomado la decisión de volver a comienzos de 1958. Aleixandre le preguntará si a su regreso traerá la tesis[31] para graduarse

---

30 Es necesario recordar en este punto que ya en octubre del año 1953, el poeta gallego había obtenido el resultado de «Sobresaliente. Premio Extraordinario» en la licenciatura de Filosofía y Letras, y decidió empezar una tesis doctoral sobre la interpretación de las fuentes latinas hechas por los redactores de la *Crónica General*, proyecto que va a abandonar al marcharse el año siguiente a Inglaterra.

> Pero foi un proxecto que despois deixei porque xa marchei para Inglaterra. Non estaba moi pensado quen ma dirixira, eu buscaba un director que non me molestase moito e creo que escollín o catedrático Rafael de Balbín Lucas –que non era un home moi enterado- especialista en métrica, pero que non sabía gran cousa (RODRÍGUEZ FER, 1999: 463).

31 Sin embargo sabemos que en realidad su investigación se prolonga desde mediados de los años cincuenta hasta mediados de los setenta.

entonces en España. Su familia sigue en Oxford a comienzos de ese año mientras Valente comienza una nueva etapa en Ginebra. Cuando deja Oxford lo hace por su familia, confesando que de haber estado solo seguiría allí. Su deseo es, además, continuar con el vínculo académico y científico para su investigación en el proyecto de su tesis.

Desde comienzos de 1958 los documentos conservados atestiguan que Valente se encontraba ya en Suiza. Se sabe que la duración máxima de los lectorados era de tres años y se cumplían en 1958, aunque pudiese concederse alguna prórroga, si esa era la voluntad del director del departamento en cuestión. Se tiene constancia de que el 24 de septiembre de 1958 viaja a Oxford y el 10 de diciembre de ese año John Michael Cohen (el principal traductor, al inglés, de su obra) muestra su pena por el abandono de la ciudad por parte de Valente. Los viajes se sucederán hasta mediados de los años setenta. Y serán varias las cartas que Vicente Aleixandre le envíe a Oxford cuando el poeta gallego ya se encuentra en Ginebra, al desconocer sus señas. El 4 de septiembre de ese año se confirma que ya la familia se ha establecido en el nuevo destino. Renunciará a su puesto de *lecturer* en Oxford y a las oposiciones a cátedra que pensaba realizar en Madrid, y lo hace fundamentalmente por las dificultades económicas que estaba atravesando.

A Ginebra llegará conquistado por el mejor salario, se instalará a principios de 1958 y allí trabajará durante veinticinco años como funcionario en la sección de español de la Organización Mundial de la Salud, primero como traductor «pero no tardó en convertirse en revisor, ocupándose tan solo de dirigir, corregir o, eventualmente, de realizar alguna traducción especialmente importante» (RODRÍGUEZ FER, BLANCO DE SARACHO, 2014: 19).

Hay en el epistolario varias cartas dirigidas a la dirección de Oxford en Divinity Road, como es el caso de la tarjeta postal que aparece datada el 11 de febrero de 1959. De igual manera, hay una carta del 6 de julio de 1963 que refleja que Aleixandre sabe del viaje de Valente a Oxford previsto para el mes de octubre. Más de diez años después, el 4 de mayo de 1974, Aleixandre recibe una misiva de Valente desde Oxford. Por la documentación guardada en la Cátedra Valente también se conoce que el poeta gallego pasó en Oxford el verano de 1972, como se recoge en una carta de Vicente Aleixandre con fecha del 14 de septiembre, que dice así: «Ya veo qué bien lo habéis pasado en Inglaterra. Para mi éste ha sido el verano peor desde hace más de 30 años, y cuánto temo al invierno».

En una entrevista con Claudio Rodríguez Fer del año 1999, Valente confiesa que sigue visitando Oxford para dar clases, hacer cursos y así mantener el contacto con la universidad cuando ya estaba establecido en Ginebra. Además reconoce mantener una relación amorosa con una joven inglesa, de nombre Katherine Dumbleton, iniciada en los años setenta. Era licenciada por Cambridge y estudiante de postgrado entonces en Oxford[32]. El poeta fallecería el 18 de julio del

32 «Es en ese contexto donde surge la historia de amor que le hace viajar a Inglaterra y que está en la base de la creación de un cancionero amoroso

año 2000 en Ginebra, cumpliendo su segunda esposa, Coral, el deseo manifestado de ser incinerado. No queremos olvidar aquí que el poeta gallego se separará de Emilia Palomo en el año 1979, casándose con Coral Gutiérrez en 1984 y después de haber ocultado su relación durante varios años al estar los dos casados.

Recapitulando lo que se ha dicho hasta el momento, podemos corroborar que desde 1955 hasta 1958 fue miembro del Departamento de Estudios Hispánicos de la Universidad de Oxford, donde recibió el grado de *Master of Arts*. Posteriormente, ya desde el año 58 empieza a ejercer como funcionario de la Organización Mundial de la Salud en Ginebra. Desde allí seguirá también colaborando con las revistas *Índice*, *Ínsula*, *Papeles de Son Armandans* o *Cuadernos Hispanoamericanos*.

> Porque eu tiña xa unha familia, tiña xa dous fillos e non tiña un salario moi bo en Oxford. Entón propuxéronme o de Xenebra e pagaban moi ben. Eu estaba pensando nese momento en voltar a Madrid para facer oposicións a Cátedra, pero iso supuña o que supuñan as oposicións entón e agora, que era meterse no carro dun mestre, facerlle a *pelotilla*, facer de criado del e que te apoiara para facer as oposicións. Entón, nese intre, chamáronme de Xenebra, concretamente da Organización Mundial da Saúde, que estaba establecendo a súa sección de español. Eu non sabía nada dos organismos internacionais. Cando me escribiron, dixen que iría facer unha proba, pero que non podía

---

que lleva los versos de Nuno Fernandes Torneol como epígrafe y que conforma la segunda parte de *Interior con figuras*, de 1974» (FERNÁNDEZ RODRÍGUEZ, 2012: 363).

pagar a viaxe, porque non tiña cartos. Eu vivía moi axustado, ademais gastaba moitos cartos en calefacción e, aínda así, recordo que estudaba con abrigo dentro da casa. Ou sexa que, co meu soldo, me tiña que axustar moito. Ademais vivía connosco a miña sogra, a nai da miña primeira muller. Entón, fun a Xenebra e quedei asombrado. A calefacción era fortísima, nas casas non se respiraba coa calor, mentres que en Oxford eu pasaba frío (RODRÍGUEZ FER, 2001:185).

Posteriormente, desde 1975, residirá en Collongues-sous-Salève, localidad ubicada en la Alta Saboya francesa, y en París. Años más tarde, concretamente en 1985, se establecerá en Almería[33], alternando todavía estancias entre Ginebra y

---

33 «El arraigo de Valente en Almería a partir del año 1985 estuvo precedido de una primera visita a la ciudad durante el verano de 1970, que tendría importantes y decisivas consecuencias en su biografía». Así comienza su análisis de la etapa almeriense el profesor Fernando García Lara en el estudio publicado en el tercer volumen de *Valente vital* (GARCÍA LARA, 2017: 363). En ese viaje realiza excursiones lideradas por María Zambrano y la visita motiva la compra de un solar en el pueblo de Polopos, donde proyectaría hacer una casa que no llegó a construirse, al ausentarse de España por un periodo de siete años, época en la que conoció a la que sería su segunda esposa, Coral (María del Pilar Gutiérrez Sampedro). Sería Emilia Palomo, después del divorcio, quien tendría que ocuparse de la venta de esa tierra que había pasado a sus manos al repartir los bienes del matrimonio.

 Primeiro non viñen a Almería para quedarme. Díxenlle a Coral, que non coñecía Almería, que podiamos pasar uns días, a ver se podiamos alugar unha cousa en Níjar ou por aí. Entón unha amiga que facía restauración quíxonos facer ver o seu traballo, e levounos ao estudio, pero olvidou a chave, e mentres foi buscala puxémonos a pasear e vimos esta casa, cun cartel, xa moi pálido, que poñía «Se vende» e un

París. Será en el año 1982 cuando la UNESCO le ofrezca el puesto de jefe de servicio de traducción española y Valente se mude a la capital de Francia, residiendo allí hasta 1984.

> Fun a París no ano 81 [*sic*]. Ofrecéronme o posto de xefe do servizo de tradución española na UNESCO. Como isto coincidía co meu divorcio, e eu farto de estar en Xenebra, aceptei, entón pareceume xenial (RODRÍGUEZ FER, 2001: 206).

En 1983, al asistir al I Encuentro Luso-Español (que tiene lugar en Figueira da Foz), parece que toma la decisión de residir en el sur. Primero piensa en Lisboa, como refiere Claudio Rodríguez Fer en la entrevista publicada en *Moenia*[34]. Después también descartaría Tánger. De ahí pasaría a valorar como lugar para instalarse Málaga, pero finalmente acabaría en Almería tras la sugerencia de Juan Goytisolo. «No se sabe bien quién eligió a quién, si yo elegí la casa o la casa vino a verme», decía José Ángel Valente. Esas son hoy las palabras que se leen en la casa convertida en museo cuando uno se acerca al lugar.

El contacto inicial con el Magreb había tenido lugar en su juventud, al estar destinado en Ceuta para realizar el ser-

---

teléfono [...] Eu sempre digo que non se sabe quen escolleu a quen, se eu escollín a casa ou a casa ao verme dixo: «Home, este gústame, voume quedar con el» [...] Así que quedei aquí. Foi un pouco o azar (RODRÍGUEZ FER, 2001: 207-208).

34 RODRÍGUEZ FER (2000): «Entrevista vital a José Ángel Valente: de Xenebra a Almería», *Moenia. Revista lucense de Lingüística & Literatura*, núm. 6, Lugo.

vicio militar y al Norte de África regresará en los años 80, concretamente a Marruecos. Sería para pasar las navidades con Coral en Agadir, desde donde viajaron a Marrakech para alojarse en casa de su amigo Juan Goytisolo. En los años 90 participaría también en varios encuentros culturales asistiendo como invitado de honor y en 1995 visitaría finalmente la ya capital de Israel, Jerusalén. Era un deseo que tenía desde hacía mucho tiempo. Participaba entonces en un encuentro poético celebrado entre el 18 y el 23 de marzo de ese año. Había recibido en Ginebra una carta de invitación, enviada el 11 de enero de 1995 por la directora literaria Vivian Eden. Después llegaría otra carta, el 23 de enero, enviada por la directora general Estee du Nour, donde menciona a los invitados que han confirmado ya su asistencia. Valente recitaría en ese encuentro (III International Poets' Festival Jerusalem) *Tres lecciones de tinieblas* (RODRÍGUEZ FER, 2017: 63-66).

Concretamente en el año 1998 el matrimonio visitaría la ciudad marroquí de Esauira, donde compartieron tiempo de ocio con sus amigos Edmond Amran El Maleh[35] y Marie- Cécile Dufour-El Maleh. Recorrerán Casablanca y pasarán unas

---

35 Se le considera «una especie de puente entre el mundo hebreo y el islam, dada su tendencia a la simbiosis cultural y su condición de judío marroquí, si bien, como él mismo propone, su imagen sería más compleja: judío, marroquí, ex comunista, profesor de filosofía, escritor… El Maleh, a quien Valente conoce en París, fue objeto de la escritura del ourensano pero también fue él mismo autor de textos sobre Valente […] Por supuesto, las obras de El Maleh se encuentran en la biblioteca de Valente, como indica Lopo, muchas de ellas dedicadas» (FERNÁNDEZ RODRÍGUEZ, 2012: 185).

vacaciones de Navidad en Túnez, a donde volverían tiempo después.

Ese vínculo con la cultura arábiga continuó hasta la actualidad, a través de homenajes póstumos realizados al poeta ourensano. Por citar solo algunos, mencionaremos la inauguración de la Biblioteca del Instituto Cervantes en Marrakech con el nombre de José Ángel Valente el 30 de octubre de 2007 (a petición de J. Goytisolo) en un acto en el que participaron los actuales Reyes de España, en aquel entonces Príncipes de Asturias, el Príncipe Moulay Rachid de Marruecos, el Ministro de Asuntos Exteriores de España Miguel Ángel Moratinos, la directora del Instituto Cervantes Carmen Caffarel, el poeta Juan Goytisolo y el director de la Cátedra José Ángel Valente de Poesía y Estética de la Universidad de Santiago de Compostela, Claudio Rodríguez Fer. Con posterioridad, el 8 de octubre de 2012, la directora de esa biblioteca, organizó un homenaje al poeta, «José Ángel Valente o el encuentro entre Oriente y Occidente». En Casablanca se presentaría el libro *Valente vital (Ginebra, Saboya, París)* el 17 de febrero de 2015.

Los contratos temporales en los servicios de traducción de la OMS hacían que se alejasen de Almería en los meses de verano, posibilitando el reencuentro de Coral con sus hijos. En esos momentos en la ciudad de Ginebra estudiaba el menor, Ricardo.

El epistolario analizado se inicia el 27 de septiembre de 1954 y se cierra el 27 de julio de 1982, si tenemos en cuenta la última tarjeta postal que el poeta del 27 escribe. Considerando que el escritor sevillano fallece el 14 de diciembre de 1984, en esta obra no se ahondará más en la etapa almeriense por ser esta ajena al epistolario compartido entre ambos autores. Y tampoco se hará más mención de los años noventa, época en la que Valente frecuenta su tierra natal, Galicia, para participar en recitales y conferencias o asistir al acto de investidura como Doctor Honoris Causa en la Universidad de Santiago de Compostela. Es el momento de visitar a la familia y de recorrer sus lugares preferidos de la geografía gallega, como la Costa da Morte y especialmente Fisterra.

Tenemos en José Ángel Valente a un poeta por cuya obra fue incluido en el llamado grupo poético de los años cincuenta o generación del medio siglo. Si bien hay que señalar que, por la originalidad de sus textos, encontramos en la figura de este autor a un escritor singular[36], al que podemos catalogar como único y alejado de toda escuela o tendencia preestablecida.

Si hacemos, antes de adentrarnos propiamente en la descripción del *corpus* epistolar, un breve repaso por su biblio-

---

36 José Ángel Valente fue el primer poeta español que, algunos años después de la guerra civil, entendió que la articulación de la poesía en grupos es un error, dado que la individualidad va a sufrir esta supuesta comunidad como una limitación. La poesía se proyecta en un marco colectivo pero se genera en soledad. El haber repudiado al grupo y haber desarrollado una poética absolutamente personal han sido causas, como he dicho antes, de una malquerencia que, curiosamente, desperdigado el «grupo del cincuenta» por la muerte o por la fragilidad de sus ligamentos, ha sido recogida, como ya he dicho, por poetas posteriores –y generalmente menores– más o menos concertados en la también dicha y redicha «poesía figurativa» o «de la experiencia» (GAMONEDA, 2007: 33).

grafía, señalaremos que en el año 1972 recogió su poesía bajo el título de *Punto cero* (incluyendo entonces *Treinta y siete fragmentos*, una obra que no sería publicada hasta el año 1989 de forma independiente). En 1989 aparecería *Material memoria*. Estos volúmenes recogerían toda su producción lírica hasta el momento.

Su andadura poética comenzó con la publicación de *A modo de esperanza* (1955), obra a la que seguirían *Poemas a Lázaro* (1960), *La memoria y los signos* (1966), *Siete representaciones* (1967) y *Breve son* (1968) en los años sesenta. En la siguiente década verían la luz *Presentación y memorial para un monumento* y *El inocente* (1970), *Interior con figuras* (1976) y *Material memoria* (1978). Ya en los años 80 su poesía quedaría representada por *Tres lecciones de tinieblas* (1980), *Estancias* (1981), *Tránsito y Mandorla* (1982), *El fulgor* (1984), *Nueve poemas* (1986) y *Al dios del lugar* (1989). Sus últimos textos, en la década de los noventa fueron *No amanece el cantor* (1992), *Nadie* (1994) y *Catro poemas inéditos* (1995).

No solo fue un poeta, sino que en la figura de José Ángel Valente encontramos también a un traductor (de textos de autores en muy diferentes lenguas: John Keats, Konstantinos Cavafis, Paul Celan, Eugenio Montale[37], entre otros, a los que se alude en algunas de las misivas del epistolario compartido

---

37 Eugenio Montale (1896-1981) fue un poeta, crítico y también ensayista italiano que José Luis Cano recuerda en *Los cuadernos de Velintonia*, con fecha del 28 de abril de 1954 (CANO, 1986: 59). Reproducimos lo que se dice de esa reunión a la que alude Vicente Aleixandre en esta carta dirigida a José Ángel Valente.

con Vicente Aleixandre). Es además narrador y ensayista. La faceta narrativa aparece bien representada por su texto *El fin de la edad de plata* (1973), donde reúne también la obra que fue secuestrada por la censura franquista y que motivó para Valente un auto de procesamiento (*Número trece*[38], de 1971)

Reunión en Velintonia en homenaje al poeta italiano Eugenio Montale, que acaba de llegar a Madrid. Vicente ha invitado a un grupo de jóvenes poetas amigos suyos: Rafael Morales, Leopoldo de Luis, Carlos Bousoño, José Ángel Valente, Jaime Ferrán, Alfonso Costafreda, Jesús López Pacheco, el colombiano Eduardo Cote y yo mismo. A petición de Montale, Vicente leyó su poema «Ciudad del paraíso», con el arte de lector de poesía que ha tenido siempre. La lectura fue un éxito, pero Montale habló poco –quizá pensaba que su italiano no lo íbamos a entender–, aunque observaba y parecía interesarse por lo que decía cada uno. Vicente le obsequió con la reciente *Antología* de la colección Adonáis y con un ejemplar del número 100 de *Ínsula*, que acaba de salir y en el que se publica su estupendo poema «En la plaza», de su libro *Historia del corazón*, próximo a aparecer. Yo estuve un rato hablando en francés con la señora Montale. Y pensar que esta ya casi vieja dama ha podido ser un día una maravillosa muchacha, capaz de hechizar a un gran poeta y de inspirarle hermosos versos.

38 Es en ese año de 1971 cuando José Ángel Valente publica una selección de cinco cuentos bajo el título de *Número trece* en Las Palmas de Gran Canaria. Será uno de estos cuentos, el titulado «El uniforme del general», el que provoque un auto de procesamiento contra el autor por «insultos a clase determinada del ejército» y también el inmediato secuestro del libro, como consecuencia de su actitud antimilitarista. «Consejo de Guerra contra "El uniforme del General"» (RODRÍGUEZ FER / BLANCO DE SARACHO, 2014: 236-255) y «O consello de guerra contra José Ángel Valente» (RODRÍGUEZ FER, 2007) pueden arrojar luz sobre lo comentado. En la *Entrevista vital* del año 2000 que se cita en la bibliografía final, el poeta afirma lo que sigue sobre esa publicación:

y que menciona Aleixandre en el epistolario. También en las cartas el Nobel alude a su acercamiento al género teatral.

A ese ciclo iniciado en 1973 se sumaría después la edición de *Nueve enunciaciones* (1982). Gran parte de sus ensayos, publicados en distintos medios, se reunirían en *Las palabras de la tribu* (1971) y en *La piedra y el centro* (1981). Verían la luz más tarde *Variaciones sobre el pájaro y la red*, en volumen compartido con *La piedra y el centro* (1991).

Su producción artística obtuvo desde muy pronto un merecido reconocimiento. Todo comenzó con el Premio Adonáis de 1954 por *A modo de esperanza*, galardón al que se refiere en las cartas Aleixandre[39]. Por su segunda obra publicada,

---

Apoderáronse do e queimárono. Incautáronse do libro. Salváronse algúns exemplares que tiña o editor na casa. Ademais tamén houbo actuacións contra o editor, Armas Marcelo, que ficou residenciado en Canarias. O copyright era meu, eles non tiñan aínda copyright porque a colección viña de aparecer, ou levaba moi pouco tempo de vida [...] Armas Marcelo estivo residenciado en Canarias e ademais privado do dereito do ensino un tempo por esta historia, aínda que eu escribín unha carta asumindo todas as responsabilidades de autor, editor... [...] Ademais dixéronme que o personaxe que ía cargarse a Franco era o que entón estaba de comisario en Marrocos, que era un xeneral peor que Franco. Os comunistas non quixeron saber nada de min, non me axudaron para nada, ao contrario, botáronme unha bronca e dixéronme que iso non se facía, que ía en contra da política deles e que para facer iso tiña que ter consultado ao Partido... Uns desgraciados (RODRÍGUEZ FER, 2001: 202).

39 Es significativo además que lleguemos a leer en una carta del 27 de septiembre de 1954 dirigida a Valente por parte de Aleixandre lo siguiente: «Estate tranquilo, que si yo no soy jurado tu libro no figurará en el concurso». Advertimos que la presentación del libro al concurso depende de

Poemas a Lázaro, recibe el Premio de la Crítica en 1960. De nuevo lo recibiría en el año 80 por *Tres lecciones de tinieblas*. En 1993 llegaría el Premio Nacional de Poesía por *No amanece el cantor*, mientras que por el medio estarían las entregas del Premio de la Fundación Pablo Iglesias en 1984 y el Premio Príncipe de Asturias de las Letras en 1988, entre otros reconocimientos.

Vida y obra, como se ha sugerido desde el comienzo de este estudio, aparecen entrelazadas en las cartas que conforman este epistolario. Es aquí interesante recordar las palabras de Vicente Aleixandre cuando hacía memoria de su vida, de hombre y poeta, y decía lo siguiente:

"¿Esa cadena de datos soy yo?", parece que oigamos otra vez al poeta: "Mi vida, ¿esa fría sucesión de títulos y fechas, nombres, ciudades, acontecimientos?". Desde luego que no. La realidad de una vida, y más si fue intensa y plena como la suya, es una totalidad, una cerrada unidad, un absoluto en buena medida impenetrable. Y cuanto más pretendamos aproximarnos a ella y estrechar el cerco para conocerla y hacerla nuestra, más rápidamente se nos romperá en mil astillas con las que será imposible reconstruir la figura unitaria [...] Quien quiera encontrarlo lo habrá de buscar en su poesía y en su prosa [...] Porque un trabajo de recopilación y síntesis de esta naturaleza, en el mejor de los casos, no pasa de ser una modesta puerta de entrada a otra puerta más verdadera y honda:

---

si el poeta del 27 forma parte de ese órgano encargado de seleccionar al mejor trabajo entre los presentados por los diferentes candidatos. Debemos añadir también que el premio había sido creado en 1943 bajo el signo de la Biblioteca Hispánica, regida por Juan Guerrero Ruiz.

la de la obra del escritor. Y es sólo con la lectura sosegada y atenta cuando realmente la franqueamos (DUQUE AMUSCO, 1998: 9-10).

Lo mismo podrá decirse de la figura de José Ángel Valente y de su obra. Este repaso biográfico sirve de presentación del poeta gallego, ubicándolo cronológica y contextualmente tanto en un plano individual como en uno colectivo, formando parte de un grupo con el que Vicente Aleixandre mantiene un estrecho contacto desde su querido Miraflores de la Sierra.

Para elaborar este punto del estudio han sido de gran utilidad las entrevistas que Claudio Rodríguez Fer le realizó a José Ángel Valente[40] y los estudios biográficos que el mismo crítico editó y dirigió desde la Cátedra José Ángel Valente de Poesía e Estética[41], citados en la bibliografía final. De igual

---

40 «Entrevista vital a José Ángel Valente: de Ourense a Oxford» –*Moenia. Revista lucense de Lingüística & Literatura*, núm. 4, (1998), pp. 451-464– y «Entrevista vital a José Ángel Valente: de Xenebra a Almería» –*Moenia. Revista lucense de Lingüística & Literatura*, núm. 6, (2000), pp. 185-210.

41 *Valente vital (Galicia, Madrid, Oxford)* –Santiago de Compostela, Universidade de Santiago de Compostela, 2012–, *Valente vital (Ginebra, Saboya, París)* –Santiago de Compostela, Universidade de Santiago de Compostela, 2014– y *Valente vital (Magreb, Israel, Almería)*, –Santiago de Compostela, 2017–. Los diferentes ensayos que componen las dos primeras obras fueron escritos por Claudio Rodríguez Fer –«Valente en Galicia: Quedar para siempre» y «Valente en Ginebra: Memoria y figuras» (este último en colaboración con Tera Blanco de Saracho)–, Marta Agudo –«Valente en Madrid: Crónica de un aprendizaje»–, Manuel Fernández Rodríguez –«Valente en Oxford: Del rumor a la voz»– y María Lopo –«Valente en París: Fragmentos recuperados»–.

modo, fueron referencias irrenunciables la obra ensayística de Valente y su *Diario anónimo*, así como las memorias públicas de los autores de los 50 y los ensayos que le dedican[42]. En este sentido, el estudio de estos epistolarios es de enorme interés y supone un complemento fundamental para trazar la cronología de la biografía[43] del autor, cuyo punto final se escribe el 18 de julio del año 2000, fecha en que fallece el poeta.

> La enfermedad proseguía su cruel camino sin ahorrarle ningún sufrimiento. El 6 de mayo de 2000 fue ingresado en la Clínica Virgen del Mar con una oclusión intestinal que obligó a intervenir de inmediato. La operación fue hecha por el cirujano Carmelo Salinas que encontró una carcinomatosis extendida

---

42 Principalmente, *La novela de la memoria* (Barcelona, Seix Barral, 2010) y *Oficio de lector* (Barcelona, Seix Barral, 2010), de José Manuel Caballero Bonald; *Años de penitencia* (Madrid, Alianza Editorial, 1982a), *Los años sin excusa* (Madrid, Alianza Editorial, 1982b) y *Cuando las horas veloces* (Barcelona, Tusquets editores, 1988), de Carlos Barral; *Más cerca: artículos periodísticos* (Barcelona, Círculo de Lectores / Galaxia Gutenberg, 2009), de José Agustín Goytisolo; *La otra palabra. Escritos en prosa* (Barcelona, Tusquets, 2004), de Claudio Rodríguez; *Valente: texto y contexto* (Santiago de Compostela, Cátedra José Ángel Valente, 2007), de Antonio Gamoneda; *Ensayos sobre José Ángel Valente* (Universidade de Santiago de Compostela, Cátedra José Ángel Valente, 2009), de Juan Goytisolo; etc.

43 Recordemos que todo trabajo que se aproxime a trazar esa biografía entra en choque directo con el deseo del propio poeta, puesto que «los que nos hemos aproximado a Valente y su entorno somos conscientes de que, en palabras de un amigo suyo, pecaba de "lesa biografía", de un rechazo frontal a cualquier trabajo de esta naturaleza sobre él» (AGUDO, 2012:171). En su *Diario anónimo* recoge estas palabras de Cioran «Es increíble que la perspectiva de tener un biógrafo no haya hecho renunciar nunca a nadie a tener una vida» (VALENTE, 2011:250).

sin posibilidad de remisión. El 18 de ese mismo mes fue dado de alta. Sus hijas, avisadas de la gravedad de la situación, se personaron en Almería donde pasaron varios días en espera de la decisión final, que fue la de trasladar al enfermo a Ginebra para recibir un tratamiento contra el cáncer en la Clinique Générale-Beaulieu (GARCÍA LARA, 2017: 454).

1.8.2. *Vicente Aleixandre. Lo que esconderán los inéditos*

Como se ha apuntado en la introducción de esta obra y se explicará con más detalle en la parte final, se constata la existencia de cartas (desconocemos si conservadas en la actualidad o no) escritas por el poeta gallego y dirigidas a Vicente Aleixandre. Se comprobará en un futuro, cuando la comunidad investigadora disponga del material inédito, que el proceso de publicación de las obras de estos dos poetas se entremezcla con la noticia de aspectos más personales, algunos conocidos ya con el *corpus* estudiado y otros todavía por descubrir. En las cartas del Premio Nobel se observa que José Ángel Valente recibe la noticia de los achaques de salud de Vicente Aleixandre y se sabe de los avatares de la edición de varios de los textos más representativos de su trayectoria artística, asistiendo al propio proceso de gestación de poemas y artículos, sin olvidar tampoco la mención de la nostalgia que siente por su tierra natal o por los paisajes en los que transcurrió su niñez ni la añoranza de los amigos que se encuentran en el extranjero y con cuya visita desearía contar más a menudo, tal es el caso del ourensano.

El poeta del Grupo de 27 nació en Sevilla el 26 de abril de 1898, en el edificio de la antigua Intendencia, posteriormente Palacio de la Fundación Yanduri. Es el segundo hijo de Cirilo Aleixandre Ballester y de Elvira Merlo García de Pruneda[44]. Sabemos que fue bautizado en la catedral hispalense dos días después de su nacimiento, poniéndole los nombres de Vicente, Pío, Marcelino y Cirilo[45]. Su padre, ingeniero de la «Compañía de Ferrocarriles Andaluces», fue destinado a Málaga dos años más tarde, por lo que se instalaron en el número 6 de la calle Carlos Haes, hoy Calle Córdoba, 4. Allí pasaría el poeta sus primeros años hasta que en 1909 se trasladó con su familia a Madrid. Es fundamental recordar en este punto que Vicente Aleixandre pasó su infancia entre esas dos ciudades: Málaga y Madrid.

En Málaga vivió nueve años, desde el año 1900 (cuando su padre, ingeniero de ferrocarriles, es trasladado a esa localidad) hasta 1909. Es en ese momento cuando se trasladan a la capi-

---

44 Habían contraído matrimonio el 19 de noviembre de 1894 en la iglesia de Las Salesas, en Madrid.

45 «El matrimonio Cirilo Aleixandre y Elvira Merlo tenían ya tres hijos, pero la niña mayor, Elvirita, murió pronto. Por entonces, un ascenso profesional determinó el traslado de la familia a Málaga [...] Vicente –dos años– y Conchita –uno– son llevados por sus padres al nuevo domicilio. Aun dentro de la región andaluza, el cambio es grande» (DE LUIS, 1978: 51). Sabemos que la primogénita murió a los tres años y que una nueva hermana, a la que dieron el nombre de Sofía, nació muerta. Después nacería en Málaga Fernando, en el año 1902. El pequeño también falleció temprano, en 1904. A la hermana que nació muerta le dedicaría un poema así titulado, «Que nació muerta (Mi hermana Sofía)».

tal de España[46], donde el futuro poeta estudiará el Bachillerato. Siempre quedará en él el recuerdo del mar y la infancia pasada en esa tierra, plasmado en el poema «Ciudad del paraíso». Además, el recuerdo de la tierra que lo vio nacer aparece en varias ocasiones en las cartas que dirige al autor de *Poemas a Lázaro*.

Esa unión con Málaga se acrecienta, sin lugar a dudas, cuando, en 1925, sumido en un retiro voluntario y aquejado por una dolencia renal, abandona su actividad docente como profesor de derecho Mercantil de la madrileña Escuela Superior de Comercio, retiro del que saldrá esporádicamente para tener cada vez más contacto con la joven generación de poetas que se está consolidando y en la que se integra de pleno derecho: la generación del 27. En marzo de ese mismo año colabora con su poema «Reloj», con la revista poética de vanguardia *Litoral* que en 1926 habían iniciado precisamente dos malagueños, Emilio Prados, su amigo de la infancia, y Manuel Altolaguirre, instaurando ya lo que sería una constante a lo largo de su vida pues parte de la obra de Vicente Aleixandre fue editada en Málaga (GARCÍA HARO, 2017: 1-2).

---

46 «Un mes antes de cumplir los once años, llega de Málaga. Su casa se encuentra en el barrio de Salamanca, una zona de sosiego y paz que habita la alta burguesía. El número 9 de la calle de Ayala (el que corresponde hoy al 19) está próximo al paseo de la Castellana, de elegantes y aristocráticos palacetes, rodeados de frondosos jardines [...] Pero la geografía urbana que Aleixandre iba a frecuentar se escorza por la Castellana y el Prado, hasta la Carrera de San Jerónimo, se detiene en la esquina de la calle Ventura de la Vega, junto a la casa del desaparecido Hotel de Rusia, donde estaba el colegio Teresiano, para regresar en un orden inverso. En 1913 sufrirá una pequeña rectificación. De Ayala, 9, la familia se traslada a Serrano, 98» (DE LUIS, 1978: 69).

Será precisamente por consejo paterno que Aleixandre comenzará sus estudios de Derecho e Intendencia Mercantil en el año 1914, tras terminar el bachillerato el año anterior, cuando muere su abuelo D. Antonio Merlo[47], quien resulta clave en la educación del joven.

Finaliza su formación en 1919, siendo entonces nombrado profesor ayudante por el catedrático de la Escuela de Comercio D. Fabio Bergamín. Durante el curso 1920-1921 empezará a impartir clases de Legislación Mercantil Española, iniciándose además la época en la que aparece en la revista *Grecia*, vinculada al ultraísmo, en la que publica su primer poema ti-

---

47 «De su abuelo también recibirá Aleixandre su educación laica; laica, pero como ha afirmado él mismo, nunca anticlerical. Nuca anticlerical, pero tampoco religiosa, como sería ilógico por parte de una persona que a los dieciséis años había escapado de un seminario por la ventana. El nombre de Bécquer, la educación laica y también un nuevo nombre que oye pronunciar, por primera vez, al abuelo: el de Galdós. La afición por la lectura de novelas tiene su origen en aquellos años primeros. Es importante esta imagen que hemos querido dar del abuelo. Junto a ella yo colocaría la de Elvira Merlo, la madre del poeta, que gustaba de tocar el piano en las apacibles horas de Málaga» (COLINAS, 1977: 19).

Como hija de una familia de la alta burguesía, fue educada refinadamente. Aprendió piano y labores de adorno. La música le encantaba. Acaso llegó a alcanzar las sesiones musicales del Liceo Artístico, que por aquellos años obsequió a la buena sociedad malagueña con varios conciertos de Donizetti, de Verdi, de Rossini. Elvira tocaría después, en su piano, el aria de La favorita o la fantasía de Rigoletto, y en algún atardecer, mientras los niños jugaban en el parque y Ángeles, la costurera, arreglaba unas prendas en el cuarto de costura, a la llegada del esposo, interpretaría para él la 2ª de Schumann, oída días antes en el programa del Liceo (DE LUIS, 1978:57).

tulado «Noche». Lo hace en ese momento bajo el pseudónimo de Alejandro G. de Pruneda[48]. Poco tiempo después dejará la docencia y entrará en la Secretaría de la empresa Ferrocarriles Andaluces. Conviene recordar que esta no será la única vez que utilice pseudónimo para firmar algunos poemas, puesto que lo vemos de nuevo en el año 1929 para la revista *Mediodía*. En esa ocasión se esconderá bajo el nombre de José Manuel García-Briz, como se ha sugerido con anterioridad.

Con la llegada a la capital de España se ve obligado a separarse de su madre y de su hermana Concha por una enfermedad contagiosa de esta última, se trataba de la escarlatina. Desde muy joven el mismo Aleixandre sufrirá problemas de salud, hecho que lo apartará de las obligaciones laborales y que le llevará a pasar grandes temporadas en casa. El poeta Vicente Aleixandre sufre en 1925 una nefritis tuberculosa que obliga a los médicos a extirparle un riñón en 1932, año en que se publica *Espadas como labios* y empieza *La destrucción o el amor*. Su padre, Cirilo Aleixandre Ballester, se muestra muy preocupado por la situación del muchacho, recorriendo tenazmente distintas consultas (DE LUIS, 1978: 26).

En 1922 ya había experimentado una artritis infecciosa en su rodilla derecha, que queda para siempre lesionada. La tuberculosis renal de 1925 le aparta de su trabajo de la Compañía de Caminos de Hierro del Norte de España, sufriendo las consecuencias hasta 1927. Esta circunstancia, la de la en-

---

48 Recordemos que su madre se llamaba Elvira Merlo García de Pruneda. De ella toma ese apellido.

fermedad, será la que «facilite» parte de su prolífica obra, puesto que es el momento en que escribe *Ámbito*. Como se ha apuntado ya, cinco años más tarde se le extirpará un riñón en el Sanatorio del Rosario, a lo que seguirá el reposo en la casa de «Vistalegre» (Miraflores), retiro en el que empieza a escribir *La destrucción o el amor*, el mismo año que se publica *Espadas como labios* (1932), bajo la supervisión de su amigo Dámaso Alonso.

Desde 1925[49] se suceden los problemas de salud y ese año tiene lugar el primer periodo de reposo en Miraflores de la

---

49 Es en abril de 1925 cuando, poco después de haber ingresado en la Compañía del Norte, cambia la suerte de la familia. La Sierra de Guadarrama se convertirá en el sanatorio para el joven Aleixandre. Buscan un clima adecuado, aire libre, reposo y sol. El padre del poeta alquilaría en Miraflores una casa.

Comienzan las visitas médicas. La fiebre no remite. El doctor Rozabal, médico de cabecera y amigo de la familia, aconseja la consulta con un urólogo. El doctor Sánchez Covisa diagnostica una infección de vejiga. Transcurren las semanas. No hay mejoría. Nuevos reconocimientos. El diagnóstico ahora es una nefritis de tipo tuberculoso. Es sabido que la tuberculosis no es lo que era [...] Pero cuando el bacilo se aloja en el riñón, se origina una nefritis crónica infecciosa que es siempre de diagnóstico gravísimo y de pronóstico muy problemático. La tuberculosis en 1925 era una enfermedad de desahuciados. La desgracia fue como una losa para una familia privilegiada hasta entonces, sobre la que la vida venía pasando un ala de benignidad. Los padres se miraron desde el fondo de un llanto incontenible. Una enfermedad grave en un hijo joven y único es una garra al cuello [...] A Cirilo Aleixandre, el mundo se le vino abajo, como suele decirse. Se le había frustrado su mejor ilusión, la más honda razón de su vida. Los años de estudio, los brillantes exámenes, los dos flamantes títulos, los empleos prometedores.

Sierra, donde pasará, a partir de ese momento, todos sus veranos. La enfermedad que se inicia en 1922 va a imprimir un ritmo diferente a su vida, obligándolo a pasar mucho tiempo apartado, solo, alejado de todo. En el pueblo busca aire puro y serenidad, inspirándole ese retiro muchos de sus versos y convirtiéndose Miraflores en un lugar fértil para la creación artística. De Miraflores al Parque Metropolitano, pasando por Aravaca, puede decirse que fue el peregrinaje del joven poeta. La familia[50], después de la crisis de 1925 y la paula-

---

Una profesión iniciada alentadoramente. Todo era nada; todo se deshacía, como el rosarillo de espuma que la playa embebe al retirarse el mar (DE LUIS, 1978: 103-104).

Después de cinco meses en ese paraíso para la cura que es Miraflores, Cirilo Aleixandre elige una casa en Aravaca, a ocho kilómetros de Madrid, en la Colonia Domínguez. Ahí se establecerán desde octubre de 1925 hasta mayo de 1927, donde termina de escribir *Ámbito*. Ahí lo visitarán también sus amigos: Dámaso Alonso, Rafael Alberti, etc.

50 «La personalidad de Cirilo Aleixandre se nos acerca desde su lucha incansable contra la enfermedad del hijo y desde su infinita comprensión para la propia personalidad de éste, que surgía de manera inesperada por unos caminos de dedicación a la poesía demasiado diferentes de la planeada profesión. Cirilo Aleixandre fue, sin duda, un hombre inteligente y, a la vez, bondadoso. Cuando el primer especialista diagnostica nefritis tuberculosa y desahucia al enfermo, saca fuerzas de flaqueza y no pierde la fe en la salvación de su hijo. Acudió a nuevos médicos, se desvivió año tras año, entre los períodos de crisis alternas de la enfermedad, hasta que, en 1932, el doctor Pedro Cifuentes decide la intervención quirúrgica. El 19 de junio, en el sanatorio del Rosario –donde Juan Ramón Jiménez escribió, treinta años antes *Arias tristes*– se extirpa al enfermo el riñón infectado, salvándole el otro y, con ello, la vida. ¿Abogado? ¿Profesor? ¿Poeta? ¡Qué le importa a Cirilo Aleixandre! Es el hijo al que ha logrado salvar por su fe y su tesón de padre esperanzado» (DE LUIS, 1978: 26).

tina recuperación, adquirió un terreno en el extrarradio de Madrid.

Al final de la avenida de le Reina Victoria, donde está el dispensario de la Cruz Roja, San José y Santa Adela, si se va por los Cuatro Caminos. Allí han construido una casa de dos plantas, rodeada por un pequeño jardín [...] En aquellas tierras va a iniciarse en seguida la construcción de los primeros pabellones de la futura Ciudad Universitaria, cuya junta ha sido creada por real decreto de aquel mismo mes. Vicente le da la nueva dirección a sus amigos: Velintonia. Desde el mes de mayo de 1927 vivirá en Velintonia, 3 (DE LUIS, 1978:107).

En la obra *En recuerdo de Vicente Aleixandre* (1898-1984) leemos que en el año 1922 «sufre su primera seria enfermedad; una artritis infecciosa ataca su rodilla derecha, que ya quedará para siempre lesionada» (DUQUE AMUSCO,1998: 18). En 1925 una tuberculosis renal le apartará de nuevo de su trabajo, esta vez de la Compañía de Caminos de Hierro del Norte de España. Desde mayo hasta septiembre estará en Miraflores de la Sierra y desde octubre en Aravaca, lugar en el que permanecerá convaleciente hasta 1927. Será en ese retiro donde escriba gran parte de los poemas de *Ámbito* (DUQUE AMUSCO,1998:20). Cinco años más tarde se le extirpará un riñón en el Sanatorio del Rosario, a lo que seguirá el reposo en la casa de «Vistalegre» (Miraflores), empezando entonces a escribir *La destrucción o el amor*, el mismo año que se publica *Espadas como labios* (1932).

La enfermedad de 1925 aconsejó a Cirilo Aleixandre el aislamiento y reposo del paciente, y decidió alquilar una casa en Miraflores de la Sierra. La casa cambió en veranos sucesivos hasta que, al resultar lugar grato, se hizo vivienda propia alzada en una parcela adquirida en 1933: es el actual chalet Vistalegre, que se ha convertido en el tradicional e insustituible cuartel veraniego de Vicente (DE LUIS, 1982: 25).

«Velintonia, 3» será la dirección de la residencia de Vicente Aleixandre, donde recibía a sus amigos poetas. Se abrió el sábado 15 de diciembre de 2007 para homenajear al poeta, después de que la casa llevase 23 años cerrada. Se hizo con motivo del 30 aniversario de la concesión del Premio Nobel de Literatura. Luis Cernuda rememora ese lugar de este modo:

Recuerdo siempre la cordialidad, la simpatía con que Aleixandre me acogió [...] Era en su casa tan recogida y silenciosa, entre los árboles del Parque Metropolitano. En el salón donde me habían hecho pasar, mientras anunciaban mi nombre, apareció un mozo alto, corpulento, rubicundo, de cuya benevolencia amistosa daban pruebas, ambas sonrientes, la entonación de su voz y la mirada de sus ojos azules [...] Aquella biblioteca y salón en casa de Vicente Aleixandre fue escena de nuestros diálogos, en los cuales alternaban, junto a los compañeros ya mencionados (se refiere aquí a Federico García Lorca y Manuel Altolaguirre), otros más fugaces que cualquiera de nosotros traía y presentaba. Para todos estaba pronta la bienvenida de Aleixandre, con una cordialidad que en pocos como él he conocido (CANO, 1981: 20).

Debemos recordar que a finales de octubre de 1936 abandona con su familia (su madre había fallecido el 8 de marzo de 1934 y su padre los acompañará hasta el 9 de marzo de 1940) la casa de Velintonia, al convertirse esa zona del Parque Metropolitano en frente de guerra. En el año 1939 comenzará la reconstrucción de la casa y en 1940 los dos hermanos Aleixandre se instalan en ella (DUQUE AMUSCO,1998:24).

En 1942 los hermanos reconstruyen Velintonia. Por su salita de trabajo han seguido pasando los poetas de la generación de posguerra, la del 50, los novísimos... Pero aclaremos que Velintonia ya no es Velintonia, porque la fama del poeta ha invadido la calle [...] Hoy es Vicente Aleixandre, 3 (DE LUIS, 1982:29).

A lo largo de las páginas del epistolario que sirve de base para este estudio se observa que muchas son las ocasiones en que se refiere a sus achaques de salud, que se van agravando con los años, tanto en su persona como en la de su hermana Conchita. Aparecen problemas de oído y de vista, se suceden las operaciones y las molestias respiratorias. Varias veces se encuentra en cama con gripe (sirva de ejemplo la carta del 5 de enero de 1956). En las misivas de los últimas años muestra precisamente ese miedo por el paso del tiempo[51], por la posible ceguera que lo lleve al final a la situación de Juan Valera o de Benito Pérez Galdós. Al diagnóstico de las cataratas alude en la carta del 1 de febrero del 76. Poco después le escribirá Valente interesándose por su problema (el 7 de febrero de 1976). En carta del 17 de agosto del mismo año habla de que sufre cataratas además de glaucoma. Volverá a referirse a ese

---

51 «La preocupación aleixandrina por la edad, sal y cómputo numérico de la vida, le conduce a una muy peculiar manera de recuerdo, de memoria. Los verbos de Hamlet son ahora el motivo introductor del poema titulado de manera clásica "El poeta se acuerda de su vida", que encabezan las palabras del irresoluto príncipe danés: "Vivir, dormir, morir: son ocaso" [...] Pero a todas estas opiniones tan precisas, quizá fuera posible también añadir que, más que la vejez, lo que a Aleixandre en todos los poemas preocupa es la edad, las distintas edades del hombre que son reflejo evidente del fluir de la vida humana» (DÍAZ DE REVENGA, 1977: 42-44).

problema de salud en misivas del 29 de agosto de 1977 y del 6 de mayo de 1980.

Al no disponer de las cartas de José Ángel Valente que completarían el epistolario entre los dos poetas, se ha investigado la relación entre los dos poetas leyendo otras misivas del escritor gallego en las que hablaba del poeta del 27. Nos referimos a las cartas dirigidas a Concha Lagos por parte del autor de *Poemas a Lázaro*. Se ve que la relación entre los poetas va cambiando con el tiempo.

> De esta manera, la amistad y los vínculos literarios que les habían unido antaño darían paso a una actitud de distanciamiento. En la correspondencia estudiada se evidencia el diferente tratamiento demostrado por Valente a Aleixandre; en sus primeras cartas lo llama «Vicente», con un tono de cercanía, mientras que en la VIII, de 1963, se refiere a él como el «académico Vicente Aleixandre». Esta tornadiza actitud puede deberse, entre otras razones, a que, por estos años, Valente trataba de encontrar su propio camino estético, distanciándose de los postulados defendidos por Aleixandre (ESCOBAR, 2012: 194).

Lo que aquí se afirma puede observarse también en el ensayo de ese año titulado «Conocimiento y comunicación». Se constata que defiende la poesía como conocimiento en lugar de comunicación, de lo que eran partidarios Vicente Aleixandre y Carlos Bousoño. Antes de ese distanciamiento sí se observa la relación de amistad que hemos defendido en estas páginas, sobre lo que arrojan luz las cartas que conforman el *corpus* estudiado.

Se menciona así en esta correspondencia el poema que Valente ofreció a Aleixandre como reconocimiento de su magisterio en *Papeles de Son Armadans*, en los números 32-33 con fecha de noviembre-diciembre de 1958 (410), si bien, con posterioridad, tendría cabida en el *Homenaje a Vicente Aleixandre*, editado en Madrid por *Ínsula* en 1968 (ESCOBAR, 2012: 194-195).

Por motivos de salud no se exilió durante la Guerra Civil[52] como sí hicieron otros poetas de su generación, lo que favoreció que su casa de Velintonia se convirtiese en el punto de encuentro de muchos escritores, no solo autores consagrados, sino también jóvenes poetas que contarían con su apoyo incondicional, como se ve a lo largo de las páginas del epistolario aludido.

---

52 «Con el estallido de la guerra la vida del poeta se llena de inseguridades que minan, una vez más, su salud. Inseguridad, para comenzar, en su propia casa, que se ve forzado a abandonar. Prácticamente durante toda la guerra la casa de Velintonia 3 va a estar situada en el que habrá de ser uno de los frentes más duros: el de la Ciudad Universitaria. Toda la ladera, por decirlo con uno de sus versos, se iba a levantar como un alto muro de sangre. Aleixandre deja la casa y a su regreso la encuentra devastada. Su padre no volverá a habitar en ella, pues fallece en 1940. El tiempo de la guerra lo dividirá el poeta entre la casa de Miraflores y un piso en Madrid, propiedad de unos tíos, en donde la familia, a pesar de las necesidades, tiene que instalarse provisionalmente [...] Tampoco la huida a Miraflores está exenta de dificultades. Para llegar al pueblo se necesitaba de un salvoconducto oficial que le proporciona un joven poeta, Francisco Giner de los Ríos, descendiente del fundador de la Institución Libre de Enseñanza» (COLINAS, 1977: 83-84).

Su condición de enfermo crónico le hizo pasar largas temporadas en su casa[53], siendo significativo el hecho de que no pudiese acudir ya al homenaje a Góngora celebrado en el Ateneo de Sevilla y que unió al Grupo del 27[54] en sus comienzos. Ahí comenzaría su andadura epistolar con los miembros de su generación, al serle físicamente imposible asistir al evento. Nunca perdió el contacto con ellos y las cartas y las visitas en su casa articularon su vida social, hasta el punto de que con ello comenzó a hablarse de la dudosa condición sexual del poeta andaluz.

Su madre siempre se esforzó por ayudar a su hijo, facilitándole las reuniones en casa y las charlas. Escribía desde la cama desde la primera crisis de 1925. El poeta colocaba una carpeta sobre el pecho para sujetar las cuartillas.

---

53 Siempre contó con el apoyo de la familia, aunque crease en soledad, apartado de la sociedad de su tiempo por su frágil salud. «En ese clima de comprensión el poeta ha podido crear siempre, junto a sus padres y su hermana; junto a esta última después. Ninguno de ellos ha participado de su trabajo poético: Vicente apenas les dio a leer nunca sus poemas. Creó en soledad, sí, pero sintiéndose acompañado, asistido por un ambiente propicio. Jamás tuvo que afrontar la creación con un clima adverso ni escuchar una palabra de desestimación o duda hacia aquel producto que salía de sus manos [...] Mucho puso la madre de su parte. Todo fueron facilidades para que la vida del escritor no interfiriese el régimen del enfermo. Porque la enfermedad, que al volver de la sierra e instalarse en Velintonia (1927) parecía vencida, no lo estaba del todo» (DE LUIS, 1978:115-116).

54 En palabras del propio Aleixandre: «La "generación del 27" no fue una escuela, sino un grupo de amigos; y les unió una exigencia máxima en la visión de la poesía. En ellos culmina lo que se ha caracterizado después como expresión moderna de la poesía» (COLINAS, 1977: 44).

Se habituó a escribir en esa postura y ni siquiera llegó a emplear un atril que, en la época de su primera enfermedad, le regaló su madre. Sus horas de trabajo suelen ser de 9 a 12, y en la noche, de 11 a 1:30. Durante la tarde nunca escribe: lee o recibe visitas (DE LUIS, 1978:131).

Una de las amigas del poeta, Carmen Conde, llegó a referir los amores/amantes[55] del escritor de los que ella tenía conocimiento, tales como Carmen de Granada (María Valls), Eva (Seifert), José Manuel García Briz, Andrés Acero y Carlos Bousoño. Pero este aspecto sería objeto de otro tipo de estudio, que se aleja del que aquí nos ocupa. En este sentido sí es necesario apuntar que el hecho de no contraer matrimonio ni

---

55 Siguiendo la obra de José Luis Cano, *Cuadernos de Velintonia*, puede decirse que Eva Seifert fue una de las mujeres a las que Vicente Aleixandre logró seducir, siendo varias las conquistas del escritor a las que se refiere en esa obra. En el libro figuran, con nombre y apellidos, más de media docena de amantes. Tal es el caso de un amor de juventud, Dorita; Eva Seifert, con la que quería traducir a Bertold Brecht y quien ya a una avanzada edad seguía escribiéndole cartas de amor; Mari Pepa, cuyo abandono derivó en consecuencias políticas vinculando a Aleixandre al PCE. También se habla en la obra citada en la bibliografía final de una posible hija del escritor, cuya madre sería una estudiante norteamericana, según J. L. Cano. Por el contrario, debemos señalar que fue llamado cobarde por Rafael Alberti, quien aclamaba a Cernuda por no ocultar su condición homosexual. Por otra parte, puede recordarse aquí la polémica generada tras la publicación de la biografía de Vicente Aleixandre titulada *La memoria de un hombre está en sus besos*, por parte de Emilio Calderón, quien se encarga de editar las cartas de amor del Premio Nobel al poeta Carlos Bousoño. El tono de las cartas evidencia más que una amistad. Carmen Conde y Gil de Biedma hacen referencia en diferentes documentos a esa relación.

tener descendencia hace que tenga en sus amigos a su familia más cercana y en los hijos del poeta gallego la mirada de un abuelo a sus nietos. Son muchas las veces que nombra a Lucila y a Patricia, que se acuerda de Antonio y que añora las visitas que los niños hacen con su abuela o con su madre. Los echa de menos y se lamenta del paso del tiempo, que tal vez le impida verlos crecer como desearía.

Sí es cierto que a su amiga Eva se refiere en algunas de estas misivas, pero en una carta dirigida a José Luis Cano el 1 de febrero de 1948 leemos lo siguiente:

Hoy ha venido Fernando Carratalá y le he hablado yo de cómo no se puede lastimar a quien nos ama. Le contaba yo de cuando mi amor con Eva, y de cómo, a pesar de no tener pasión por ella, ella no sufrió nunca, porque yo nunca me consentí hacerle ver, por descuido o indiferencia, nada que le diera dolor. Venía ella de fuera todos los veranos. Yo amaba a otra criatura con

---

El 24 de marzo de 1948 le dice «Carlitines: qué gusto, voy a escribirte como me de la gana. Libertad: diosa mía. Acabo de recibir tu carta hermosa: dulce, alegre, fresca. Una pura delicia. Ah malísimo: lo que me has dicho [y cantado con tus versos]. Qué chispeante eres, chiquillo. [Borro eso, que era un piropo]. Da gusto decir eso: "piropo". Me da la gana de decirlo. A Carlitos le digo eso, y mucho más. Porque es guapísimo [¡mentira!] y porque le adoro, y porque es mío y me lo como a amor. A AMOR, qué gusto escribirlo con todas sus letras, y no llamarlo filosofía ni eufemístico circunloquio que le estrujan a uno el alma y le hacen a uno polvo. Pues sí: Te Amo ¿Ves? Lo he dicho y no se ha hundido el firmamento. Soy feliz. Estoy como el nadador por el agua, por el cielo. Carlitos: vente conmigo y vámonos... "a Sevilla por amor". A donde sea». En la misma carta, el poeta apunta «ay, cómo me desencadeno cuando te amo [que quiere decir a toda hora]».

pasión. Y cada verano Eva era feliz y estaba alegre. Porque yo la quería […] A Eva nunca la [sic] mentí en el cariño que yo le daba. ¡Qué verdadero era! […] Y era verdad mi gran pasión entonces por la criatura que absorbía las potencias de mi alma.

Estampo esta frase y pienso cómo amé a la rubia, preciosa, bellísima niña cuyo nombre no he puesto aquí.

En carta del 5 de julio de 1945 dirigida también a Cano el poeta del 27 aseguraba no haber amado nunca así, después de afirmar que «en realidad muero por ella, agonizo por ella», añadiendo sentirse «completo esclavo de mi pasión y vivo para recibir muerte a través de ella. Sufro tanto esta ausencia que a veces quisiera no tener a mi niña». Pocos días después vuelve a referirle a Cano, el 12 de julio, que ha tenido cuatro cartas seguidas de su amor. El 18 de julio le escribe de nuevo, para hablar otra vez de su amada, diciendo que vive «las 24 horas del día con el pensamiento centrado en el ser que adoro». El 1 de agosto se confiesa del siguiente modo:

Yo mismo me asombro que pueda sentir en mí todavía como un primer amor; poder ofrecer un primer sentimiento. Mi corazón parece decirle: a ti te quiero y no he querido a nadie antes de ti.

Yo sé que he amado antes, e intensamente, pero en este amor me siento «hijo del espíritu claro» como nunca lo fui.

A través del epistolario estudiado puede conocerse mejor a los escritores y a las personas que se esconden debajo del nombre de cada autor. Asistimos con ellos a momentos claves de su trayectoria vital y artística. Se registran datos relevantes, como que en 1949 Vicente Aleixandre fue elegido miembro de la Real Academia Española y que en sesión del 30 de junio de 1950 leyó su discurso de ingreso, bajo el título de «En la vida del poeta, el amor y la poesía».

Se informa de que en los años 50 dio distintas conferencias en varias universidades de Inglaterra, asistió a congresos como el I Congreso de Poesía de Segovia, donde conoce a Carles Riba, y a las Conversaciones Poéticas de Formentera organizadas por Camilo José Cela. Da conferencias en Tánger, Tetuán y Canarias, participando además en lecturas de poemas en la Universidad de Barcelona.

En cada década escribe cartas al poeta gallego en las que le va informando de todo lo importante, de su vida y de su obra. Muestra sus preocupaciones existenciales, derivadas de su frágil salud[56], y manifiesta siempre el deseo de encontrarse con el joven Valente y su familia.

---

56 Uno de los episodios más complicados se produce en las Navidades de 1931. Pasará por una operación y la salud le dará una tregua. En abril de 1937 sufrirá una recaída. Ya no pueden vivir en Velintonia por la guerra, que convertirá la Ciudad Universitaria en frente, por lo que se verán obligados a alojarse en casa de su tío Agustín, en la calle de Españoleto, 16. Desde la cama escuchará el poeta el ruido de los cañonazos. Lo visitan en su casa Rafael Alberti, Antonio Aparicio (un joven sevillano que en aquel momento aún no había publicado nada), Rafael Morales y Miguel Hernández, quien hasta le traía naranjas de Orihuela.

La enfermedad de Vicente se reproduce con caracteres peores. Sobre la fiebre, hay hemorragias que evidencian la grave lesión renal. El doctor Sánchez Covisa deduce que ambos riñones están invadidos y desahucia al enfermo. El médico de cabecera que asiste a Vicente desde niño, y que seguirá hasta 1969, en que muere a los 88 años, discrepa del diagnóstico desalentador. A principios de 1932 se pide parecer a otro

La «mala salud de hierro» de que disfruta Aleixandre –en frase afectuosamente humorística, cuya paternidad desconozco– le ha permitido, en los últimos años, una existencia relativamente activa. No, por supuesto, como aquella del 49 al 59. Ha renunciado a varios viajes, eso sí. Al recorrido por América, en varias ocasiones. También a un deseado viaje por Italia: le interesaba visitar Pompeya, porque proyectó un poema histórico y quería ambientarse en la contemplación de las antiguas ciudades que el Vesubio arrasara.

Ha impuesto a su vida un estricto plan de alimentación y reposo. De las veinticuatro horas del día, sólo seis o siete está levantado. Durante esas horas, sale a la calle, acude a la Academia, resuelve asuntos personales [...] Por eso hay dos versiones de Aleixandre: la del que lo visita en su casa, en horas de reposo, y la del que lo saluda en un acto público (DE LUIS, 1978: 169).

A esa salud de hierro se refiere irónicamente en carta del 4 de diciembre de 1956. En 1967 obtiene como diagnóstico una insuficiencia coronaria. Al año siguiente se le rinde un homenaje, con motivo de su setenta cumpleaños. En las cartas hay referencias a este hecho:

---

especialista, el doctor don Pedro Cifuentes. Se va a someter al enfermo a un nuevo examen clínico [...] La nefrotomía y otros dolorosos reconocimientos traen una llamita de esperanza [...] El 19 de junio de 1932, en el Sanatorio del Rosario –el mismo donde estuvo en tiempos Juan Ramón Jiménez–, en la calle Príncipe de Vergara, casi esquina a la plaza de Salamanca, se le extirpa el riñón infectado [...] A principios de 1933 parece repuesto. La enfermedad va a concederle una libertad provisional de cuatro años (DE LUIS, 1978: 118-119).

Un grupo de amigos le rindió un homenaje singular, como a pocos autores puede rendírseles: la edición de un libro con todos los poemas escritos, a lo largo de su vida, sobre él o sobre su obra. La colección, que sin duda no es exhaustiva, reúne ochenta y cuatro nombres de cinco generaciones distintas: desde Jorge Guillén hasta Jorge Urrutia y Leopoldo María Panero (DE LUIS, 1978:170).

Debemos indicar que desde 1949 hasta 1959 vive una época en la que realiza numerosos viajes para leer en público su obra. Visita Córdoba con ese fin en 1949. El año de ingreso en la Academia[57] viaja también a Londres y Oxford y participa en una lectura en Valencia. En 1951 acude al Paraninfo de la Universidad de Barcelona, en los años siguientes participa en conferencias (Alicante), en el I Congreso de Poesía (Segovia), visita Marruecos por primera vez (1953) dando conferencias en Tetuán y Tánger. En 1957 visita las Islas Canarias,

---

57 El discurso de recepción en la RAE, del 22 de enero de 1949, es «En la vida del poeta: el amor y la poesía» (ALEIXANDRE, 2002: 285-312), pero en una misiva de 1955, el poeta se refiere al texto titulado «Algunos caracteres de la nueva poesía española», discurso de apertura del Curso en el Instituto de España, recogido en el volumen de *Prosas Completas* referido en la bibliografía final (ALEIXANDRE, 2002: 313-338). A propósito del ingreso en la RAE aportamos lo siguiente: «le ha elegido, en 1949, individuo de número. La elección fue unánime, salvo por el voto en contra de don Armando Cotarelo Valledor. Otro Cotarelo, don Emilio Cotarelo y Mori, votó también contra todo intento de hacer académico a Valle-Inclán. Se ve que la sensibilidad y el gusto literario eran de familia» (DE LUIS, 1978: 151-152). Pasó a ocupar el sillón de la letra O. *Ínsula* le dedicará un número especial.

realizando diferentes lecturas en La Laguna y Santa Cruz. En 1959 vuelve a Marruecos, ya nación independiente desde 1956. También asiste ese año a las Conversaciones Poéticas de Formentor.

De todo ello hablará en las cartas que pertenecen a esta década de los 50. Si bien, hay que tener en cuenta que el último viaje fuera de España, sin tener en cuenta sus cortas visitas a Marruecos, se produce en 1950 para ofrecer una lectura comentada de su obra en Londres y en Oxford, después de haber sido nombrado académico (22 de enero de 1950). En esa década goza de bastante buena salud y lleva una vida muy activa.

> Vicente se multiplica. Corresponde a todos los escritos, comparte las inquietudes de todos, para cada uno tiene la palabra comunicadora. Les dirige cartas en las que estimula a los jóvenes y muestra fe en ellos, en la poesía. Cartas que las revistas insertarán en sus primeras páginas, como timbre de honor [...] Se ha hecho proverbial, dentro y fuera de España, la excepcional suerte de atención con que Aleixandre acoge a cuantos le visitan; su trato afable, generoso, cordialísimo. Mas esto no sólo prueba caracteres de cortesía y bondad –de paciencia también muchas veces–, sino la tesitura humana de una poesía abierta a la vida, al mundo (DE LUIS,1978:159-163).

En los años 70 Aleixandre manifiesta sus preocupaciones en cuestiones de salud, refiriendo un estado gripal muy largo, así como hemorragias nasales y la disminución de la vista, lo que más le preocupa, como se recoge en las cartas que envía al poeta gallego.

El poeta, que cumplió durante décadas un intenso programa de horas de lectura, lo restringe mucho. Tampoco puede ser ya el efusivo corresponsal de otros tiempos; los amigos, los remitentes espontáneos de libros y poemas, han de ir acostumbrándose a la ausencia de sus cartas, antes tan pródigas de cordialidad y estímulo.

No renuncia, por supuesto, a su afición de toda la vida: el diálogo amistoso. Ya hemos visto que no frecuentó nunca mucho la vida pública, los actos sociales, pero sí la íntima camaradería de la charla en pequeños grupos, en la salita o en el jardín de Velintonia. Allí se pudo encontrar a Vicente Aleixandre, en el largo periodo de casi cuarenta años, no sólo atento a toda manifestación poética, sino también alerta frente a todos los fenómenos, todas las circunstancias y vicisitudes de la vida española (LUIS, 1978: 172).

En las últimas misivas que le envía a José Ángel Valente muestra su preocupación por sus problemas de vista, que lo obligan a pasar por el quirófano y a disminuir el tiempo de lectura y la escritura de cartas, que se van espaciando más en el tiempo y que terminan por ser dictadas.

Un año después: el 22 de marzo de 1977, tuvo que someterse a una operación de glaucoma. Los últimos años, la vista fallaba preocupantemente. El ajetreo de otoño acabó con su resistencia [...] Por otra parte, es de conocimiento común que el herpes zóster aparece con más facilidad cuando disminuye la resistencia del cuerpo, y ésa fue la enfermedad que le atacó a principios de 1978, localizada en el lado izquierdo de la cabeza y la cara, y afectando mucho al ojo (DE LUIS, 1982: 40).

Su salud le impide ir al acto de entrega del Premio Nobel, pero los Reyes de España por aquel entonces, Don Juan Carlos y Doña Sofía, lo visitan en su casa de Velintonia. Allí estaban como testigos los académicos Pedro Sainz Rodríguez, Gerardo Diego y Dámaso Alonso.

En los años 80 Aleixandre sigue luchando contra su pérdida de visión, sin poder dedicarse a la lectura y cada vez más apartado de la vida social. Acude al doctor Castroviejo y el 20 de noviembre el oftalmólogo lo opera en la Clínica de la Luz.

En 1981 el ojo derecho recupera la visión y puede ya hacer alguna lectura. En el otro es necesario un trasplante parcial «para resolver la opacidad de la pequeña cicatriz dejada por una llaga en la córnea» (DE LUIS, 1982:43). Es necesario recordar aquí que los últimos documentos del epistolario firmados por Aleixandre son dos cartas mecanografiadas, del 13 de marzo de 1979 y del 6 de mayo de 1980 y una tarjeta postal del 27 de julio de 1982.

1.9. Lectura del epistolario entre Vicente Aleixandre y José Ángel Valente por décadas. Resultados

1.9.1. *Cartas de Vicente Aleixandre a José Ángel Valente*

En la primera carta que forma parte de la colección firmada por Vicente Aleixandre le muestra a Valente su alegría por saber que va a publicar un libro sobre poesía. Al no constar la fecha de la carta desconocemos a qué obra se está refiriendo, pero sí vemos que alude a un estudio crítico y no a un poemario, al mencionar de qué tratará la obra: «desde el tema general poesía hasta el análisis de algunos poemas».

En la misma misiva el poeta sevillano le insinúa que en el plan pueda contemplar escribir algo sobre la poesía de Carlos Bousoño[58]. También anuncia sus planes: publicar en *Ágora* unos textos titulados «El Brazo» y «El Pie», que se incluirían en la obra *En un vasto dominio*. Sabemos que el proceso de elaboración de este poemario se sitúa entre abril de 1958 y julio de 1962, concebido con el título provisional de *Fidelidad humana*.

1.9.1.1. *Década de los años 50*[59]

En la carta fechada el 27 de septiembre de 1954 sabemos que Valente acaba de estar en Marruecos y que Aleixandre ha pasado en esas tierras una semana para participar en una lectura, visitando Tánger y Tetuán. En esta misiva se trata un asunto importante: el premio Adonáis[60]. Advertimos que

---

58 El poeta asturiano Carlos Bousoño es nombrado por Aleixandre en muchas de las misivas, recordemos que su tesis doctoral fue *La poesía de Vicente Aleixandre. Imagen, estilo, mundo poético* (1950, la primera sobre un autor vivo en nuestro país). Lo conoció en el año 1942 y mantienen una amistad que dura hasta el final.

59 «Hay un período en la vida de creador apartado –físicamente apartado, no espiritual ni intelectualmente– que lleva Aleixandre, excepcionalmente movido. La década de 1949 a 1959» (DE LUIS,1978:152-153).

60 El premio de poesía Adonáis fue creado en 1943 bajo el signo de la Biblioteca Hispánica, regida por Juan Guerrero Ruiz, amigo de Juan Ramón Jiménez. J. Á. Valente recibe ese premio por su primer libro, *A modo de esperanza* (premio Adonáis de 1954).

Aleixandre se preocupa por hacerle saber al joven amigo que si él no forma parte del jurado del premio la obra de Valente tampoco se incluirá junto a la de los otros candidatos. Incluso le refiere que si el ejemplar presentado le llega a José Luis Cano fuera de plazo eso no supondrá un problema, lo que muestra cierta manipulación en las bases que suelen existir para participar en concursos de estas características. Formaron finalmente el jurado Vicente Aleixandre, Florentino Pérez Embid, José Antonio Muñoz Rojas, José Hierro y José Luis Cano y Valente ganó por unanimidad por la obra titulada *A modo de esperanza*. José Luis Cano y Vicente Aleixandre conocían el poemario con anterioridad, como leemos en la obra del primero titulada *Los cuadernos de Velintonia*[61].

A modo anecdótico, recordamos lo sucedido mientras Valente realizaba el servicio militar: «Eu estaba alí, había unha mesa moi longa con todos os oficiais, o comandante, os capitáns… Nun momento vin que o comandante falaba co coronel e miraban cara a min; pensei, pois, que lle estaría falando do meu problema. O comandante, despois de falar co coronel en voz baixa, díxome: "creo que ti es poeta" –porque, no entretanto, xa me deran o Premio Adonáis, e a noticia chegara ó cuartel, non sei como–. Eu díxenlle: "sí, mi comandante" e el me ordenou: "pois fai un verso". Eu por pouco caio desmaiado, e díxenlle: "pero un verso non se pode facer así, teño que ter unha inspiración, teño que estar retirado". Entón, contestoume: "¿pero ti es poeta ou non?". Dixen: "sí señor". "- Pois fai un verso ¡carallo!". Entón eu dixen: "ás súas ordes". Marchei para o meu sitio, collín unha servilleta de papel, e escribín un verso, un ovillejo que terminaba dicindo "Viva Regulares Tres". Levanteime, lino e tiven un éxito tremendo, aplaudíronme moitísimo, coma tolos» (RODRÍGUEZ FER, 1999: 461).

61 Podemos leer en los *Los cuadernos de Velintonia*, con fecha del 25 de octubre de 1954, lo siguiente: «Se perfila el premio Adonáis de este año:

Sorprende el modo de actuación que manifiesta el autor de *Espadas como labios* para proceder a la inclusión o no del poemario de Valente dentro de los candidatos a la recepción del premio Adonáis de ese año. El presentarse a dicho certamen depende de si Aleixandre forma parte del jurado o, por el contrario, no tiene voz ni voto para decidir sobre el resultado final. Más sorprende todavía la opinión de Valente cuando en unas declaraciones afirmaba temer e huir de los poetas pegadizos, que impregnaban a uno y podían torcerle sus propósitos, incluyendo entre ellos a Pablo Neruda y a Vicente Aleixandre.

Mientras que en otros momentos declara su admiración por el poeta del 27, en consonancia con lo dicho por Dámaso Alonso. Tal es el caso del texto «Trayectoria ejemplar de Vicente Aleixandre», del que considera, junto a Neruda que abrió «el clima poético de la lengua española a una poesía de ancha andadura, de tensión prolongada y continua, en *tono mayor*, ha dicho Dámaso Alonso. Exploración de un mundo poético constante y progresivo, que se desenvuelve y adquiere plenitud siguiendo un ritmo parejo al crecimiento expresivo del poeta. Esto es lo que da tan evidente y ejemplar coherencia a la trayectoria poética de Aleixandre» (VALENTE, 2008: 909).

José Ángel Valente. Es el candidato de Vicente y el mío. Su libro, *A modo de esperanza*, es sin duda el mejor de los 110 presentados. Hablo con Vicente de Valente, y le digo mi intención de incorporar su firma a *Ínsula*. Le parece buena idea» (CANO, 1986: 64-65).

117

La tercera carta incluida en el epistolario, con fecha del 19 de octubre de 1955, es una misiva dirigida a Alberto Jiménez Fraud, que se incorpora por la relación que tiene su contenido con la vida del propio Valente[62]. En el documento lo que hace

---

62 El destinatario de esta misiva en la que Vicente Aleixandre habla de su amigo José Ángel Valente es Alberto Jiménez Fraud, a quien dedica un texto de *Los Encuentros* titulado «En la muerte de Don Alberto Jiménez (Carta a un joven poeta español)». Se incluye aquí por lo que representa este papel de Aleixandre como protector de Valente, escribiendo una especie de carta de recomendación para su buena acogida en el extranjero. El autor gallego se refiere a esta carta en la *Entrevista vital* que el profesor Claudio Rodríguez Fer le hace en el año 2000. Leemos lo siguiente:

Cando marchei para Oxford, aínda teño a carta de presentación para don Alberto Jiménez Fraud que me fixo Vicente Aleixandre, que era bastante amigo meu, e que me recomendaba a don Alberto e todo iso, recordo que o Vicente me dixo: «Está ben que vaias a Oxford, ademais en Cambridge estivo Cernuda, e pode ser interesante, ademais vas aprender mellor inglés e todo iso, pero non esteas moito tempo fóra porque neste país cando un se vai, olvídano». Eu decidín que non me importaba que me olvidaran, que a presencia non é unha presencia física, que a presencia é unha presencia de tipo literario. Eu viña moi pouco a España, pero mantiña colaboración continua (RODRÍGUEZ FER, 2001: 188).

Jiménez Fraud (Málaga,1883- Ginebra, 1864) fue profesor y pedagogo, secretario de la Junta para Ampliación de Estudios y el primer director de la Residencia de Estudiantes. Tras trabajar en Cambridge será *lecturer* en Oxford, desde 1938 hasta su jubilación en 1953. En el año 1958 ingresa en la ONU como traductor, pasando a ser compañero de Valente en Ginebra. Sabemos por esta carta, que incluimos debido a su relevancia, que José Ángel Valente entró en contacto con el fundador de la Residencia de Estudiantes por mediación de Vicente Aleixandre, quien lo presenta como «nuevo Lector de español de la Universidad de Oxford», añadiendo su condición de poeta ganador del Premio Adonáis y secretario de la revista *Índice*, que desea preparar en Inglaterra su tesis doctoral.

el poeta del 27 es presentarle a su joven amigo como nuevo Lector de español de la Universidad de Oxford, al modo de una carta de recomendación. Le hace saber que ha obteni-

Cando estaba na Facultade, na Universidade de Oxford, xa busca-
ban un lector, ben, non un lector porque a Universidade de Oxford
non tiña lector, ou sexa que eu ingresei na Universidade de Oxford
co título de *lecturer*, non de lector, de *lecturer*, que era o que era don
Alberto Jiménez Fraud [...] Despois, fixen o exame de licenciatura,
tiven premio extraordinario e inmediatamente me contrataron para
Oxford. O precontrato estaba xa afeito e entón marchei inmediata-
mente para Oxford [...] O meu período en Oxford caracterízase polo
nacemento en min dunha forte oposición crítica con respecto ó ensino
da literatura en España. Alí déronme o título de Master of Arts polo
meu traballo no ensino (RODRÍGUEZ FER, 1999: 463).

Llegan a tener José Ángel Valente y Alberto Jiménez Fraud una gran rela-
ción, que queda patente en textos como «Morir en La Florida: una carta»
(VALENTE, 2008: 262-65). Ahí el poeta gallego Valente manifiesta que
«compartió, casi diariamente, la vida de Alberto Jiménez Fraud desde 1955
hasta el 23 de abril de 1964», fecha de su fallecimiento. Con esta pérdida, el
autor de *Poemas a Lázaro* firma un ensayo que titula «Don Alberto Jiménez
Fraud» (VALENTE, 2008: 1137-39), en el que se ocupa de destacar el acti-
vo ejercicio de Jiménez Fraud en la universidad española y en la educación.

Otros textos en los que aparece su recuerdo son «La naranja y el cosmos.
En el cincuentenario de don Francisco Giner» (VALENTE, 2008: 186-
193), «Tres retratos y un paisaje» (VALENTE, 2008: 193-199), «Antonio
Machado, la Residencia y los Quinientos» (VALENTE, 2008: 200-206),
«El arte del Estado y el arte de la persona» (VALENTE, 2008: 1087-1096),
«Don Alberto» (VALENTE, 2007: 1135-1137), «La universidad española:
ocaso y restauración» (VALENTE, 2008: 1140-46), «El fracaso de la Insti-
tución y el signo de la cantidad» (VALENTE, 2008: 1203-1205), «Elegía: a
una joven Diana y a Alberto Jiménez Fraud» (VALENTE, 2008: 1256-58) e
«Imagen de Alberto Jiménez Fraud» (VALENTE, 2008: 1448-50). Además,
el poeta gallego le dedicó un epitafio, con el que comienza su lectura en la

do el prestigioso premio de poesía Adonáis y que ostenta el cargo de secretario de la revista *Índice*[63]. Le pide además que le dé una buena acogida durante su estancia inglesa.

El 7 de noviembre de 1955 Aleixandre menciona a la primogénita de Valente (Lucila)[64], como su «representante en la

---

Residencia de Estudiantes, veinticinco años después de su muerte. Se recomienda la consulta del capítulo titulado «El magisterio integral de Alberto Jiménez Fraud» en *Valente vital* (RODRÍGUEZ FER / BLANCO DE SARACHO, 2014: 105-123).

63 La colaboración con *Índice* desde 1952 fue determinante en el destino que correría el poeta ourensano. Fue en la redacción de la revista donde conoció a quien lo encaminó hacia Ginebra: nos referimos a Vicenta del Valle, citada a propósito de la misiva del 14 de febrero de 1958. Una vez más, asistimos al reproche por parte del poeta del 27, que se queja frecuentemente de la ausencia de noticias del joven amigo. Así termina también esta carta, con un «Dime de ti» y prometiéndole contestar cuando reciba su carta, algo que el andaluz siempre cumple.

64 La hija mayor de José Ángel Valente nació en Ceuta el día 1 de agosto de 1955 en el Hospital de la Cruz Roja, como se recoge en el primer volumen de *Valente vital* (AGUDO, 2012: 232-234). El director de la Cátedra Valente, el profesor Claudio Rodríguez Fer, recoge en la *Entrevista vital* hecha al poeta de *Punto cero* estas palabras:

O caso foi que a miña muller se puxo con dores do parto, houbo que facer vir á súa nai de Madrid e eu estaba destacado nun destacamento militar, na serra, nun sitio que se chama Telata [...] O problema é que a miña muller estaba a punto de parir e a miña muller estaba soa coa nai en Ceuta. Eu estaba no campamento e entón pedinlle ó comandante, que era o xefe que mandaba alí, no campamento, que me dera permiso para baixar a asistir a miña muller, acompañala a ela e a nai, que estaban soas en Ceuta, nunha cidade que non coñecían. O comandante díxome: «mira, eu non che podo dar permiso, o único que pode dar permiso é o coronel, que vai vir o domingo, ou sexa, dentro de

tierra». Refiere la existencia de algunos problemas de salud, como es una crisis hepática de la madre de Emilia, e insinúa que el poeta gallego ya se ha recuperado de un problema anterior. Por otra parte, se alude a las dificultades que puede encontrarse con el nuevo idioma y hace saber que Valente ya tiene consigo la maleta que había perdido al trasladarse a Oxford[65], algo anecdótico pero que muestra el carácter de

---

tres días, ímoslle dar unha comida, e eu vou falar do teu caso a ver se conseguimos que che faga baixar» (RODRÍGUEZ FER, 1999: 461).

En *Valente vital* leemos de Lucila que sería «el nombre que, en homenaje a su maternal benefactora, habrá de poner el poeta a su primera hija» (RODRÍGUEZ FER, 2012: 36). En ese común gesto de nombrar al primogénito con el nombre de sus antecesores, vemos reflejada la importancia que para el poeta gallego tuvo la persona de su madrina Lucila, que representa la figura materna, algo que también queda de manifiesto en la elegía que le dedica en *A modo de esperanza*.

65 José Ángel Valente se instaló en la Universidad de Oxford en el otoño de 1955, cansado de la perspectiva que ofrecía la España franquista, para posteriormente ejercer como funcionario de la O.N.U. en Ginebra desde 1958, donde falleció en el año 2000. Si tenemos en cuenta la carta dirigida a Alberto Jiménez Fraud comprobamos que Vicente Aleixandre presenta al joven poeta que ha recibido el Premio Adonáis como «nuevo Lector de español de la Universidad de Oxford». Es a mediados de octubre cuando emprende esa nueva aventura oxoniense y lo hace solo, mientras su hija Lucila y Emilia Palomo, su mujer, permanecen en Madrid. La razón de esta separación del matrimonio parece estar en la recuperación médica de Emilia Palomo después de su primer y accidentado parto, tal y como apunta Valente en carta a Antonio Lago Carballo en septiembre de 1955: «Me encuentro ahí encima con el viaje a Inglaterra. Emilia, naturalmente, no tendrá más remedio que quedarse en Madrid, por lo menos durante unos cuantos meses». En ese tiempo se dedica a adaptar el oído a la lengua inglesa, a dar sus clases, a escribir poemas (FERNÁNDEZ RODRÍGUEZ, 2012: 323).

cotidianeidad que pueden llegar a tener algunas de las cartas, al tratar asuntos más triviales. Esto contrasta con otro dato importante que se menciona en la carta, como que el autor de *En un vasto dominio* ha pronunciado su discurso de entrada en la Real Academia. De igual manera, anuncia la preparación de un volumen de poesías bajo el título de *Mis mejores versos*.

En la misiva le transmite su agradecimiento por el artículo que le ha dedicado a su obra *Historia del corazón* y que escuchó por el «Tercer Programa». Menciona además que desea acabar ese curso con *Los Encuentros*[66], pero sabemos

---

66 La primera edición del libro, de 1958, es de la Editorial Guadarrama, ampliando luego el número de retratos allí incluidos. En las llamadas *Obras Completas* del 68 se ve un aumento de los retratos incorporados, con elemento autobiográfico de fondo. En *Los encuentros* Aleixandre relata las relaciónes de amistad con distintos poetas de varias generaciones, como menciona en varias de las misivas. Veremos que a lo largo de esos trece años el *corpus* de encuentros va aumentando, con textos centrados en las figuras de Pío Baroja, Miguel de Unamuno o Azorín si nos ocupamos de comprobar la dedicación que le mereció la Generación del 98. Habrá lugar para autores novecentistas como José Ortega y Gasset y para sus contemporáneos, los poetas del 27: Jorge Guillén, Pedro Salinas, Gerardo Diego, Dámaso Alonso, Federico García Lorca, Emilio Prados, Luis Cernuda, etc. También se recordará a los clásicos en esta obra, homenajeando a Luis de Góngora y rememorando a autores del Romanticismo como Gustavo Adolfo Bécquer y del Realismo y el Naturalismo como Benito Pérez Galdós y Emilia Pardo Bazán. Miguel Hernández aparecerá en varios de los encuentros, también tendrán su lugar Rubén Darío y Pablo Neruda. Hay un largo etcétera entre el que figuran Luis Felipe Vivanco, Leopoldo Panero, Gabriel Celaya, José Luis Cano, Blas de Otero, José Hierro, Carlos Bousoño y Leopoldo de Luis (ALEIXANDRE, 2002: 81-282).

que aunque la primera edición es del año 1958, la escritura de esta obra en prosa abarca un período que va desde el año 1954 hasta 1967. Por último, le transmite su alegría por saber que está escribiendo su segundo libro, *Poemas a Lázaro*[67]. Aunque sabemos que Aleixandre fue un gran escritor de cartas, un amante de los epistolarios, como referimos en las páginas iniciales de este estudio, vemos en alguna misiva que se muestra agobiado al tener muchas que contestar y llevar el trabajo atrasado. «Tengo todo atrasadísimo: de cartas, un montón que me empavorece», son sus palabras.

En carta del 5 de enero de 1956 Aleixandre le comunica por primera vez un problema de salud, en este caso menor: está en cama con gripe. Alude a que en días anteriores precisamente por su estado de salud no supo darle la dirección del escritor malagueño de la revista *Caracola* José Salas y Guirior cuando habló por teléfono con Emilia. Comenta además que ha leído con Carlos Bousoño algunos de los textos

---

67 *Poemas a Lázaro* (1960), el segundo libro de J. Á. Valente, recibe el Premio de la Crítica catalana. Fue publicado en 1960 en Ediciones Índice, era el libro que más le desagradaba de los de su autoría, como manifestó en su *Diario anónimo* el 15 de marzo de 1972, llegando a decir que la lectura de algunos poemas le resultaba «insoportable». En cartas posteriores veremos nuevas alusiones, enviándole Valente a Aleixandre poemas como «El otro reino», «Cuando estoy en ti» y «La salida» en diciembre de 1956 o «El sapo» en marzo de 1957. Será precisamente el hecho de que el poemario avance a buen paso lo que motive que ya se ponga en contacto con editoriales que puedan encargarse de los trabajos de edición de sus textos, tales como Noe, Cantalapiedra o la Editora Nacional, aunque se publicará finalmente en *Índice* (Madrid, 1960).

enviados de *Poemas a Lázaro* y que les han parecido muy buenos, como es poema titulado «Muro». Asegura Aleixandre que este texto está entre sus preferidos, por su sobriedad y gravedad en la expresión. De igual forma, explica qué le parece el segundo poema del ciclo de *Breve son*, aludido como «Libro de sones». Dice que hay un poema que lo hiere, «Padrenuestro», junto con otro titulado «Hambre nuestra», de gran profundidad. Alude a diferentes textos centrándose más en esta carta en la vertiente poética que en lo personal y refiriéndole la alegría que le produce verlo crecer como poeta. Lo vemos en estas palabras: «Me da gusto verte subir y extenderte, cumpliendo y cumpliéndote». Confía en su visión de la poesía, como le ocurre con el poeta Claudio Rodríguez y así se lo hace saber.

No cierra la carta sin darle noticias del círculo de amigos: del viaje de Jaime Ferrán[68] hacia Nueva York, de la estancia de Alfonso Costafreda en Montecarlo y de los rumores de su separación. De Carlos Bousoño sabemos que está corrigiendo las pruebas de una nueva edición de su libro sobre la poesía de Aleixandre. Antes de despedirse le reitera haber firmado

---

68 Véase en las *Prosas Completas* donde dice, escribiéndole a Julio Maruri el 7/12/1955, «Me acuerdo de aquellos domingos nuestros: tú, Carlos [Bousoño], José Luis [Hidalgo], (…) En los últimos años, los domingos venían Costafreda, Valente, Jaime Ferrán. Fieles amigos del corazón, puros como vosotros, con alma ferviente. Pues ya también se dispersaron: Costafreda en Ginebra, casado allá con una sueca; Valente, de Lector de español en Oxford; Ferrán, en Estados Unidos. Todos son amigos míos, próximos en su lejanía, pero ya no pueden darme su compañía buena» (ALEIXANDRE, 2002: 827-828).

con Gredos un contrato para publicar una selección de sus textos. Lo cuenta, eso sí, como un gran secreto.

Solo un día después, el 6 de enero de 1956, Día de Reyes, está fechada la tarjeta postal que sigue cronológicamente al documento anterior en el epistolario, en la que le pide que reclame otra que le ha enviado cuatro o cinco días antes. Se muestra colérico porque alguien se ha hecho pasar por él en un evento al que no acudió. Confirma casi telegráficamente que Costafreda se separó de la sueca Maj-Britt Nilsson.

El 7 de febrero de 1956 le comunica la visita de Paco Mayáns y le hace saber, como será habitual en sus cartas, que lo echa de menos en su Velintonia. Le comunica al poeta gallego la posibilidad de contar con varios sellos editoriales para su próximo libro, como es Cantalapiedra. En la misiva le pide las señas de Rafael Gutiérrez Girardot para dárselas al director de la revista *Ciclón*, José Rodríguez Feo. En esta carta Aleixandre le cuenta sus progresos en la redacción de *Los Encuentros* e informa de la suerte que corren dos revistas esenciales en el panorama de la época, *Ínsula* e *Índice*, que acaban de suprimirse. En esta comunicación acaba refiriéndole su problema de salud: la sordera que le ha dejado la gripe.

El 29 marzo de 1956 en la carta alude a asuntos que tienen que ver con el cambio de residencia de Valente y los problemas sufridos con la dueña de la casa[69]. Se reitera lo mencio-

---

69 Manuel Fernández Rodríguez en *Valente vital* alude a esta carta y recoge lo siguiente:
    Valente parece haberle contado un episodio sucedido en Beech Croft Road en ese invierno del 55-56 en torno a la «locura de la ventilación

nado en la anterior sobre las dos publicaciones y Aleixandre se centra luego en la visita que le han hecho Eduardo Cote tras el entierro de su padre, en ese momento a punto de sacar a la luz *Los sueños*, y Caballero Bonald. Se alude por primera vez a Cela y a la publicación que se mencionará en misivas posteriores, aunque en esta carta no se cita por su nombre. Se trata de los *Papeles de Son Armadans*. En este documento sabemos que finalmente Alfonso Costafreda no se separó y que Aleixandre asistió a una fiesta en el Palace con su amiga Isabel Pitarch.

En la misiva del 19 de mayo de 1956 se anuncia que salió de nuevo a la luz *Índice*, donde se publica un artículo de Valente sobre Ángel González («Ángel González [Once poetas]»). Aleixandre le da también su opinión sobre el ar-

---

padecida por vuestra irritable patrona». En ese lugar permanecerán hasta finales de febrero de 1957, según la correspondencia universitaria dirigida al poeta gallego. La anécdota la aclaran José Alberich Sotomayor, que sucede a Valente en el lectorado en 1958, y José Fernando Pérez Oya, a quienes el autor de *Poemas a Lázaro* relata este mismo suceso, que consiste en que la dueña de la casa donde habían alquilado la habitación se irritaba cuando los Valente cocinaban en la misma, especialmente si usaban –vestigio cultural galaico– unto de cerdo, imaginamos que para la preparación del caldo, debido a que el olor generado impregnaba la casa, motivo por el cual, en pleno invierno oxoniense, abría las ventanas de par en par con los inquilinos dentro (FERNÁNDEZ RODRÍGUEZ, 2012:55-56).
Además también se recoge en esas páginas, a propósito de las incomodidades sufridas con aquel arrendamiento, que, cuando el matrimonio Valente iba al cine a veces tenía que abandonar la sala sin acabar la película por la coincidencia de la sesión con el fin de la hora semanal que tenían para poder bañarse.

tículo escrito por Valente con motivo de la publicación de *Historia del corazón* y confiesa haber ralentizado el curso de *Los Encuentros* al no contar con una posibilidad real para su publicación inminente. Anuncia también la muerte del viejo Sirio y le refiere la frecuente visita de José Hierro, así como las agradables conversaciones con la madre de Emilia. Ya se cumple un año desde la partida del gallego a Inglaterra y el poeta del 27 lo sufre: «el tiempo ha sido para mí como un despeñadero».

La siguiente carta del epistolario, datada el 8 de junio de 1956 presenta varios problemas de legibilidad. Habla de los planes de unos y otros para el verano, quedando todo vacío al partir los amigos. Refiere la visita de algunos habituales como Carlos Bousoño, José Luis Cano y Rafael Morales, a los que se unieron Pepe Hierro y Leopoldo de Luis, junto con Torrente Ballester. Anuncia además la visita de la poeta uruguaya Clara Silva y su marido, Zum Felde. Ansía tener novedades literarias de Valente y le habla del plan de José Luis Cano de elaborar la *Antología de la Nueva Poesía Española*, que finalmente publicará Gredos en 1958. Pone fin a la carta comunicándole su visita al dentista e informando de que un poema de Valente ha salido publicado en la revista *Caracola*.

Frente a las largas cartas a las que nos acostumbra Vicente Aleixandre, el documento fechado el 2 de septiembre de 1956 parece telegráfico en su redacción. Sirve para acusar a Valente por su ausencia de comunicación en casi dos meses y mostrar su gusto por los automóviles, citando los de Caballero Bonald y Alfonso Costafreda.

En el documento del 23 de octubre de 1956 Aleixandre le informa de que se irá de viaje a Barcelona el 23 de noviembre, invitado por el «Conferencia-Club»[70] para hablar del tema del amor en su poesía, como indicará en la misiva siguiente. Le relata su visita a Pío Baroja en fechas próximas a la que será su muerte y menciona a un poeta llamado Juan Peñalva que le envía sus libros con la intención de publicarlos. Otro poeta, Juan Carmona, hace algo similar, pero este con una de sus obras. También en esta misiva Aleixandre le comunica a Valente que ya no formará parte ese año del jurado del Premio Adonáis. Por otra parte, le informa de que Carlos Bousoño corrige las pruebas de dos de sus libros: *Noche del Sentido* y *Teoría de la Expresión*. Habla sobre el poema titulado «El baile de Águedas» de Claudio Rodríguez y se despide pidiéndole unas letras y preguntándole por sus clases.

El 4 de diciembre de 1956 sabemos que Emilia Palomo sigue en Madrid y no en Oxford, junto a su marido[71]. Se entera

---

70 Leopoldo de Luis recoge en la obra *Vida y obra de Vicente Aleixandre* que precisamente en ese año de 1956 «le invita el "Conferencia- Club", de Barcelona. Con ello vuelve a tener una actuación en aquella ciudad, como vuelve a tenerla en Madrid al siguiente año, leyendo algunos "Encuentros" en la Tertulia Hispanoamericana, dirigida por Rafael Montesinos. *Los Encuentros* son prosas redactadas durante los años 1954 y 1958, relatando la amistad con varios poetas de distintas generaciones» (DE LUIS, 1978: 157-158).

71 Efectivamente, en septiembre de 1956 el poeta viaja solo a Oxford para reincorporarse a su trabajo en la Universidad, al haberse renovado su contrato como lector el 30 de marzo de 1956. Su mujer «permanece en Madrid hasta el día 13 de diciembre, cuando se reencuentran con Valente, en Dover, Emilia Palomo, su hija Lucila y su suegra» (FERNÁNDEZ

por el poeta José Agustín Goytisolo cuando acude a Barcelona, donde estuvo una semana, para participar en el encuentro citado. El poeta sevillano les ofrece cualquier tipo de ayuda, hasta en lo económico. Vuelve a mencionar que tuvo una gripe antes de viajar a Barcelona, pero luego insiste en que el Mediterráneo es su clima porque se encontró durante esos días fenomenal de salud, comiendo fuera y regresando al hotel de madrugada. Sigue hablando en esta misiva de *Poemas a Lázaro*, expresando su predilección por el poema «El otro reino» y por «Cuando estoy en ti». Pide que le dé recuerdos de su parte a Alberto Jiménez Fraud y le comunica la autorización de *Ínsula*, antes de referirle que los domingos vuelven a ser como antes con las visitas acostumbradas. Valente sigue allí también, pero a través del recuerdo.

En la siguiente carta incluida en el epistolario no tenemos la fecha concreta en que fue escrita, tan solo consta una anotación que la hace figurar entre 1956 y 1957. Esta misiva se convierte en una guía[72] de cómo han de proceder para acudir

---

RODRÍGUEZ, 2012: 327). Según se recoge en la obra citada, el retraso estuvo motivado por razones administrativas. Después de permanecer en el número 52 de Beech Croft Road hasta finales de 1957, como ya se ha apuntado, se mudan a una zona residencial de casas adosadas, concretamente al número 5 de Divinity Road, a una casa con jardín en el entorno de Cowlwy, al margen oriental del río Cherwell. Fue la casa más duradera de Valente en Oxford.

72 En esta misiva podemos advertir que Aleixandre programa con especial cuidado la visita de sus amigos, como se observará también en otras ocasiones (sirvan de ejemplo las cartas fechadas el 12/7/61, el 2/7/62 o el 21/8/70). Se muestra muy metódico también con los horarios de la comida y de la siesta, como se advierte en estas palabras:

a su próximo encuentro. Aleixandre les da todo tipo de indicaciones para el viaje en bus y planifica la jornada en función del horario de llegada. Bromeando, lo que indica el grado de familiaridad que hay ya en este momento entre los dos poetas, le dice que no se le admite si no va acompañado de su esposa, Emilia. Esa idea se reitera al final, en la despedida. En ella también se menciona de nuevo a Costafreda[73], que podría llevarlos a su casa si se encuentra disponible.

El 15 de diciembre de 1956 la carta comienza con la felicitación de las navidades. En esta ocasión se niega lo anunciado el 4 de diciembre. *Ínsula* no está autorizada. Informa además a Valente de la recepción del Premio Adonáis por parte de

---

Allí estaba el poeta. Leía echado sobre una tumbona en un recodo fresco y sombreado del jardín. Apartó la lectura y me tendió la mano con simpatía. Sentarme fue resolver un problema de geometría del espacio: debía yo situar mi butaca a media distancia de su tumbona, ni muy cerca de la cabecera ni muy lejos a los pies, para que él pudiera verme sin forzar la posición de su cabeza. Así era Vicente Aleixandre de metódico en todo, como luego tuve oportunidad de ir comprobando. Decía, por ejemplo, llámame por teléfono, pero no antes de las dos ni más tarde de las dos y cuarto (DUQUE AMUSCO, 2017: 18). Se alude aquí al primer encuentro con el poeta en Velintonia.

73 Nueva referencia a Alfonso Costafreda (1926-1974), poeta español representante de la Generación de los 50 que murió en Ginebra y a quien alude en muchas cartas. Formó parte, con C. Barral, J. Gil de Biedma, J. A. Goytisolo, E. Badosa, etc. del grupo poético catalán que más tarde llevó el nombre de Escuela de Barcelona, organizado alrededor de la revista *Laye*, sobre la que Valente escribe un texto llamado «Un número de *Laye*» recogido en la sección de «Textos críticos dispersos o inéditos (1948- 2000)» (VALENTE, 2008: 875-876). En la *Entrevista vital* del año 2000 Valente se refiere así a su relación con el poeta:

Mª Elvira Lacaci, decisión tomada por unanimidad del jurado. Hace alusión al futuro lectorado de Claudio Rodríguez.

A continuación se incluye una tarjeta postal sin datar, en la que aparece anotada con diferente grafía la fecha del 28 de diciembre de 1956. No es más que una felicitación de Navidad.

El 13 de febrero de 1957 Aleixandre le hace saber que le envió *Mis poemas mejores*, hablando del proceso de selección de los textos incluidos. Luego lo pone al día sobre las publicaciones de los amigos y sus planes de futuro, como ocurre con Carlos Bousoño y su partida hacia el Smith College. Habla de la participación en varios actos, como es en el Instituto de Cultura Hispánica, en honor a la poetisa Gabriela Mistral. Sabemos por el poeta del 27 que *Ínsula* sigue parada en la misma misiva en la que se interesa por la tesis de Valente. Quiere saber si ha empezado a trabajar en ella.

El 20 de febrero le manda una postal tan solo para hacerle saber que ha leído un artículo de Valente en *Índice*, sobre Juan Ramón Jiménez. El texto titulado «Juan Ramón Jiménez en la tradición poética del medio siglo» fue incorporado luego en el libro *Las palabras de la tribu*.

A Alfonso Costafreda trateino en Xenebra, pero xa o coñecía de Madrid. Tiña con el unha relación grande, xa en Madrid, e eu fixen que viñera vivir ao Colexio Maior Cardenal Cisneros. Era moi amigo meu, queríao moito e tamén escribín un poema bastante duro sobre el, «Portrait of the artist as a Young Corpse», pero foi para sacudilo e non o recollín nunca máis en libro. Ademais prometinlle a el que nunca se publicaría máis, que eu non o publicaría nunca máis, pero porque o poema cumpriu o seu obxectivo, que era facelo reaccionar (RODRÍGUEZ FER, 2001: 196).

En la carta del 21 de marzo de 1957 sabemos que muy pronto Valente va a ser padre por segunda vez[74]. El poeta

---

74 Durante su estancia en Oxford nace el segundo hijo del matrimonio, llamado Antonio, el día 1 de mayo de 1957. Se señala el poema «Maternidad» como un texto que nace a raíz de este hecho. Con posterioridad, el poeta gallego recordará esa fecha del uno de mayo: «Valente anota en su *Diario anónimo* dos entradas del uno de mayo de 1991 y 1992 en las que evoca el nacimiento del ya fallecido Antonio en Oxford. La primera "Hoy es el cumpleaños de Antonio. May Day. Nació en Oxford, en 1957. Habría cumplido ahora 34 años. Al amanecer del día en que él nació, un coro de niños sube a cantar a las torres del Magdalen College, para saludar la luz de la primavera. Él está ahora –siempre vivo para mí- solo en su noche" (VALENTE, 2011: 287). La segunda, datada en Almería y casi idéntica, añade algún matiz subjetivo: "May Day. Nació Antonio (1957) –hace ya treinta y cinco años (¿es posible?)– en Oxford. En la madrugada un coro de niños –voces blancas– sube a las torres del Magdalen College y canta. Todo fue en su venida signo de esperanza. El 28 de junio se cumplirá el tercer aniversario de su muerte. Su recuerdo, su presencia, no me abandonan nunca" (VALENTE, 2011: 302). Estas palabras guardan estrecha relación con el poema titulado «May Day, 1956» de *Fragmentos de un libro futuro*. El poema fue escrito el 1 de mayo de 1995.

En la mañana del 28 de junio de 1989 daba Valente los últimos retoques a su equipaje antes de emprender viaje a Ginebra. Sonó el teléfono y un doloroso gemido alertó a Josefa Belmonte, la empleada que se encargaba de las tareas domésticas, que encontró al poeta anonadado y derrumbado en un sillón. Acababa de comunicarle su exmujer, Emilia Palomo, que su hijo Antonio había sido encontrado muerto a consecuencia de una sobredosis de heroína (GARCÍA LARA, 2017: 428).

El 28 de junio murió Antonio. Yo llegué a Ginebra, desde Almería, en coche, el 30. Antonio fue incinerado el lunes 3, a las 2 de la tarde. El 4 de julio por la noche me trasladaron de urgencia al Hospital Cantonal. En las primerísimas horas del día 5, tuve un infarto. Estuve en el Cantonal tres semanas, cuatro en la clínica de la Lignière. Luego, me

---

sevillano reflexiona sobre un texto de Valente titulado «El sapo». Mencionan la revista de Cela y la publicación de una obra de Gerardo Diego que ha supuesto un fracaso editorial, lo que motiva que se suspenda la colección. Se barajan además varias editoriales para publicar el próximo libro del gallego. Le agradece la opinión dada por *Mis poemas mejores,* le da las señas de Concha Lagos y le anuncia que por fin salió *Ínsula*. En lo personal, le anuncia un posible viaje a Canarias para finales de abril.

En la misiva del 10 de abril de 1957 se siguen discutiendo las condiciones económicas de los sellos editoriales mencionados. Por otra parte, se habla de las novedades literarias del amigo Jaime Ferrán. Aleixandre le reprocha a Valente que quiera seguir en Inglaterra, después de tres años ausente. Entiende sus circunstancias familiares, casado y ya con dos hijos y las dificultades que conlleva mover a toda la prole de un lugar a otro. Le da noticias sobre los últimos premios: Sánchez Ferlosio por *El Jarama* y Gabriel Celaya por *De claro en claro* (Premio Adonáis). Le reitera que ha salido *Ínsula*.

A la carta anterior le sigue la tarjeta postal del 15 de abril de 1957, en la que le da de nuevo las señas de Concha Lagos afirmando habérsele olvidado en la misiva precedente, lo que no es cierto. Confirma que viajará a Canarias a mediados de mayo y que pasará en las islas nueve días, acompañado por su hermana Conchita y puede que de las hermanas Campo-

---

incorporé al Palais, donde ya he estado dos semanas. Hace dos meses largos de su muerte", escribía el autor el 3 de septiembre de 1989 (VALENTE, 2011: 258).

manes. En la siguiente carta sabemos que solo va Conchita y su amiga Isabel Pitarch[75].

El 3 de junio de 1957 le hace saber a Valente que ha conocido la noticia del nacimiento de su hijo antes de marchar para Canarias a dar tres conferencias[76], para su sorpresa de pago para el público asistente. Le habla de su viaje por Tenerife y Las Palmas. Elogia ese destino y no se despide sin antes pedirle que por fin escriba algo sobre una obra de Bousoño, parece ser esta una tarea pendiente.

El 20 de septiembre de 1957 le pregunta si traerá su tesis para graduarse, lo que resulta improbable si el 13 de febrero le preguntaba si había empezado a trabajar en ella. Aleixandre le cuenta de sus proyectos, cómo va ampliando sus semblanzas y que acaba de recibir las separatas de sus *Nueve figuras*. En lo personal destaca que le informa del gran amor de Jaime Ferrán por Carmen, con quien se casará. También le habla de su salud, advirtiéndole que no está bien de la vesícula biliar.

---

75 Alude a esta amiga en una carta dirigida a José Luis Cano, fechada el 14 de julio de 1956, en la que leemos lo que sigue:

Anoche cenó Eva con Conchita y conmigo, aún no están mis tíos, y hoy, a la hora del paseo, después de la primera charla en el reposo, hemos salido los dos con Conchita e Isabel Pitarch, que llegó hoy a casa para su fin de semana. Eva está como siempre, y es hoy la más vieja testigo amorosa de mi vida. A Carmen, pasión anterior, le perdí la pista (CANO, 1986b: 139). Se refiere a Carmen de Granada, amante del poeta en su juventud.

76 Efectivamente, en el año 1957 da conferencias en Tenerife y en Las Palmas, «En Canarias, en Las Palmas y en Santa Cruz de Tenerife, la ciudad donde, en 1932, Eduardo Westerdahl y Pedro García Cabrera movilizaron un grupo surrealista» (DE LUIS, 1982: 35).

Hasta el 14 de febrero de 1958 no tenemos la siguiente comunicación. Valente en ese momento ya se encuentra en Suiza trabajando para la OMS, como refiere Aleixandre en la misiva, mientras la familia del poeta gallego continúa en Oxford. En lo personal sabemos que algo les ha ocurrido a sus padres, por lo que le dice el andaluz. Le desea que en el nuevo destino tenga tiempo para finalizar los *Poemas a Lázaro* y para su trabajo de tesis. Reitera su problema de salud, al que ha aludido en la carta anterior y en lo literario le informa de que por fin ha entregado a la editorial *Los Encuentros*, mientras prepara una selección para una antología de sus *Poemas amorosos*. Le habla de la obra de Bousoño, *Invasión de la realidad*, y le da noticia de Jaime Ferrán y Claudio Rodríguez y sus *Conjuros*, pidiéndole además a Valente ayuda para que este último consiga un lectorado.

El día del santo de Vicente Aleixandre, el 5 de abril de 1958, le escribe de nuevo preguntándole por si ha recibido una carta anterior que había dirigido a Oxford, concretamente al Taylor Institute. El poeta del 27 comenta la intención de Cela de publicar un número de homenaje a Dámaso Alonso y a Aleixandre en sus *Papeles* con motivo del 60 cumpleaños de ambos poetas y le pide a Valente una colaboración sobre su poesía.

Al día siguiente, 6 de abril, hay una nueva misiva donde le dice a Valente que le repite la carta. De ahí que reitere el asunto del homenaje de la revista de Cela. Insiste en su petición de que escriba sobre cualquier tema de su obra, lo que prefiera será bien aceptado, y que le mande el texto a Caballero Bonald, dándole nuevamente sus señas. Vuelve además a preguntarle por la carta enviada a Oxford estando ya el gallego en Ginebra.

El 17 de abril de 1958 tenemos otra misiva. Continúa con asuntos de la carta anterior y en esta sabemos del viaje futuro de Valente a EEUU. Aleixandre confiesa que anda regular de salud y que ha adelgazado mucho (a causa de la hipófisis). Le agradece el poema escrito para el homenaje y alaba el último texto que ha leído, «Sobre el lugar del canto», proponiéndole su publicación en *Ínsula*, lo que reiterará en la misiva siguiente. Sabemos aquí que *Poemas a Lázaro* sigue en proceso de construcción. Por último, informa en esta carta de que Claudio Rodríguez en lugar de ir a Oxford puede que se marche para Alberta, Canadá. En el documento siguiente sabremos finalmente que no es así, por llegar tarde la propuesta, por lo que, una vez más, Aleixandre pide ayuda a Valente para que interceda y puedan conseguirle algo, al haber quedado sin destino para el siguiente curso.

El 9 de mayo Aleixandre informa a Valente de la publicación de la *Antología de la Nueva Poesía Española*, señalándole qué poemas suyos se han incorporado.

El 14 de junio le dice que le hará llegar a Ginebra *Los Encuentros*. Es una carta que se vuelve ilegible cuando le va a explicar algo sobre Claudio Rodríguez.

La siguiente misiva será la del 4 de septiembre, tres meses después de la anterior. En el terreno personal sabemos que van a operar a su hermana del oído, después de haber sido intervenida del tabique de la nariz. Le recomienda dar a *Ágora* uno de sus mejores poemas, al ser la publicación de versos en revistas algo excepcional para Valente según el poeta andaluz y considerar esa publicación como la mejor en este género. Le propone uno de los que más le gustan a él de *Poemas a Lázaro* (ya citados en cartas anteriores). Sabemos de la partida a Inglaterra de Claudio Rodríguez, a Nottingham, y le pide que mire algo para que el curso siguiente pueda estar en Oxford o Cambridge. Mientras, Jaime Ferrán sigue inmerso en su objetivo: preparar las oposiciones de diplomático. Vemos que de nuevo le envía las señas de Concha Lagos.

El 11 de noviembre le hace saber que su recuerdo sigue presente y que, de alguna manera, sigue estando en las reuniones de Velintonia. Añade que sigue sin acostumbrarse a su ausencia. Se habla de un nuevo homenaje por su 60 cumpleaños, esta vez en *Índice*, y Aleixandre le pide colaboración. Por su parte, el poeta del 27 está haciendo tanteos para su próximo libro de poesía, que será *En un vasto dominio*. Sigue muy contento por la acogida que están teniendo *Los Encuentros* y le cuenta las novedades del círculo de amigos. En lo más personal, comunica la inminente operación del oído de su hermana Conchita.

El 2 de enero de 1959 le escribe desde la cama. Recuerda la reciente conversación con la madre de Emilia y lo feliz que le hizo ver los retratos de los hijos de Valente, por los que muestra mucho cariño en distintas ocasiones. Sabemos por las últimas cartas que el número de homenaje de *Papeles de Son Armadans* se sigue posponiendo.

El 11 de febrero el sevillano le escribe una postal que envía a Oxford. El motivo es darle una pequeña opinión sobre

Poemas a Lázaro. La siguiente comunicación será ya el 14 de marzo. Comienza diciéndole que siempre le escribe desde la cama. Vuelve a estar con gripe. Muestra su agradecimiento por el texto que Valente ha escrito comparándolo con Lawrence, autor de *El amante*.

El 5 de abril escribe otra carta a Valente en la que le muestra su preferencia por referirse a una época como la de la «generación (o promoción) de Valente y Claudio Rodríguez», cuando habla con Cohen. Le anuncia que próximamente viajará a Melilla para dar una conferencia y luego en mayo irá a Mallorca para participar en unas «Conversaciones poéticas» organizadas por Camilo José Cela, donde pasará una semana.

Le siguen a la anterior dos breves tarjetas postales, la primera del 23 de mayo. Se trata simplemente de un saludo desde la isla, firmando Aleixandre y otros poetas: José Agustín Goytisolo, Carlos Bousoño, José Luis Cano y Carlos Barral. La siguiente misiva es del 12 de junio, para decirle que su libro le parece «espléndido», con el que le señala que se sitúa en «primerísima línea».

El 21 de junio volvemos a disfrutar de una carta extensa. Elogia de nuevo el libro *Poemas a Lázaro*, deteniéndose en su estructura y diciendo que se trata de una obra con «personalidad, intensidad». Observa que ha madurado desde su primer libro, que ha evolucionado y que alcanza aquí la madurez. Añade que es un libro «decisivo para la estimación de una generación». Dice que no va a pararse en hablar de poemas preferidos, pues necesitaría para ello otra carta. En el terreno más personal Aleixandre le confiesa que anda otra vez regular de salud. Se encuentra con sordera y problemas de bronquios, tomando antibióticos. Se muestra aburrido de esta situación, pues ya se prolonga un mes.

1.9.1.2. Década de los años 60[77]

El 9 de enero de 1960 Aleixandre quiere advertir a Valente de que este no aguantará mucho más en tierras ginebrinas. Sin duda, se equivocó. Se lamenta entonces de la ausencia de comunicación que parece vivir Valente en el extranjero, al menos por lo que se refiere a la relación con el siempre ausente Alfonso Costafreda. Le pide que le envíe el poema por sus treinta años, el titulado «El autor en su treinta aniversario». Le cuenta las novedades de los amigos de siempre, incluyendo a los Celaya, y le informa del premio recibido por José Hierro de la Fundación March de Poesía, al que no pudo optar con *Historia del corazón* el remitente de la carta porque la obra se había publicado seis meses antes del plazo y no valían las

---

[77] Es importante señalar en este momento que en el año 1967 le diagnostican una insuficiencia de corazón y cuando cumple setenta años, en 1968, se le rinde un singular homenaje. Los periodos en los que sufre más achaques son los momentos más fructíferos en lo que al epistolario se refiere. Escribe estando en cama cartas y poemas, al tiempo que lee todos los volúmenes que le envían los poetas amigos.

Ha impuesto a su vida un estricto plan de alimentación y de reposo. De las veinticuatro horas del día, sólo seis o siete está levantado. Durante esas horas, sale a la calle, acude a la Academia, resuelve asuntos personales [...] Por eso hay dos versiones de Aleixandre: la del que lo visita en su casa, en horas de reposo, y la del que lo saluda en un acto público (DE LUIS, 1978: 169).

antologías. Se despide diciéndole que desea verlo en abril, pudiendo coincidir en su visita con Claudio Rodríguez, llegado desde Inglaterra. Sigue recordándole que lo tienen presente siempre en Velintonia a través de la memoria.

El 15 de mayo informa de que sus *Poesías completas* acaban de salir a la luz. Se confiesa y le dice que lo echa «horrores de menos». Ha escrito un encuentro sobre Gregorio Marañón por encargo, refiriéndose con ello al texto titulado «Gregorio Marañón, en la Academia».

En la misiva del 20 de junio no figura el lugar desde el que se envía. Es simplemente una nota breve para decirle que el día anterior le mandó sus *Poesías completas* y hace dos días la crítica de Almagro.

En la carta del 12 de junio lo personal deja en segundo plano lo literario. La madre de Emilia está enferma[78]. Vuelve a repetir lo de sus colaboraciones para *Índice* e *Ínsula* con artículo y poema, respectivamente, sobre Gregorio Marañón.

---

78 Desde el verano de 1956 se había establecido a vivir con ellos en Oxford. Los acompañó también a Ginebra y un mes antes de esta carta es cuando conocen la noticia de la fatal enfermedad de la madre de Emilia. En palabras del poeta sabemos que «la madre de mi mujer, que vivía con nosotros, enfermó de un cáncer sin remedio posible. Desde mayo a noviembre estuvimos en la larga espera de su muerte. Esta espera fue especialmente dramática porque Emilia estaba embarazada. El mismo mes en que murió su madre dio ella a luz. Afortunadamente todo fue bien en el parto y tenemos ya nuestro tercer hijo: una niña» (en carta dirigida por el poeta a José Manuel Caballero Bonald el 15 de diciembre de 1960 y que se recoge en el libro *Retrato de grupo con figura ausente* (VALLADARES, 2016: 50).

Por último, le da las gracias por las buenas palabras que ha recibido al hacer comentarios sobre sus *Poesías completas*.

El 19 de junio vuelve a haber comunicación. También es breve y en esencia se trata de una nota para decirle a Valente lo mucho que lo echa de menos. Por carta no le parece interesante referirle muchas de las cosas que le contaría teniéndolo a su lado.

La siguiente misiva se caracteriza por la misma brevedad de la anterior. Es del 6 de julio, informándole de que ya se van a Miraflores y de que está Claudio. Le informa también de los planes de verano que tienen Carlos Bousoño y Claudio Rodríguez.

El 29 de julio vuelve a escribirle y hace referencia a la enfermedad de la suegra de Valente. Le cuenta que tiene con él a su amiga Eva Seifert[79], llegada desde Alemania. Como siempre hace, le pide noticias.

---

79 Aparecerá citada en diferentes ocasiones a lo largo del epistolario. La conoce en el año 1923, se la presenta Dámaso Alonso para que le dé clases de alemán. Su amistad durará toda la vida (DUQUE AMUSCO, 1998: 19). En una carta dirigida a José Luis Cano el 21 de julio de 1953 se refiere así a ella:

> Ayer llegó Eva. ¿Qué te voy a decir? La encontré bastante parecida a como siempre, aunque quizá menos anciana de lo que esperaba. Pero tan desgraciada físicamente, como era natural. Sin la menor gracia ni feminidad. Hoy hemos pasado muchas horas juntos. La confianza ha sido la misma que hace catorce años, y su alma me parece que me conserva el viejo afecto de antaño. Está guardado por esta pobre mujer envejecida y solitaria, como en una cápsula de idealización [...] desde luego estoy decidido a no llegar a ninguna consumación de nada (CANO, 1986b: 112).

No hay más misivas hasta el 6 de octubre y en esta le pide a Valente disculpas por la tardanza en ponerse en contacto con él. Ha estado trabajando en su siguiente libro. Teme ahora que la madre de Emilia haya fallecido al llegarle la carta que está escribiendo a su destinatario. Aprovecha para darle las señas de Jaime Ferrán en EEUU y le cuenta de los viajes de Carlos Bousoño por Mallorca, Italia y Asturias.

La siguiente carta tiene fecha del 10 de noviembre. Le manda un recorte de un artículo sobre sus *Poemas a Lázaro*.

En otro momento, en carta con el mismo destinatario y escrita el 21 de julio de 1959 dice: «Paciente y bondadosa Eva, que me ha aguantado toda la vida. Yo la miraba anoche, cenando aquí, y se me levantaba el espectro de mi vida entera: Vicisitudes, penas, alegrías, pasiones…¡qué sé yo!, y ella siempre fiel y la misma, al borde de mi vida, con la misma mirada confiada» (CANO, 1986b:160).

En carta del 8 de agosto de 1962 recordará la visita anual que realiza su amiga: «Yo he tenido aquí hasta hace unos pocos días a mi vieja amiga alemana Eva, fiel a la cita de cada año. Toda una historia… del corazón». En la tarde de Miraflores del 28 de agosto José Luis Cano recuerda que hablaron de esta mujer.

Hablamos de Eva, de ese amor que arrastra desde hace 35 años. "Mi existencia –me dice– la presiden la fidelidad y la continuación. Así arrastro amores, enemistades, enfermedades, costumbres y manías". Me recuerda que ahora hace veinte años que fui a verle por primera vez a Miraflores, y me da detalles de esa primera visita que yo tenía olvidados completamente. Esa fidelidad y continuidad ha sido recompensada en el caso de Eva, que hace diez años acude cada verano a Miraflores para pasar 20 días con él. Me confiesa que hasta hace pocos años, teniendo ya ella cincuenta y cinco, todavía hacía el amor con ella, y aún hoy –ella con 67– se besan y acarician como amantes. "No creas –me dice- que la pasión amorosa se agota con los años: el misterio del sexo dura hasta la muerte" (CANO, 1986: 139).

En lo personal nos cuenta que fue testigo en la boda de la hija mayor de su compañero de generación Gerardo Diego. Le habla también de su visita con Carlos Bousoño a Illescas y Esquivias con motivo de la redacción de su libro. Sabemos por esta carta que está a punto de nacer otro hijo[80] de Valente, pues Aleixandre pregunta por el nuevo niño. Será, en realidad, una niña que se llamará Patricia y que se convertirá en la ahijada del Nobel.

Pasan más de cuatro meses hasta la siguiente misiva, fechada el 30 de marzo de 1961. Se muestra contento porque Vicenta del Valle ha traído a Lucila de visita, muy pendiente de su hermana Patricia. Le dice a Valente que la niña tiene mucho parecido con su padre. Añade que «la niña tiene ángel», algo que repetirá en más ocasiones. Espera que en su próxima visita le traigan a su ahijada Patricia. Además le dice que tienen mucho de lo que hablar. Le anuncia que hará un viaje rápido a Valencia en el mes de mayo.

Hasta el 12 de julio[81] no hay nueva comunicación, se excusa porque estuvo con catarro. Le ofrece varias alternativas

---

80 Se alude al que será el nacimiento de la hija menor de Valente, llamada Patricia y a quien el poeta del 27 nombra en la siguiente misiva, cuatro meses después. En la *Entrevista vital* que realiza el Director de la Cátedra José Ángel Valente para el número 6 de *Moenia* leemos lo siguiente:

Empezou a crecer a familia, veu outra filla, a Patricia, e despois outra que morreu deseguida, a última, que se chamaba María e que non viviu máis de seis meses (RODRÍGUEZ FER, 2001:186).

81 En esa tarde en Miraflores lo acompaña de nuevo José Luis Cano. Según *Los Cuadernos de Velintonia*, hablan el 11 de junio de un antiguo amor de Aleixandre, Carmen de Granada, una amante que tuvo entre 1920 y 1921.

a Valente para que la familia lo visite en los próximos días y le repite varias veces que no vengan sin Patricia.

El 24 de julio Aleixandre escribe de nuevo. Por esta misiva sabemos que finalmente el encuentro[82] no tuvo lugar en la jornada acordada para disgusto del poeta sevillano. Le dice que sí va a escribir un poema con motivo de la visita del domingo, que recuerda con gran alegría al haberlo pasado tan bien juntos, será titulado «Castillo de Manzanares el Real». Por otra parte, le muestra en esta carta lo contento que está por su calidad de poeta, ya que cuando él se muera la poesía seguirá. Dice: «me dormiré tranquilo viendo que la poesía española no quiere terminarse». Le recuerda, eso sí, que debe escribir algo sobre las *Poesías completas* de Bousoño, ya que lo cree una tarea pendiente. Le indica que vuelve a contar en Miraflores con su amiga Eva.

Era una mujer hermosa y Vicente se enamoró perdidamente, con la grave consecuencia de que ella le contagió una blenorragia que le provocó una infección en la rodilla. Carmen cantaba en un cabaret y tenía gran éxito. Fue amante también de P.S.R., de Eduardo M. del Portillo y del marqués de Villabrágima (CANO, 1986: 145-146).

82 En carta fechada en Miraflores de la Sierra el 21 de julio de 1961 y dirigida a José Luis Cano leemos que ha recibido visita de la familia Valente:

El otro día vinieron por aquí los Valente, con mi ahijada la floreciente pequeñita Lucila. Esta, echada en mi cama, pasó a ratos dormida, a ratos despierta, beatíficamente todo el día, sin reclamar atención: una santa de siete meses. Nosotros comimos, reposamos, charlamos, leímos (yo fui el lector) y a segunda hora salimos en el coche de ellos a dar un paseo. Los llevé al castillo del Marqués de Santillana, en Manzanares el Real (CANO, 1986b: 175).

Le sigue una tarjeta postal del 27 de septiembre, en la que refiere problemas hepáticos. Le reprocha a Valente no dar señales de vida en dos meses y lamenta no haber recibido el ejemplar de *Ínsula* con la colaboración del poeta gallego. Comenta además que a Carlos le robaron el coche y que «los Claudios» marchan para Cambridge.

El 24 de octubre le envía una carta. Aunque sigue en casa convaleciente, quiere acudir a una exposición de Goya en el Casón para obtener materiales para su libro, busca inspiración. Se muestra muy interesado en el ensayo que Valente escribía en aquel momento sobre comunicación y conocimiento en poesía[83]. En lo personal le cuenta que apareció el

---

83 Dentro de las obras ensayísticas de José Ángel Valente cabe destacar *Las palabras de la tribu* (Barcelona, Tusquets, 1971). Esa obra se abre precisamente con un apartado titulado «Conocimiento y comunicación» (VALENTE, 2008: 39-46), donde leemos:

La poesía aparece así, de modo primario, como revelación de un aspecto de la realidad para el cual no hay más vía de acceso que el conocimiento poético. Ese conocimiento se produce a través del lenguaje poético y tiene su realización en el poema. Porque es éste la sola unidad de conocimiento poético posible: no es un verso, por excelente o bello que pueda parecer, ni un procedimiento expresivo, por eficaz o caracterizador que resulte, sino el poema como estructura donde esos elementos coexisten en fluida dependencia, corrigiéndose y ajustándose para formar un tipo de unidad superior.

Por existir sólo a través de su expresión y residir sustancialmente en ella, el conocimiento poético conlleva no ya la posibilidad, sino el hecho de su comunicación. El poeta no escribe en principio para nadie y escribe de hecho para una inmensa mayoría, de la cual es el primero en formar parte. Porque a quien en primer lugar tal conocimiento se comunica es al poeta en el mismo acto de la creación.

coche de Bousoño abandonado, pero intacto. Le informa de los premios recibidos por el poeta Gerardo Diego: uno de teatro para noveles por su *Retablo de la palmera* y otro para veteranos, el de la Fundación March, con medio millón de pesetas de premio.

El 5 de diciembre le dice que hay pocas novedades. Sigue con problemas de oído. Cuenta que asiste al teatro a ver *Divinas palabras* de Valle-Inclán, alabando la magnífica obra y su representación. Le hace saber lo mucho que le gustó la colaboración de Valente en *Ínsula*, opinión compartida con Carlos.

El 1 de febrero de 1962 sabemos por la carta de Aleixandre que el padre de Valente está enfermo de gravedad. Vuelven a revivir lo sufrido con la madre de Emilia[84]. También

---

En la *Entrevista vital* realizada al poeta Valente por parte del director de la Cátedra, conocemos de primera mano lo que piensa su autor sobre el texto de 1963 («Conocimiento y comunicación») que se entendió como un manifiesto a favor de la poesía como conocimiento, en oposición a los postulados del premio Nobel. Valente dice lo siguiente:

Pois si, creo que si, que era consciente de que tomaba unha posición. Tamén nese senso, escribiu Barral e, por esa mesma época, creo recordar que Gil de Biedma estaba en posicións parecidas, de negarse a aceptar que o acto poético consistirá fundamentalmente nunha comunicación. O que mantiven aí foi que era un coñecemento (RODRÍGUEZ FER, 2001: 189).

84 En carta del 12 de junio de 1960 hablaba de la enfermedad de la madre de Emilia Palomo, esposa del gallego. En una misiva dirigida a José Agustín Goytisolo, del 16 de junio de 1963, Valente le comunica el doloroso fallecimiento de su padre semanas atrás. A él le dedicará composiciones como «El funeral» y «Un recuerdo» (*La memoria y los signos*). Cuando el padre

sabemos que el poeta gallego va a formar parte del jurado de un premio. Aunque Aleixandre dice haber estado bien de salud teme que vuelvan los problemas del hígado. Menciona la presencia de Rosa Chacel, con su obra *Barrio de maravillas*. Añade que ya tiene acabado su libro, que se llamará *En un vasto dominio*. Se despide no pidiendo carta, sino una postal en la que diga cuándo llega y reclamando la presencia de los niños.

Continúa el epistolario la carta fechada el 4 de abril, en la que se alude de nuevo a la salud del padre de Valente. Aleixandre le cuenta que por su casa acaba de pasar «un nuevo Miguel Hernández», refiriéndose también así a la cantidad de poetas que han pasado por allí, muchos buscando el consejo y apoyo del poeta del 27[85]. Le señala a Valente que no coincidirá con Claudio Rodríguez y que le gustaría que

---

enferma en 1962 Valente tampoco acude a la casa familiar, instalándose en Vigo con su mujer Emilia Palomo y sus hijos Lucia, Antonio y Patricia. Lo harán en la Calle Pizarro, número 67, 4ºB.

85 Aquí observamos que la casa de Vicente Aleixandre se convierte a menudo en lugar de acogida para los jóvenes poetas, puesto que el escritor andaluz siempre tiene las puertas abiertas para aconsejar y guiar a los que empiezan. Quiere ser un poeta para todos, solidario con los que empiezan, como muestra en un poema titulado «El poeta canta para todos» (de *Historia del corazón*). El propio Vicente Aleixandre dejó dicho lo siguiente:

Pienso siempre que si alguien hubiera desanimado a Rubén Darío, y cuidado que era malo al principio, se hubiera perdido el poeta que fue después. Así que procuro animarles en cuanto encuentro un destello de poesía... Y aparte de todo, ellos han sido los que me han permitido seguir viviendo y escribiendo en los momentos duros (COLINAS, 1977: 96).

fuese amigo de Carlos Sahagún y de Francisco Brines. Le dice en esta carta que cuando lo visiten en su casa le encantaría ver a Antonio, es el único hijo de Valente al que todavía no conoce. Como novedad le informa de que se ha casado Mª Elvira Lacaci.

Cinco días más tarde hay otra carta, del 9 de abril. Le cuenta que Carlos Sahagún se queda en España, «ya no quiere más Inglaterra», tal vez queriendo que se piense lo de su regreso de Ginebra. Le comunica que se ha puesto en contacto con una revista italiana, *Diferenze,* dándole sus señas para una posible colaboración.

El epistolario sigue con la inclusión del poema-carta sobre la visita al Castillo de Manzanares el Real. Es el 2 de julio cuando le escribe una misiva en la que sabemos que la situación del padre de Valente se ha agravado. En esta misma carta incluye el poema al que hemos aludido, en recuerdo de un día que con nostalgia traerá a la memoria Aleixandre en más de una ocasión. Le explica la estructura de su último libro y le anuncia que ya ha firmado el contrato con la *Revista de Occidente.* En la carta le informa de los planes vacacionales de los poetas habituales, que antes han hablado del proyecto anunciado por Valente de crear una revista mostrando también su apoyo, aunque discrepando con las inclusiones de los poetas participantes. Serían Valente, Bousoño, Claudio Rodríguez, Sahagún, Nora, Brines, Aquilino, Goytisolo y Cabañero. Desea verlo en persona para continuar tratando este y otros temas. Con este deseo se despide, dándole las oportunas indicaciones para su visita.

El 13 de julio hay nueva carta, en la que le dice a Valente que le va a escribir a casa de sus padres, a Vigo. Es solo una «nota» en la que expresa alegría al saber que el poema les ha gustado y vuelve a ratificar lo dicho en la anterior sobre el proyecto de la revista.

El 8 de agosto se menciona otra vez el delicado estado de salud del padre de Valente y recuerda a los hermanos emigrados del ourensano[86]. Aleixandre muestra su alegría por las fotos recibidas, como recuerdo de un día maravilloso que pasaron juntos, el de la visita al Castillo de Manzanares. Además, le gusta que en ellas esté el pequeño Antonio. Desea poder ver crecer a esos niños[87] y añade que echa de menos a su ahijada.

---

86 A propósito de los hermanos del poeta gallego seguiremos lo que José Ángel Valente le relata al director de la Cátedra Valente en la *Entrevista vital* citada en la bibliografía final.

Eu era o maior dos meus irmáns, e, por iso, era un exemplo pesante e molesto. Xa lle teño pedido perdón ós meus irmáns polo moito que os fixen sufrir con esa historia. Eramos sete, catro homes e tres mulleres. Hai tres irmáns que están en Chile, onde está agora a miña nai. Foron bastante novos para aló, porque na posguerra a vida era moi difícil. Teño outras dúas irmás en Ourense e Vigo e, despois, hai outra, que é pequena, á que eu lle levo trece anos. Casou cun chileno, está en Nicaragua, na cooperación técnica. Eu teño moita relación con dous dos meus irmáns de Chile e moitísima relación coas miñas irmás, coas de Galicia, non coa outra. Hai un terceiro que tamén está en Chile, co que non teño moita relación porque o feito de ser irmán ten que confirmarse despois, co nacemento, sobre a relación do sangue, dunha relación de amizade, e eu non podo ter unha relación de amizade con este irmán do que falo porque é un home de extrema dereita e entón, claro, non podo falar con el (RODRÍGUEZ FER, 1999: 455).

87 Alude también al que será el cuarto nacimiento, pero la pequeña María morirá tempranamente.

Está esperando galeradas de *En un vasto dominio*. Ha hecho algunos cambios, añadiendo unos poemas y sustituyéndolos por otros. Le cuenta que acaba de estar acompañándolo en su casa su «vieja amiga alemana Eva». Se retoma al final de la misiva el asunto del proyecto de la revista.

La nueva carta será del 18 de octubre. Aleixandre se pregunta «si el triste desenlace ha ocurrido» y Valente habrá perdido a su padre. Le informa de que en Miraflores corrigió las primeras pruebas de su último libro. Ya en Madrid ha corregido las segundas y todavía espera las terceras. Le cuenta también que Carlos Bousoño acaba de regresar de su curso en Middlebury y que su libro *Invasión de la realidad* está a punto de salir. En lo personal recuerda a los hijos de Valente, que echa de menos y a los que le gustaría ver crecer. En esta carta Aleixandre pone de manifiesto que no rompe ninguna comunicación de Valente, por lo que también le hace saber que escribe para la posteridad. Así ocurre en definitiva con los epistolarios. Vemos que Valente hizo lo propio y tampoco

---

Para min foi moi forte isto porque, como ademais a tese dos médicos era non vencellar moito a nai emotivamente coa filla, porque pensaban que non era viable, eu vivín o problema de converterme no pai e na nai da rapaza. Cando morreu estaba moi deformada, tiña moitos problemas. Practicamente non saíu da unidade de coidados. Sacáronma para ensinarma un pouco, pobriña. Levei un disgusto espantoso. Ademais non soportaba que me dixeran que era mellor que morrera, para non ser unha desgraciada toda a vida (RODRÍGUEZ FER, 2001: 186).

María Valente nació el 1 de diciembre de 1962. Efectivamente, como se recoge en *Valente vital (Ginebra, Saboya, París)*, le diagnostican una grave enfermedad y la pequeña muere a los seis meses, pasando su corta vida vinculada a la unidad de cuidados intensivos. Su padrino será Alberto Jiménez Fraud.

tiró las cartas del poeta del 27, pues el tenerlas archivadas en la Cátedra ha permitido realizar el trabajo de transcripción y preparar su edición futura, además de este estudio.

Del 23 de noviembre es la carta que sigue en el *corpus* analizado. Aleixandre le informa de que hace unos días ya le envió su libro y le explica las características de la encuadernación, así como su estructura interna. Le recuerda que en el paquete manda también un ejemplar para Aquilino, afirmando haber invertido cuatro años en la creación de esta obra, igual que ocurrió con *Sombra del paraíso*. En cuanto al proyecto de la revista parece que todos aceptan la propuesta de Valente de financiarla ellos en sus comienzos, aunque aún hay algunas dudas sobre sus integrantes. Todavía se pregunta Aleixandre por el padre del poeta gallego, desconociendo «si el triste fin ha llegado». Además, gracias a esta misiva, sabemos que está próximo el nacimiento del siguiente descendiente de Valente, que será una niña.

La última carta del año es del 13 de diciembre. Por esta sabemos que ha nacido la pequeña María, pero ha nacido con un problema de salud que apena a la familia. Aleixandre le explica cuándo le envió el paquete con los dos ejemplares de su último libro y no entiende qué pudo haber ocurrido para que todavía no lo haya recibido. Le expresa su alegría porque vaya a escribir una reseña sobre esta obra y le informa de que para el mes de marzo va a reaparecer la *Revista de Occidente*[88].

---

88 El Consejo directivo, según indica Aleixandre en la carta, está formado por José Luis López Aranguren, Pedro Laín Entralgo, Fernando García

Resulta llamativo que desde la carta de diciembre no vuelva a haber comunicación por parte de Vicente Aleixandre hasta el 1 de marzo de 1963. Una vez más el poeta del 27 expresa que lo añora. «Yo no me resigno a que hayas de seguir fuera indefinidamente, y siempre estoy esperando el "regreso al hogar"», son sus palabras. Desea que regrese para reunirse con los amigos de siempre y con los nuevos: Paco Brines, Carlos Sahagún y Jacobo Muñoz, siendo este el más joven, con 22 años. *En un vasto dominio* sigue motivando reseñas y distintas colaboraciones en las revistas, como es la de Bousoño en *Ínsula* que menciona aquí. En lo personal recuerda a la hija pequeña de Valente, María, que sigue con problemas del corazón. Aleixandre planea un viaje a Málaga con su hermana Conchita y su amiga Isabel Pitarch para estar en la playa y disfrutar del sol. Antes de despedirse, el poeta del 27 le reclama que le diga cómo se titulará el nuevo libro que está escribiendo.

El 10 de abril le escribe una carta muy breve para informarlo de que a Francisco Brines le interesa el proyecto de ir a Oxford.

La siguiente misiva es del 27 de abril y se centra en recordar la última visita de la pequeña Lucila, echando de menos a su ahijada y a Antonio. Se muestra muy contento al saber que Valente está acabando su artículo sobre *En un vasto dominio*.

Vela, Enrique Lafuente Ferrari, Fernando Chueca Goitía y Paulino Garagorri, todos ellos vinculados a la publicación fundada por Ortega en el año 1923.

Dos días después hay nueva carta, del 29 de abril. En ella sabemos que recibió una misiva del poeta gallego con la noticia de la muerte de María, su hija menor. Esa fatal noticia motivó la comunicación.

No habrá otra carta hasta el 11 de junio. En ella agradece el artículo de Valente, recalcando que le parece «espléndido». Le gustaría saber cuándo recibirá su visita y que con él viniesen Emilia y Patricia. Sabemos aquí que Brines es *lecturer* en Oxford. Él y Claudio después de pasar unos días en Madrid marcharán para Cambridge durante un trimestre.

En la tarjeta postal del 6 de julio le anuncia que marcha de Madrid a Miraflores, donde espera su visita, aunque pone en duda que venga en verano y sabe que en octubre marcha a Oxford, por lo que teme que no se vean.

El 26 de agosto recuerda de nuevo el viaje hecho al Castillo de Manzanares dos años antes. Le dice que echa de menos la proximidad, pues las cartas solo suplen en parte la ausencia, por ello le dice que «tu resolución de quedarte ahí por ahora a mí me ha apenado». Disfruta al conocer cómo evoluciona el libro de Valente y recibir sus colaboraciones en *Ínsula* e *Índice*. También Aleixandre está haciendo tanteos para su nuevo libro.

La siguiente carta es del 16 de septiembre. En ella le da su opinión sobre el posible título del nuevo libro de Valente, *Sobre el lugar del canto*. También habla de otras publicaciones previstas, barajando diferentes sellos editoriales y descartando Adonáis para la ocasión. Aleixandre menciona la visita de Gloria Fuertes y le relata la excursión con varios de los poetas amigos a varios pueblos del norte de Madrid que aparecen en el poemario *En un vasto dominio*.

No habrá otra carta en el epistolario hasta el 7 de febrero de 1964, por la que sabemos que está en prensa el Cavafis de Valente. Aleixandre confiesa que está pasando una fase de pereza o cansancio, después de salir en Alemania una antología suya. Dice que va a grabar un disco con *Aguilar*, pero no tiene disposición para ello. Ha ido incluso al médico preocupado por esa apatía que lo caracteriza, aunque nada le dicen. También en esta misiva hace alusión al fallecimiento del poeta Luis Cernuda y habla de que se advierte el cansancio de la poesía social, lo que motiva que regresen los poemas de amor. Por último, le explica que lo habían invitado a acudir a un congreso de poesía en Berlín, pero ha renunciado a ese viaje para continuar su estancia en Miraflores.

La siguiente carta es del 5 de mayo. Sabemos por ella que ha fallecido Alberto Jiménez Fraud[89], director de la Residencia de Estudiantes y muy querido por Valente.

El 18 de junio Aleixandre le pide precisamente al poeta gallego una carta que piensa utilizar para escribir un «encuentro» sobre Jiménez Fraud. Le refiere también problemas

---

89 José Ángel Valente también le dedica varios textos a Alberto Jiménez. Véanse los escritos «Don Alberto» (publicado por primera vez en el número 212-213 de *Ínsula* correspondiente a los meses de julio- agosto de 1964) y «Don Alberto Jiménez Fraud» (en *Cuadernos para el Diálogo*, no nº 13, de octubre de 1964). Estos textos pueden consultarse en el volumen II de las *Obras Completas* señalado (VALENTE, 2008: pp. 1135-1137 y pp. 1137-1139, respectivamente. Se recogen dentro del apartado destinado a los llamados «Textos críticos dispersos o inéditos»).

de salud, sintiendo molestias en el pecho y esófago, en una misiva en la que recuerda que ya se cumplen tres años de aquella maravillosa visita al Castillo. En el terreno literario le refiere que ha entregado sus *Presencias* a la *Biblioteca breve*. Concluye diciéndole que volverá a escribirle y que esta carta «no cuenta».

Hay nueva comunicación el 12 de julio para decirle que ha recibido la que Valente le enviaba de Alberto Jiménez y que ya ha leído su Cavafis, quedando un libro de traducción «precioso».

El 22 de septiembre le escribe emocionado al haber recibido carta del poeta gallego anunciándole que venía. Lo hace a su regreso a Madrid, después de haber contado con la presencia de su amiga Eva en su retiro de Miraflores. Ha hecho varias escapadas en coche con los amigos. Como no le gusta la edición del último libro de Valente, le propone que para el que está escribiendo le busque él nuevo sello editorial. Le informa de que la revista *El Bardo* está preparándole un homenaje. A la vez está seleccionando poemas para un libro que se titulará *Retratos con nombre*. Por otra parte, continúa sin empezar a preparar el material para el disco, aunque ha firmado el contrato seis meses antes.

Le sigue una carta fechada el 19 de noviembre, en la que le comunica que le escribió a Ortega comparando la posible edición de algunos libros de Valente con las que en su época hizo la revista de obras de Guillén y Salinas.

Del 30 de noviembre de 1964 es la carta mecanografiada y firmada por José Ortega en la que se tratan cuestiones referidas en la epístola anterior de Aleixandre sobre las posibles publicaciones de unas obras de Valente y de Claudio Rodríguez. Llama la atención que la carta esté fechada en 1964, y que se mencione que la publicación no saldrá a la luz hasta dos años después, en 1966.

Luego aparece una misiva del 6 de diciembre, en la que informa a Valente de que José Ortega finalmente acepta sus libros y los de Claudio Rodríguez, aunque saldrán con más retraso de lo esperado. En lo personal refiere que sigue con problemas de oído y que sufre mareos hasta en la cama.

La última carta del año es del 29 de diciembre. En ella muestra que sabe que Valente ha estado en Oxford y que también ha acompañado en varias ocasiones a Claudio Rodríguez y a su mujer, Clara. Aleixandre dice haber escrito un «encuentro» sobre Bécquer y que se va a poner, por fin, con su antología para la *Biblioteca breve*. Confiesa que siente nostalgia de las visitas en Madrid de Valente y recuerda el momento en que se marchó de la patria. Se despide con buenos deseos para el año siguiente y preguntando por las posibles novedades del nuevo libro que está escribiendo el poeta ourensano.

El año de 1965 se abre con una tarjeta postal del 3 de enero para hacerle saber a Valente que también le llegó su felicitación. El motivo de esta comunicación es transmitir los buenos deseos para el nuevo año y contarle que está a régimen por problemas en el hígado.

El 5 de febrero Aleixandre escribe una carta en la que se pregunta si en abril contará con la visita de Emilia y alguna de sus hijas. Le hace saber que leyó su «magnífico artículo sobre Unamuno» y que ha terminado la revisión de los *Retratos con nombre*.

La siguiente misiva es del 23 de abril. En ella recuerda la reciente visita de Emilia con Lucila y Antonio, jugando con Sirio. Menciona el nuevo libro de Claudio, *Nueva alianza*, no tan extenso como el que publicará Valente. Por su parte, Aleixandre dice haber corregido galeradas de sus *Retratos con nombre* y de *Presencias*. Por su delicada salud confirma que ha renunciado a los viajes largos y por ello no ha acudido a Alemania para participar en una reunión internacional de escritores. Lo mismo ha hecho con la propuesta de viajar a Italia. Se despide deseando ver a Patricia y recordando que ya van diez años desde que Valente celebró su boda.

El 15 de junio escribe de nuevo, alabando la visión que le ofrece la pequeña Lucila de su poesía. Le cuenta que pronto contará con la visita habitual de su amiga Eva Seifert y expresa su deseo de reunirse con la familia Valente. Ansía ver a los niños y su recuerdo motiva el rescatar de la memoria la visita al Castillo de Manzanares años atrás. Le anuncia también que está a punto de salir el libro que fue citado en las cartas anteriores, *Retratos con nombre*.

El 25 de noviembre recuerda otra vez a los niños del poeta gallego y lo hace con nostalgia. Le pide, así, que le envíe alguna de las fotos tomadas en esa visita en la que tiene también a su lado a Patricia. Espera poder ver cuanto antes la última obra de Valente, *La memoria y los signos*. Le comunica la muerte de Aguilar, con cuyo sello editorial tenía Aleixandre pendiente la grabación de un disco y la nueva edición de sus *Poesías Completas*. Se lamenta aquí de que ya hayan transcurrido once años desde que Valente se marchó. En la parte final de esta misiva, el poeta del 27 se dirige directamente a los niños, para darles las gracias por los dibujos enviados y decirles que le han gustado mucho las fotos que le envió su padre.

La primera carta de 1966 es del 26 de enero. En ella sabemos que Valente se aproximó al género teatral. Aleixandre se regocija al saber que podrá disfrutar de una comedia escrita por el amigo gallego, refiriéndose al entremés titulado *La guitarra*.

La siguiente misiva es del 16 de febrero y en ella le habla de un lugar que acaba de conocer, la Sala Abril, para celebrar eventos como recitales y coloquios que siempre presenta José Hierro. No hay remuneración económica, pero se puede disfrutar de la libertad.

Continúa el epistolario con la carta del 12 de julio, en la que Aleixandre le reprocha no haber escrito nada en tanto tiempo. Reitera que echa de menos a los niños y que desea verlos. En lo literario se alegra de que el amigo gallego esté escribiendo de nuevo poesía. Le dice además que Gimferrer va a hacer una crítica de su último libro publicado para *Índice*.

El 30 de agosto recuerda otra vez aquella visita al Castillo de Manzanares y asegura que cuando se reúnan de nuevo se tomarán fotografías. Concluye señalando que, reunidos en su casa los amigos, leyeron a Valente.

El 19 de octubre le cuenta las novedades sobre los amigos y le habla de un nuevo premio de poesía, «a 100.000 por poema, bajo la seña Alforjas de la Poesía», señala. Le informa también de que *El Bardo* y *La Trinchera* desaparecen por diferentes dificultades, entre ellas la económica.

La siguiente carta está fechada el 11 de enero de 1967. Ante la primera nevada echa la vista atrás y recuerda con nostalgia el verano pasado, al ver las coloridas fotos con los hijos de Valente. Le pide que si viene de visita en abril traiga su libro *Siete representaciones*, al que alude como sus «siete vicios-virtudes». Aleixandre se ocupa de su *Antología amorosa*, que al rematar le dejará tiempo para dedicarse a la recopilación de sus *Obras completas*. Alude de nuevo a la cuarta edición de la *Teoría* de Carlos Bousoño e informa de otras novedades literarias de los habituales. Una de las sorpresas fue la visita de Pere Gimferrer para acudir a recoger el Premio Nacional. En lo personal es de destacar la noticia de que Jorge Guillén se compró en esa época un apartamento en Málaga, igual que Dámaso Alonso. También menciona en la misiva la reciente jubilación como catedrático del poeta Gerardo Diego. El día que contó con la visita de Concha Méndez y su nieto fue el de la muerte de su perro Sirio, el 16 de noviembre, un fatídico día, puesto que había sido su fiel compañero durante más de diez años.

El 17 de mayo escribe la siguiente misiva. El motivo es ofrecerle varias alternativas de alojamiento para cuando venga la familia Valente en verano. Le da diferentes opciones de hoteles y le dice que acudirá a Turismo para completar la información. «Esta vez es un año entero de ausencia, y además tú eres un perezoso creciente en materia de cartas y cada vez escribes menos», afirma Aleixandre. Todavía no ha acabado la antología que preparaba ni ha comenzado con sus *Obras completas*. Conocemos en esta carta que Vicente Gaos se encuentra internado en un psiquiátrico y de Carlos Bousoño sabemos que acaba de terminar su *Oda a la ceniza*. Menciona por último el descubrimiento de nuevos poetas.

La siguiente comunicación es el 26 de julio. Le relata el encuentro con Emilia y los niños en Madrid, donde conocieron al nuevo Sirio. En el ámbito más personal también informa de que Carlos Bousoño tuvo un accidente y de que se encuentra con varias costillas rotas. Aleixandre le comunica que acaba de entregar a Aguilar sus «nuevas "Completas"». Contará con la visita de su amiga Eva como cada verano, pero ello no impide que pueda recibirlos a su llegada el 10 o el 11 del mes siguiente.

Hasta el 24 de noviembre no tenemos otra carta de Aleixandre. Confiesa que desde su visita ha estado mal de salud y que acaban de diagnosticarle una insuficiencia coronaria y artrosis en las vértebras. Ha estado sin ver más que a los íntimos, según relata. Poco a poco, va mejorando. Le comunica que va a publicar en Plaza & Janés sus *Poemas de la Consumación*.

No habrá otra misiva hasta el 25 de abril de 1968. En ella indica que este está siendo el año de menos noticias desde Ginebra, el que se ha sentido más aislado de la familia Valente. Sigue de salud regular, acudiendo a controles médicos. Menciona que tal vez «esta sea la primera vez que pasará más de un año sin volver a "lo nativo"», pero es algo que ya hemos leído en misivas anteriores. Está feliz de que el poeta gallego haya terminado su *Breve son*[90] y al tiempo le habla de sus proyectos, entre ellos sus *Poemas de la consumación*, ahora que acaba de cumplir setenta años. Bousoño ha recibido el Premio de la Crítica por su *Oda a la ceniza*, que Aleixandre considera el mejor de su trayectoria.

El 16 de junio muestra su alegría porque a Valente le gusten sus *Diálogos del conocimiento*. Le comunica que su amiga Eva estará con él en Miraflores desde el 18 ó 19 de julio hasta el 10 de agosto, por lo que no podrá moverse demasiado del lugar. Ha mejorado su salud, pero sigue con molestias, por lo que se suceden los análisis. Espera ver a Emilia y a los niños pronto, aunque el cabeza de familia esté ausente.

El 30 de septiembre le informa de que ha muerto su tía María, por lo que ya hace dos semanas que han dejado Miraflores. Acaba de corregir galeradas de los *Poemas de la consumación*, que espera salgan a finales de año. Le alegra saber que el amigo gallego está acabando un libro de ensayos. Por otra parte, alude también a la enfermedad que sufre Blas de Otero.

---

90 La primera edición de la obra: Madrid, El Bardo, Editorial Ciencia Nueva, 1968. En el *Diario anónimo* el poeta gallego confiesa haber terminado *Breve son* y haber escrito textos para *Las palabras de la tribu*.

2 DE JULIO DE 1968. He escrito en estas semanas varios ensayos para *Las palabras de la tribu* y he cerrado *Breve son*. He empezado a hacer lecturas sobre Lautréamont, interrumpidas por un breve y asombroso tratado sobre arte zen de tirar al arco (VALENTE, 2011: 129).

No habrá otra carta hasta el 25 de febrero de 1969, cuando le dice haber estado «una temporada fastidiado con mi artrosis de espina dorsal». La misiva se convierte en un comentario sobre las *Siete representaciones* de Valente. Alude al viaje hecho por el poeta gallego al sur de América con motivo de la visita a los hermanos asentados en Chile. Le dice que ha salido el volumen de Aguilar de las *Obras completas*, nada menos que mil setecientas páginas. Añade que «ya no son Completas, pues no van los *Poemas de la consumación*», algo que el poeta del 27 había planeado. Echa la vista atrás y confirma que no se ven desde agosto de 1967, en Miraflores. Alaba también la tendencia a la meditación que caracteriza la poesía del gallego, quien en abril cumplirá ya cuarenta años.

Al inicio de la misiva del 13 de mayo le cuenta que recibió la agradable visita de Calvert Casey, acompañado por Molina Foix. Luego sigue dándole respuestas a las preguntas que según dice el poeta del 27 Valente le ha planteado en la carta recibida. Habla del símbolo de la serpiente que ya aparecía en *Pasión de la tierra* y señala como influencias a Maldoror, a Rimbaud y a Joyce.

La siguiente carta está fechada el 9 de junio de 1969. En ella sigue respondiendo a las preguntas planteadas por el poeta gallego, que vio «interrumpidas por la desgracia del pobre Calvert Casey[91]». Detrás de esas palabras está su sui-

---

91 En 1969 el novelista y periodista cubano Calvert Casey (Baltimore,1924-Roma,1969) dejó su residencia habitual en Roma, después de vivir un romance con el joven escritor Giovanni Losita (a quien dedicó la obra *Notas de un simulador*), y viajó a Madrid, Ginebra, Londres, con el propósito de

cidio en Roma en mayo de ese año. Refiere haber leído de nuevo su *Sombra del paraíso* para acabar dándole la razón a Valente en alguno de sus comentarios a propósito del significado del símbolo[92] sobre el que hablaban en la carta an-

---

visitar a sus amigos, parecía como si quisiera despedirse de ellos. Unas semanas después de haber recibido ejemplares de *Notas de un simulador* se suicidó. Se dice que antes de hacerlo, tuvo un gesto propio de él, puesto que se ocupó de redactar una nota dirigida a la policía italiana, en la que pedía disculpas por los inconvenientes de que lo encontrasen en un estado tan desagradable. Sobre la relación con el autor, J. Á. Valente dejó dicho esto en la *Entrevista vital* del año 2000:

Eu tiven unha relación moi intensa con Calvert Casey. Era unha persoa encantadora e fomos moi amigos. Admiro moito a súa escritura. Os seus contos parécenme extraordinarios. Pero el sempre dicía que non escribía para ser lido, que escribía para que o quixeran, e creo que era verdade. Tivo unha experiencia moi difícil en Cuba [...] e como el era homosexual, completamente homosexual, tivo que exiliarse. Fixémonos moi amigos [...] Era un home moi delicado, moi fino, ademais cousa pouco frecuente na xente que escribe, que todos se cren xenios, este home o que dicía é que a el o que lle importaba era provocar o cariño de alguén, que por iso escribía. Ademais, cando viña a casa, sempre deixaba olvidado algo, para poder voltar buscalo, un paraugas... Era un home encantador (RODRÍGUEZ FER, 2001: 197).

92 La cobra aparece en *Pasión de la tierra* y volveremos a encontrarnos con esa ofídica forma en el texto «Cobra» de *La destrucción o el amor*. Para José Ángel Valente, en *Las palabras de la tribu*, tiene este significado:

En efecto, el símbolo dominante del ciclo que *Pasión de la tierra* inaugura es un símbolo onírico mayor o una forma arquetípica de los dioses primigenios: la serpiente [...] La cobra, precisamente, es una de las formas ofídicas de *Pasión de la tierra* que ha de reaparecer en la grandiosa plataforma ritual del poema «Cobra» de *La destrucción o el amor* (VALENTE, 2008: 171).

terior. «El símbolo de la serpiente, tan frecuente, no es aquí exactamente destrucción–amor y lleva una simplificación de potencia enigmática, nefasta, que parece levantar como una negación fulgurante e ineludible»[93]. Le aclara también que

La serpiente es un símbolo ambivalente en el sueño del soñador individual, pero lo es también en el sueño humano colectivo [...] Símbolo de lo fálico, la serpiente es también símbolo de la fecundidad femenina (pene y vagina a la vez; poder fecundante y poder evocador). La serpiente representaba en el mundo antiguo la vida y el agua y, a la vez, la muerte y la destrucción. Siendo símbolo de la muerte, lo era al propio tiempo de la renovación perpetua de la vida; la serpiente en reposo, la serpiente oval mordiéndose la cola, era la representación de la eternidad (CANO, 1981:168).

93 «Aleixandre lee a Lautréamont en los años de escritura de *Pasión de la tierra* y más precisamente de *Espadas como labios*, y lo lee en francés, no en la traducción incompleta o mutilada de *Los cantos de Maldonor*, publicada con prólogo de Ramón Gómez de la Serna por la editorial Biblioteca Nueva hacia 1925. La influencia de Lautréamont en Aleixandre no es secundaria, como no puede serlo en ninguna escritura poética lo que opera como elemento desencadenante de imágenes y formas del lenguaje. Las imágenes rezumadas de los *Cantos* están a veces incrustadas casi en bruto en la poesía de Aleixandre, lo que no deja de tener interés tratándose de un escritor de tan acusada personalidad expresiva. Tal es el caso del "accouplement long, chaste et hideux" con la hembra del tiburón ("J'étais en face de mon premier amour!", exclama Maldonor) con que se cierra la decimotercera estrofa del segundo de los *Cantos*. La imagen del amor como escualo aparece extendida o manifiestamente parafraseada en el poema "El más bello amor" de *Espadas como labios* [...] La lectura de Lautréamont gravita sobre Aleixandre no sólo en la generación de las imágenes, sino en las formas del lenguaje o en el mecanismo de destrucción de las formas del lenguaje poético recibido, y esto no ya en *Pasión de la tierra* o *Espadas como labios*, sino en *La destrucción o el amor* (1932-1933)» (VALENTE, 2008: 168-169).

desde julio de 1936 hasta fines de 1939 no escribió nada más que los poemas de guerra y alguna prosa hasta que enfermó y estuvo dos años en cama. Se alegra de saber que probablemente cuente con la visita del amigo en otoño, puesto que casi se cumplen dos años desde que se vieron por última vez.

1.9.1.3. *Década de los años 70*

El 5 de mayo de 1970 se muestra realmente feliz al haber recibido una postal de Valente, estando últimamente con el ánimo bajo, sin trabajar prácticamente ni escribir cartas a los amigos. Informa al gallego de que acaba de aparecer la segunda edición de sus *Poemas de la consumación* y de que ya va a salir otra de *Mundo a solas*. Anuncia además que va a hacer una antología de su poesía superrealista, pero cuando tenga ánimo para ello. Es consciente de que están apareciendo nuevos poetas, algo que le produce hasta vértigo.

Del 21 de agosto será la siguiente misiva del epistolario. Aleixandre sabe que la familia Valente se encuentra en Almería, por lo que no habrá encuentro con Emilia y los niños en Miraflores. Pero Valente sí tiene el propósito de visitar al poeta del 27. Por ese motivo la carta se convierte, como en ocasiones anteriores, en una retahíla de consejos sobre cuándo acudir a la cita y cómo hacer, hasta en la vestimenta: «Tráete chaleco de punto, pues al aire libre, en mi reposo, hace frío». En esta carta, después de ofrecerle el programa para la visita, le dice que ya van tres años sin verse en Miraflores.

No tenemos nueva carta hasta el 17 de marzo de 1971. En ella sabemos de la decepción sufrida por Valente con su último libro editado por Joaquín Mortiz[94]. En lo personal, Aleixandre le comunica que ha sufrido un pequeño acciden- te: se cayó en el baño, aunque fuera de la bañera, lo que hizo menos grave la caída. La salud de Purificación Docasar, ma- dre del poeta gallego, motiva que pueda viajar desde Ginebra esta vez[95].

En la comunicación del 7 de mayo sabemos que ha reci- bido varios libros de Valente. Aleixandre dice esto: «Todo está conmigo, incluso tu Cavafis, que me llegó ayer, con otros textos de la editorial, que me manda todo lo que publica». En esta misiva hace referencia al texto titulado *Número trece*[96],

---

94 Se refiere a la edición de *El inocente* (México, Editorial Joaquín Mortiz, 1970). Es el séptimo poemario de Valente. La editorial Joaquín Mortiz fue fundada en 1962, pasando en el año 1985 a incorporarse al Grupo Plane- ta. Durante el periodo del franquismo su creador, Joaquín Díez-Canedo, firmaba las cartas dirigidas a su madre en Madrid como Joaquín M. Ortiz y en alguna ocasión el sobrenombre se juntó y dio lugar al nombre de Joaquín Mortiz, que llevaría la editorial.

JULIO DE 1970. He cerrado un período largo de trabajo. Llegan los primeros ejemplares de *Presentación y memorial*. Espero de México pruebas de *El inocente*. Acabo de enviar a Madrid el original de *Las palabras de la tribu* (VALENTE, 2011: 144).

95 Purificación Docasar de la Torre, madre del poeta gallego, permanece va- rios años en Ourense después de la muerte de su esposo (Emiliano Marcial Valente), pero luego, al igual que los hermanos de Valente emigran a Chile por los problemas económicos de la posguerra, ella abandona también la patria, falleciendo en el año 2000 (RODRÍGUEZ FER, 2012: 45-46).

96 En la obra así titulada (que consta de cinco cuentos), publicada en 1971 en Las Palmas de Gran Canaria por «Inventarios provisionales» (Serie «La voz en el laberinto»), se incluye el cuento «El uniforme del general», texto que le lleva ante un consejo de guerra en 1972 por la forma en que

que ya había recibido con anterioridad desde la editorial, y se alegra por tener consigo por fin *El inocente*. Lo halaga por el libro que ha tardado 15 años en crear, *Las palabras de la tribu*[97], de este año, 1971.

---

describe al ejército. Tiene como consecuencia el secuestro del libro por su actitud antimilitarista.

A orixe debeuse a que, a primeira vez que viñen a Almería, estiven invitado na casa dun amigo que era de aquí. Entón coñecín a unha serie de xente, evidentemente nese momento era a época franquista e eu establecín contacto con xente do Partido Comunista, e un deses militantes contoume unha historia que tiña pasado en Fiñana, que era o feudo do xeneral Saliquet, porque a muller do xeneral Saliquet era de Fiñana. O que pasou foi que Fiñana, como moitas partes del Levante, do Mediterráneo español deica Barcelona durante a guerra civil, estaba rexida por unha comuna libertaria, da que formaban parte tamén os comunistas, pero que era máis ben de tinte anarquista [...] O que pasa é que en Fiñana eles ocuparon para a comuna, como era un servicio colectivo, a casa mellor do pobo, que era a casa da muller do xeneral Saliquet. Ocuparon a casa, traballaban alí, facían nela reunións, e un día subiron á parte alta da casa e encontraron un uniforme, que era o uniforme do General Saliquet. Entón fixeron unha parodia, porque pensaban que xa non volvería haber máis xenerais, porque os xenerais estaban feitos de palla… o que conto eu no conto. Fixeron unha parodia do xeneral e do uniforme, desfilaron co uniforme, o mestre vestiuse de xeneral, pero claro, como había quintacolumnistas, que era o típico desa situación de guerra civil, todos os que participaron nesa parodia quedaron rexistrados e logo foron acusados, así que cando entraron os franquistas os prenderon e os fusilaron (RODRÍGUEZ FER, 2001: 200).

97 Electivamente, *Las palabras de la tribu* es una obra que se escribe a lo largo de 15 años (1955-1970), como señala el poeta del 27 en esta carta, y que en su cuarta parte incluye textos centrados en Rainer Maria Rilke, Cavafis y Lautréamont (VALENTE, 2008: pp. 232-244, pp. 245-251, pp. 251-261, respectivamente).

El 3 de junio le escribe de nuevo relatándole a Valente haber estado con un hermano de este, quien le traía un nuevo libro del poeta gallego, «el más alejado de todos tus libros de la expresión coloquial, el más complejo también de pensamiento, y consecuentemente de expresión, y el más ambicioso de despliegue y abarcamiento». Se trata probablemente de *Presentación y memorial para un monumento*, de 1970. En lo personal le confiesa que está regular de salud.

La siguiente comunicación se producirá el 4 de enero de 1972. Indica que recibió su postal del Adriático en verano, «ésta en lugar de la acostumbrada visita a Miraflores, fallida por primera vez», lo que sabemos que no se corresponde con la realidad, pues ya en cartas anteriores se lamentaba de su ausencia. En el ámbito personal señala que ha estado regular de salud, que ha sufrido mareos, pero que ya va mejor. Se siente feliz porque al amigo gallego le haya gustado su libro de *Poesía superrealista*.

Hasta el 14 de septiembre no tendremos de nuevo otro documento de Aleixandre en el epistolario. Las misivas se espacian más en el tiempo. Aquí le dice que le ha enviado a Ginebra su «cuadernito» *Sonido de la Guerra* y el *Discurso de Clavería* que deseaba. En el terreno personal informa de que Conchita está mal, con un problema de nervios. Parece ser que se trata de un problema que se prolongará en el tiempo, señala que casi no se mueve. Aleixandre ha estado preocupado y por esta razón y otros asuntos este ha sido su peor verano en los últimos treinta años. Se lamenta en la carta de que el tiempo pase y deje de ver a los hijos del poeta gallego, pues «cuando vuelva a ver a tus chicos casi no los voy a conocer», añade.

El 24 de enero de 1973 está datada la siguiente carta. Se excusa de la falta de noticias en parte por la enfermedad de su hermana, que lo ha tenido ocupado, pero hace unos dos meses que empiezan a ver algo de mejoría en su salud. En cuanto a su propio estado dice que está recuperando el sueño. En lo literario, Aleixandre aprovecha la carta para darle su opinión sobre los *Treinta y siete fragmentos*, viendo que el poeta «cumple su ciclo de conocimiento»[98]. Espera que también pueda volver algún día a su Alpujarra y le pregunta ahora que cuándo lo hará, aludiendo en esta misiva que «tu asunto jurídico (llamémosle así) aún no está resuelto»[99].

---

98 «Casi todo el mundo admite que la poesía es una forma de conocimiento (Valente lo dijo muchas veces), pero yo añado una pregunta, más bien para mi cosecha: ¿qué clase de conocimiento? No es conocimiento nacido de aprendizaje o de investigación. No es –insisto–, necesariamente, conocimiento de la realidad dada y ya conocida por otros medios, aunque pueda incluirlo; es el conocimiento de otra realidad. Pero, ¿qué clase de realidad? La poesía genera primordialmente conocimiento de la realidad que ella misma crea y revela, el conocimiento de la realidad que ella misma es. Por eso no necesita, aunque pueda hacerlo como valor secundario, referirse a cosa objetivable fuera de ella» (GAMONEDA, 2007: 68).

99 Alusión al consejo de guerra al que se ve sometido el poeta. En la *Entrevista vital* del año 2000 leemos lo siguiente:

Estiven como seis ou sete anos sen poder poñer o pé en España. O proceso creoume bastantes problemas. Por exemplo, tiven que ocultalo á administración da miña organización, porque estas administracións son moi reaccionarias. Eu son, creo, un dos poucos escritores, periodistas creo que houbo varios, pero dos poucos escritores que pasaron por un consello de guerra na posguerra. O que pasa é que como eu

La siguiente misiva será la del 27 de julio, que inicia haciéndole saber que sufre una infección intestinal. Tratan en ella el asunto de la planificación del curso escolar para el siguiente año para el hijo de Valente, Antonio. Aleixandre se ofrece a brindarle todo tipo de ayuda si el muchacho está en Madrid.

Este año se cierra con la carta del 28 de noviembre en la que le dice que ha estado revisando sus *Diálogos del conocimiento*, obra que saldrá en Plaza & Janés. Le comunica a Valente que aunque no le ha escrito sí le ha leído y se despide recordando la muerte de Pablo Neruda, además de mostrarse preocupado por los hermanos de Valente asentados en Chile.

La siguiente carta está fechada el 4 de mayo de 1974. En ella sabemos de la muerte de Alfonso Costafreda[100], al que re-

---

non aparecía como un personaxe político, non me interesaba a política, levaba o traballo de base, informar á xente, axudala a entender as cousas, desfacer as mentiras que lles contaban os seus dirixentes, pois non se falaba moito diso (VALENTE, 2001: 202).
100 Referencia a Alfonso Costafreda (Lleida,1926- Ginebra, 1974), quien se quitó la vida el 4 de abril de 1974 en Ginebra, donde trabajaba como traductor para la OMS. Póstumamente saldría a la luz ese mismo año su obra *Suicidios y otras muertes*. Vicente Aleixandre le dedica en el año 1974 un texto titulado: «Alfonso Costafreda: La última vez», dentro de la sección de «Evocaciones y pareceres (1952-1984)», en el volumen de *Prosas Completas* referido al final del trabajo (ALEIXANDRE, 2002: 666-668). Dice así el texto de 1974:
La última vez que yo vi a Alfonso Costafreda fue hace pocos meses, en Madrid, donde se detenía unas horas en un viaje a América, que había de ser el postrero. ¡Qué contradicción en aquel rostro capaz de la risa más generosa y de la más trágica mueca de una materia

cuerda con cariño, no entendiendo lo sucedido y alegrándose de, al menos, haberlo visto meses antes feliz. Le informa de que ya salen a la luz sus *Diálogos del conocimiento*, libro que le será enviado desde la editorial y sin firma.

El 4 de junio le hace saber que ha estado con Emilia[101] y que han charlado mucho, a ella le entregó su artículo sobre Miguel de Molinos y la mística. Le dedicó a la esposa de Valente

---

macilenta! Estaba citado conmigo y venía con Carlos Bousoño, su amigo y compañero desde que convivieron en la Residencia de estudiantes, en Madrid, en los primeros años cuarenta. [...] Al verle pensaba en su amor más grande: la poesía. Para eso, también contradictoriamente, había vivido [...] Había escrito poco. ¡Pero cuán arrancadamente! ¡Con cuánta fatalidad asoladora! Hasta que se acercó el final. Su inquietud, su desazón, su destrucción continua cavaron en su alma de repente un veneno.

Fue un autor del «Grupo poético de los 50» y que también formó parte de la «Escuela de Barcelona», junto a Carlos Barral, Jaime Gil de Biedma, Gabriel Ferrater y los hermanos Goytisolo. Su libro *Suicidios y otras muertes* (1974) se publicó de manera póstuma, especulándose sobre su muerte voluntaria (como afirmó en sus memorias Carlos Barral), con lo que Jaime Ferrán discrepaba. Alfonso Costafreda trabajaba en Ginebra desde 1955 para la OMS, pasando a ser funcionario y traductor de las Naciones Unidas. Se dice que se suicidó poco después de la muerte de su padre. Fue uno de los siete poetas que Valente incluyó en su inacabada serie «Once poetas» (VALENTE, 2008: 962-964). También le dedicó el artículo «Alfonso Costafreda: elegía», posteriormente titulado «Ahora cuando la escayola de los eminentes se llena de lagartos» (VALENTE, 2008: 1465-1467).

101 Sigue casado con su primera esposa, pero acaba de iniciar una nueva relación amorosa con la que será su segunda mujer, Coral, con la que se casará diez años después y que considera clave para conocer de verdad

otro ejemplar de los *Diálogos del conocimiento* y conversaron sobre el fatal desenlace de Costafreda. Menciona también la posibilidad del viaje a Roma por parte de los Valente.

---

el sentido del amor. En la *Entrevista vital* del año 2000 así se lo refiere al director de la Cátedra Valente de la USC. Leemos en las páginas de *Moenia* estas palabras:

> O 9 de maio de 1974 foi a data na que empecei a relación con Coral, en Xenebra. Ela traballaba na OMS, era unha secretaria nova. É gracioso, os homes somos un pouco suicidarios, porque cando entraron ela e outras así novas dixen: «Isto vai ser a revolución». E mira ti por onde para min foi a revolución. A min gustábame, e empezamos a falar, empezamos a ter relación. E das palabras pasamos a outras cousas máis substanciais. A aparición de Coral está xa en *Interior con figuras*. Aí aparece por primeira vez o tema de Coral, que xa continúa en *Mandorla* e noutros. A min influíume moito, porque a verdade é que para min foi unha experiencia vital. Eu non tiña tido unha experiencia sexual verdadeira, verdadeira, a fondo, ata que a coñecín. Tan só era un marido reproductor, tiven fillos, pero a unión amorosa non a coñecín ata estar con Coral. A relación estivo oculta, porque ela tamén estaba casada, bastante tempo, pero foise fortalecendo. Estivo oculta os primeiros anos, pero despois non. Casamos no 84. Nun principio, eu seguín vivindo coa miña familia. Non sei cando me separei (RODRÍGUEZ FER, 2001: 205).

También se recoge en la misma entrevista lo que supuso el proceso de divorcio de su primera mujer, Emilia Palomo. El poeta gallego indica que fue un trance complicado. Así lo recuerda:

> Eu teño escrito un texto sobre isto que se chama "Palais de Justice", que non se pode publicar porque eu teño prometido as miñas fillas non publicalo mentres viva a nai. Pero o divorcio foi tremendo […] Eu tiña que vir de París ao proceso. Ademais, desfaise todo, porque os avogados teñen que atacar, destrúese todo, todo. Non queda nada en pé. É unha cousa terrible (RODRÍGUEZ FER, 2001: 206).

La siguiente carta es del 16 de febrero de 1975. Por la misiva sabemos que el matrimonio Valente ha comprado una buhardilla «en esa calle de tan evocador nombre y en ese encantador barrio de los artistas del siglo XVII». Aleixandre refiere de nuevo problemas de salud suyos y de su hermana Conchita. Estuvo aislado y ahora empieza de nuevo a recibir la visita tanto de los amigos como de los desconocidos.

El 1 de febrero de 1976 le dice a Valente que el oculista le ha descubierto cataratas, por lo que ha tenido que reducir el trabajo. No descarta operarse si fuera necesario, puesto que no quiere acabar como Valera o Galdós si puede ponerle remedio. Dice que «está saliendo» su *Antología total* y quiere hacérsela llegar a su nueva dirección. La ignora, por lo que se lo recuerda en la carta. Añade que también sale en breve una edición crítica de *Pasión de la tierra*.

No habrá otra carta hasta el 26 de junio, en la que reitera que desconoce la nueva dirección y vuelve a decir que la carta va «como botella al mar». En cuanto a su salud refiere haber sufrido hemorragias nasales y le informa de que pasará por varios especialistas antes de su «retiro mirafloreño». Corrige ahora pruebas de su *Antología total*, aunque confiesa haber trabajado poco por sus condiciones de salud. Finaliza la carta lamentando los años pasados sin verse y el paso del tiempo que se «escurre».

El 17 de agosto le escribe de nuevo, no lo hizo antes por sus problemas de visión: «cataratas además de glaucoma». También su hermana sufre ahora problemas de vista y los dos acudirán al especialista en otoño. Se resignan a ser operados y le dice lo siguiente: «Te escribo casi a tientas y casi no puedo leer». Se alegra enormemente de la inminente visita de Valente (anunciada para el 7 de septiembre), aunque no puedan comer juntos. Él, por «prescripción facultativa», está obligado desde hace años a dormir la siesta.

Hasta el 29 de agosto de 1977 no hay otra misiva de Aleixandre dirigida a Valente. Han sufrido él y su hermana dos operaciones[102] cada uno, de glaucoma, lo que le excusa

---

102 El 22 de marzo de 1977 el doctor García Castellón le opera de glaucoma. Meses más tarde, el 6 de octubre de ese mismo año, se conoce la noticia de que le han concedido el Premio Nobel de Literatura (DUQUE AMUSCO, 1998: 34). Al año siguiente el alcalde de Madrid José Luis Álvarez le rinde un homenaje cambiando el nombre de la calle Velintonia por el de Vicente Aleixandre. Será un motivo de alegría que se verá nublado de nuevo a causa del herpes zóster, que lo dejará sin el sentido de la vista, como refiere en la siguiente carta dirigida a J. Á. Valente.

Cuando le otorgaron el Premio Nobel (en otoño de 1977) y le preguntaron qué suponía para él recibir ese reconocimiento, Aleixandre dio esta contestación:

Una respuesta. –Dijo Aleixandre–. Considero el Premio Nobel como una respuesta. El poeta formula con su obra una pregunta. A veces, no la contesta nadie; a veces, sólo un hombre: cada lector puede ser una respuesta para el poeta. Pero la poesía es siempre multitudinaria en potencia. Yo he pretendido dirigirme a todos, incluso a los que no me leen. Y este premio es para mí como una gran respuesta colectiva (DE LUIS, 1978: 173).

Pensemos que él nunca admitió homenajes públicos y ostentosos –sólo aquel banquete de amigos, al aparecer *La destrucción o el amor*–. Los homenajes que ha recibido llegaron siempre desde publicaciones: revistas, periódicos, libros. Nunca se prestó a presentarse en actitud de divo [...] Por fin, se ve en la necesidad de renunciar al viaje para la solemne sesión de Estocolmo. La insuficiencia cardíaca que se maniel no haber escrito antes. Vuelve a recordar a Juan Valera y a Benito Pérez Galdós al sentir en su propia piel la pérdida de la visión. Como resulta lógico, ha reducido mucho el tiempo de lectura y de escritura («los libros han sido manjares prohibidos»), pero sabe que Valente ha publicado un nuevo libro y así se lo indica en la misiva. Espera que se lo mande, si no está enfadado con él por no haber escrito antes. Al final de la carta cuenta que por medio de Emilia ha recibido el libro, imaginamos que *Interior con figuras*, del año 1976. Por José Luis Cano también tiene ya sus señas.

Hasta el 13 de marzo de 1979 no leeremos la siguiente misiva. Vemos, pues, que de 1978 no hay ninguna comunicación por parte de Vicente Aleixandre. Es, además, esta la primera carta que aparece mecanografiada. Le manda unas líneas «dictadas», simplemente para decirle que le ha llegado

---

festó hace diez años, amagó de nuevo [...] Aleixandre delega en Justo Jorge Padrón, el poeta canario que reside en Suecia, para que asista en su nombre a la ceremonia (DE LUIS, 1978: 175-176).

Incluso se ha sabido que ya en 1975 Vicente Aleixandre había sido declarado candidato extraoficialmente [...] Parece ser que para 1976 Aleixandre iba a compartir el Nobel con el poeta y prosista argentino Jorge Luis Borges. Unas declaraciones, también a última hora, de éste en torno a los regímenes dictatoriales de Chile y Argentina, evitan una nueva posibilidad [...] Aleixandre, por tanto, resultaba ser el cuarto Premio Nobel español de Literatura, después de los concedidos a Echegaray (1904), Benavente (1922) y Juan Ramón Jiménez (1956). Y es sexto si tenemos en cuenta a los de Medicina: Ramón y Cajal (1906) y Severo Ochoa (1959) (COLINAS, 1977: 111-112). Es algo que el poeta había llevado «con esa simpática modestia que es propia de los seres realmente valiosos» (DE LUIS, 1982: 39).

el libro enviado por el gallego. Se ve afectado por un herpes-zóster y sigue sin poder leer, pero con la esperanza de hacerlo.

1.9.1.4. *Década de los años 80*
De esta década solamente se conservan dos misivas firmadas por Vicente Aleixandre. La primera es del 6 de mayo de 1980. Se trata de otra carta mecanografiada. Sigue sufriendo las consecuencias del herpes-zóster y sin leer ni escribir, por lo que vuelve a dictar la carta[103]. No sale de casa excepto para ir al médico.

El 27 de julio de 1982 escribe una tarjeta postal, la última comunicación de Aleixandre a Valente en el *corpus* de este epistolario. Le confiesa que no está mejor de sus «calamidades». Se despide con un «espero algún día nos veremos otra vez, tú del todo, yo <u>a medias</u>». Ya no hay más cartas en el archivo de la Cátedra Valente.

El poeta Vicente Aleixandre se manifestó de esta manera tras la concesión del premio:
> No hay duda de que la noticia es un gran honor, pero también ha sido un gran mazazo. No, no pueden ustedes filmar donde yo escribo, porque yo trabajo en la cama. Todos mis libros los he escrito en la cama. Yo siempre he sido una persona delicada. De joven caí enfermo y entonces empecé a escribir así. Y me acostumbré. No tenía otra forma de hacerlo: o interrumpía mi labor literaria o lo hacía desde la cama... (COLINAS, 1977: 112).

103 El 20 de noviembre de 1980, gracias a la operación realizada por el doctor Castroviejo, recupera la visión del ojo derecho (DUQUE AMUSCO, 1998: 35). El año siguiente el mismo especialista volverá a practicarle una operación, esta vez en el ojo izquierdo.

1.9.2. Cartas de José Ángel Valente a Vicente Aleixandre. Apéndice

En este apartado se recogen, como anunciamos en las páginas introductorias, las tres cartas enviadas por el autor de *Poemas a Lázaro* al poeta del 27. A continuación referiremos el número de posibles documentos que debieron existir, según las referencias que a ellos hace el propio Vicente Aleixandre cuando escribe y dice haber recibido noticias.

La primera es del 18 de mayo de 1969 y está mecanografiada. Valente se alegre de que el texto de Calvert haya sido del agrado del poeta sevillano. Por su parte se disculpa «por lo mal que había leído hasta ahora *Pasión de la tierra*». Le pregunta además por las fechas dadas para *Mundo a solas* y para *Sombra del paraíso*. Le pide que le escriba pronto sobre las dudas que le plantea en la carta. Añade que echa de menos «más especialmente no poder hablar contigo ahora. Siempre las cartas son pesadas, torpes, lentas». Por último, en la misiva le anuncia que piensa ir a España, tiene que ir a Barcelona y a Vigo, también pasaría por Madrid. Pregunta por los de siempre antes de despedirse: «Hace mucho tiempo que no sé nada de Carlos, Claudio, Paco, etc. ¿Cómo están?».

La segunda carta es del 16 de abril de 1974. Se trata de una misiva manuscrita que se centra en la muerte de Alfonso Costafreda y el último libro de este autor. Valente aquí recuerda que su amistad con él nació hace más de veinte años en casa de Aleixandre.

La tercera misiva de Valente, también mecanografiada, es del 7 de febrero de 1976. Le da sus nuevas señas «rute de

Champré-74160 Collouges-sous-Salève. France». Valente le confiesa haber estado «bloqueado» por la reforma de la casa y por la «privación de pasaporte», algo que se prolongará hasta final de año según el autor de *Poemas a Lázaro*. Confiesa tener muchas ganas de ver a Aleixandre y de hablar con él, hasta pensó en grabar una conversación con él estando «como desnudos o como después de la muerte y en la que tú serías interrogado (o interrogarías) sobre la poesía, la vida, el amor, y la muerte». Ha recibido la *Antología total* por parte de Gimferrer. Y también le gustaría contar con la edición crítica de Luis Antonio de Villena que Aleixandre le anunciaba de *Pasión de la tierra*. Expresa su deseo de que el problema de cataratas referido por Aleixandre pueda controlarse y se despide de él pidiéndole que le escriba unas líneas cuando pueda.

1

CARTA MECANOGRAFIADA

Ginebra, 18 mayo 1969

Querido Vicente:

Cuánto me alegra que Calvert haya sido de tu gusto. También él me escribió –desde Madrid mismo– entusiasmado con la visita.

Yo sigo metido en tus poemas, es decir, de momento, en aquella parte de tu obra que correspondía al «ciclo de la realidad imaginada». Estoy asombrado y molesto conmigo mismo por lo mal que había leído hasta ahora «Pasión de la tierra». Es un libro clave. Por lo que hay en él de realización, por supuesto. Y por lo que hay de hervidero de semillero, de cantera.

A pesar de que en tu carta veo ahora todo el símbolo serpiente como emblema de la equivalencia destrucción = amor, yo no lo veo así. Es cierto que más adelante (Ya en La destrucción) se aproxima a ese valor emblemático. Pero relativamente. La equivalencia emblemática le da más nota en «Las Águilas»[104] que en «Cobra», creo. En Pasión de[105] efecto, hay como me dices otros elementos –más disueltos del mismo origen. No sabía que tú lo habías señalado ya explícitamente.

---

104 El poema se incluye dentro de la sexta parte de *La destrucción o el amor* (ALEIXANDRE, 2001: 498-409). El texto titulado «Cobra» pertenece a la sección anterior de un libro que fue escrito por Vicente Aleixandre en los primeros nueve meses de 1933, excepto dos o tres poemas en 1932. Se presentó al Premio Nacional de Literatura en 1933, pero no fue publicado hasta 1935.

105 Se refiere al trabajo *Pasión de la tierra*.

Todavía tengo que hacerte una pregunta (si sigo así tendré que irme a Madrid un fin de semana para encerrarme contigo hasta que me eches). ¿Son absolutamente precisas las fechas que sueles dar para Mundo a solas, y Sombra? ¿Son todos los poemas del primer libro anteriores a junio del 36? ¿No hay nada de Sombra anterior a los últimos meses del 39?[106] Esta pregunta nace de este supuesto: en la radicalización de ciertos elementos de tu mundo poético que esos libros suponen actúa como factor precipitante el tiempo histórico, que en cierto modo queda en ellos aludido (incluso violentamente aludido) por omisión o negación. Es la repulsa de un tiempo histórico («tiempo de miseria») lo que radicaliza en esos libros la visión de un tiempo cósmico: aún intacto. Por eso La tierra corresponde al símbolo serpiente una órbita de significación mucho más rica, acaso por menos determinada. Yo tiendo a ver en él formas de representación de lo frío, de lo luminoso, nefasto («luz nefasta» dices en un lugar) de lo negativo-mimoso. Por eso ese símbolo me llevaba a tu «Arcángel de las tinieblas»[107], lo cual no quita que por otro lado se imbrique en la equivalencia destrucción –amor. Pero esa serpiente fusionada con el ojo divino en Pasión va mucho más lejos. Hay en ese símbolo, como en todo el libro en que figura, una enorme latencia de significación. Y esa es una de las cosas que hace de Pasión un libro clave. Me gustaría, Vicente, que no dejaras suelta esta observación. Coméntamela. Quisiera (necesitaría) saber qué piensas sobre ella. Estoy anotando de nuevo tu poesía. He descubierto que lo que

---

106 Recordemos que en una de las cartas de Aleixandre que forman parte del *corpus* estudiado el poeta del 27 responde a cada una de las cuestiones que le había planteado Valente. La carta en la que responde a estas preguntas es la que tiene por fecha el 9 de junio del año 1969, casi un mes después de ser formuladas.

107 Poema perteneciente a *Sombra del paraíso* (ALEIXANDRE, 2001: 488-489).

tengo escrito sobre ti sólo muy a medias (por no decir muy poco) me satisface.

Sí, el fabuloso coito con la hembra del tiburón era lo que me había saltado a la vista en «El más bello amor»[108]. Aunque, me interesaría saber si tu escritura fue [*hacia*] junio del 36 y los últimos meses del 39. Estas son las fechas precisas que das en los poemas releídos.

Si puedes, escríbeme pronto sobre estas cosas. Echo mucho de menos –o más especialmente no poder hablar contigo ahora. Siempre las cartas son pesadas, torpes, lentas[109].

Como te decía en una de mis cartas anteriores, pienso ir a Madrid este año, aunque sólo sea unos días. Tendría también que ir a Barcelona y Vigo. Ya te iré diciendo.

Hace mucho tiempo que no sé nada de Carlos, Claudio, Paco, etc. ¿Cómo están? Por aquí pasó Defarges[110] hace algo así como un par de meses.

Quedo en inquieta espera de carta tuya.

Abrazos grandes. Pepe

---

108 Texto que pertenece a *Espadas como labios* (ALEIXANDRE, 2001: 272- 273).

109 Vemos aquí lo que piensa el poeta gallego de la escritura de cartas que tanto apasiona a Aleixandre. Al escritor ourensano no le atrae este modo de comunicación, porque las respuestas se dilatan en el tiempo, le resulta demasiado engorroso y prefiere la charla directa. De ahí también el menor número de cartas que debió recibir Aleixandre, si tenemos en cuenta esa queja continua a lo largo del epistolario, de la ausencia de noticias desde Oxford o Ginebra.

110 Se trata de Ricardo Defarges Ibáñez (Barcelona, 1933-Madrid, 2013), autor catalán que recibió el accésit del premio Adonáis en 1963 por la obra *El arbusto*.

2

CARTA MANUSCRITA[111]

Ginebra, 16 abril 1974

Querido Vicente:

Perdona la brusca llamada y petición del otro día. Has sido tú, como bien sabes, una de las más inalterables lealtades de Alfonso. Por eso pensé que a él le habría gustado que tú amparases esta póstuma salida de su libro.

El final de Alfonso fue el que cabía temer de la acumulación, cada vez más acelerada, de actos suicidas. La última crisis duró apenas cinco días, en los que Alfonso, ya extremadamente debilitado, no hizo más que cargarse de medicamentos, en la cadena infernal y típica de los tranquilizantes y los euforizantes. Al final, muchas cosas mezquinas y hórridas que yo hace tiempo vi crecer con terror alrededor de él, se le tornaron violentas y hostiles. Con la muerte huyó de ellas y dejó en un esfuerzo de escritura que yo nunca había conocido el libro que ya quizá tengas ahora.

A veces, Alfonso y yo, a pesar de la proximidad física, podíamos pasar largas temporadas sin hablar a fondo. Pero Alfonso siempre volvía, no ya a mí, sino a las cosas en que se había fundado nuestra amistad, que empezó, hace veintitrés o veinticuatro años, en esa casa tuya. Por eso siento ahora más soledad de la que yo mismo habría imaginado.

---

111 Toda esta carta se centra en el recuerdo del poeta existencialista Alfonso Costafreda, que se suicidó en Ginebra, donde se encontraba trabajando para la OMS, en el año 1974. El autor de *Suicidios y otras muertes* centra el recuerdo de esta misiva enviada por el poeta Valente al Premio Nobel, quien había escrito el prólogo de la obra citada.

Ocioso sería pedirte que trasmitas cuanto aquí digo a Carlos, otra de las personas a cuya amistad se sentía Alfonso tan vivamente vinculado.

Y ponme unas líneas cuando puedas. Abrazo grande,

Pepe

3

CARTA MECANOGRAFIADA

Aleixandre

Collonges- sous- Salève[112]
7 de febrero de 1976

[Las nuevas señas, aunque van en el sobre: rute de Champré-74160 Collouges- sous-Salève. France][113]

Querido Vicente:

Recibo ahora tu carta remitida desde mi vieja dirección.

---

112 Siguiendo la *Entrevista vital a José Ángel Valente: de Xenebra a Almería* recogemos lo que figura a continuación:

Vivín a maior parte do tempo nunha rúa que se chama Rue Carteret (non sei quen era, se un escritor ou quen). Despois, na última etapa, cando o meu fillo empezou xa coas historias da droga, para alongalo un pouco de Xenebra e do mundo da droga comprei unha casa en Collonges-sous-Salève, en territorio francés, moi preto da fronteira, para estar no campo, a ver se así… pero foi inútil. Ao contrario, despois tiñamos moita angustia, porque viña drogado e viña nun velomotor, e entón pensamos que lle podía pasar calquera cousa, collelo un coche, en fin. Fíxome sufrir moitísimo ese rapaz. Fixen unha inversión afectiva nel enorme, empezou coa droga cando era un adolescente, cando tiña dezaseis anos e viviu deica os trinta e tres. Levantándose, caendo, volvendo a caer, tratándose de novo. El tiña unha certa vontade de saír da historia da droga, pero non podía (RODRÍGUEZ FER, 2001: 186-187).

113 Anotación que Valente escribe en el margen izquierdo, dispuesto gráficamente hacia arriba.

Desde fines del pasado mes de julio he estado horriblemente bloqueado por el traslado a la nueva casa, por la infinita duración de los trabajos que aquí había que hacer, por la cara de los obreros, maestros de obra, albañiles, etc., por la imposibilidad de instalarnos con un mínimo de comodidad mientras las cosas no estuvieran relativamente acabadas (aún no lo están del todo) y, en fin y para regalo, por los problemas que simultáneamente me creó la privación de pasaporte. Las autoridades competentes me privaron de ese documento (tan importante mientras las putas patrias existan, y va para largo) hasta fines de año. Después, cuando murió el prolongado difunto, todo empezó a arreglarse un poco. Ahora se ha sobrevenido mi causa en Canarias y se me ha extendido un pasaporte de validez normal. Pienso en la posibilidad de ir ahí en abril, pero aún no está enteramente decidido. Como tú dices, el porvenir duerme en el regazo de los dioses y la estupidez antigua de éstos siempre los ha hecho muy imprevisibles.

Bien puedes suponer cuántas ganas tengo de verte y de hablar mucho contigo. Es curioso, en los últimos tiempos he pensado varias veces en la posibilidad de grabar una conversación contigo. Una conversación en la que estuviéramos los dos como desnudos o como después de la muerte y en la que tú serías interrogado (o interrogarías) sobre la poesía, la vida, el amor, y la muerte. Una conversación en la que consiguiéramos hacer los mecanismos autocensores que sin querer nos imponemos. Una conversación que sería apasionada y cruel como un poema y que quedaría archivada en algún lugar para que no fuese conocida sino después de mucho tiempo. ¿Te dejarías interrogar, violar, así? Pero no me hagas caso. Bien sabes que, bajo una aparente compostura, mi imaginación puede ser muy desaforada. No retengas más que mi deseo continuo, a pesar de la distancia, de seguir hablando contigo.

Ojalá el oculista detenga el proceso de las cataratas, sin que la operación sea necesaria. Pero, si lo fuese, harías bien en consentirla. Todo en este orden de intervenciones es ahora más seguro que hace años.

Como no hablas de Conchita, entiendo que su situación no ha empeorado, por lo menos. Emilia y yo siempre nos acordamos de ella.

La <u>Antología total</u> la he recibido por Pedro. Me ha gustado mucho. También su estudio. Lo que me gustaría especialmente tener es la edición crítica de <u>Pasión de la tierra</u>. Ya sabes que la relectura de ese libro determinó en mí una nueva lectura de toda tu obra. ¿Por qué no seduces al joven marqués de Villena[114] para que me la envíe?

Jacques Ancet es una persona encantadora. Te ha traducido muy bien y él mismo es excelente poeta.

En el otoño me pidieron un texto para un homenaje a Guillén en el Instituto de un pueblo. Lo mandé, pero nunca me acusaron recibo. Deduzco que mi texto no debe haber gustado a tío Jorge. ¿Tuvo lugar ese homenaje?

Seguiré escribiéndote. Ponme tú unas líneas tan pronto puedas.

Te abrazo mucho, Pepe.

1.10. Constatación de la existencia de cartas enviadas a Vicente Aleixandre por José Ángel Valente

Con la lectura y el análisis de las cartas de Vicente Aleixandre hemos constatado que existieron alrededor de medio centenar de misivas enviadas por parte de José Ángel Valente, mencionadas en el *corpus* conservado en la Cátedra, por lo que una vez que el Archivo Vicente Aleixandre esté a dispo-

---

114 Alusión al escritor Luis Antonio de Villena, que se encargó de esa edición.

sición de la comunidad investigadora este material podrá ser actualizado y ofrecer la otra cara de la moneda a un epistolario que se concibe como esencial para ahondar en la figura literaria del autor de *A modo de esperanza*.

La primera noticia de una carta escrita por el autor de *Material memoria* la encontramos el 27 de septiembre de 1954 («Querido Pepe: Al llegar me he encontrado tu carta, que me aguardaba. Tu postal, y de Emilia, desde Xauen, la recibí en Miraflores»). Pasarán casi dos años hasta que se recoja una idea semejante y será el 8 de junio de 1956 («Querido Pepe: Vaya raudo este papelillo aéreo antes de que dejes Oxford. Llegaron tus dos cartas, la 2ª apéndice de la otra»). El 2 de septiembre del mismo año se constata de nuevo la existencia de una misiva escrita por el poeta gallego («Querido Pepe: Eres un pequeño monstruo que en dos meses estuviste a punto de no poner ni una postal. Por los pelos, pero llegó la postal»). Habrá dos más en 1956, una al mes siguiente, el 23 de octubre («Querido Pepe: Llegó tu carta. ¿Encontraste piso? Por aquí, pocas novedades») y el 15 de diciembre («Querido Pepe: Llega tu carta y pocos días antes había venido Emilia a decirme adiós»).

El 13 de febrero de 1957, después de quejarse del tiempo que ha pasado sin tener noticias de Valente, el poeta del 27 manifiesta haber recibido la ansiada comunicación («Querido Pepe: Por aquí andamos todavía metidos en el invierno. ¡Cuánto tiempo sin noticias tuyas! Creo que lo último fue una postal, no: un cartón con "¡Felicidades!", en primero de año. Antes yo te había escrito una carta. Ya sabes que yo me contento con tus largas y sabrosas postales, pero no con un cartón que diga ¡Albricias en 1957!»). El 21 de marzo («En fin llegó tu carta»), el 3 de junio («Llegó tu hoja comunicándome el nacimiento de tu hijo, en víspera de salir para Canarias. Allí he pasado diez días estupendos. Y ahora, al volver quería escribirte y tu postal se me adelanta») y el 20 de septiembre («Querido Pepe: Ayer llegó tu carta y hoy nos marchamos de Miraflores, el mismo día creo que el verano pasado. Te escribo desde aquí antes de partir») muestran la llegada del correo.

Es en esta década de los 50 y durante la primera mitad de los 60 cuando vemos más referencias a las cartas que debió enviar Valente: el 17 de abril de 1958 («Al ir a cerrar esta carta, me llega tu segunda») y el 4 de septiembre del mismo año («Querido Pepe: Acaba de llegar tu postal y hace unas semanas recibí tu larga carta, bien saboreada y releída») hay constancia de ese intercambio epistolar. También el 2 de enero de 1959 («Querido Pepe: Estoy en cama, con un enfriamiento, pero te contesto a vuelta de correo. No te habría escrito antes por no echarte otra carta encima, recién llegada la tuya. Y luego las demás llegaron en cascada»), el 11 de febrero («Recibí tu postal de Oxford») y el 14 de marzo («Querido Pepe: Está visto que yo te escribo en cama, siempre. Hace tres días caí con gripe, como está medio Madrid, y aquí recibo tu carta y artículo»).

En la década de los 60 encontramos referencias a la recepción de cartas el 9 de enero de 1960 («Querido Pepe: un año más, y tu carta»), el 12 de junio del mismo año («Querido Pepe: Me llega tu carta con tan dolorosa noticia que no aguardo, y te escribo a la oficina para poder referirme a ella. ¡Pobre madre de Emilia!») y el 29 de julio («Tu carta se cruzó con una mía donde te mandaba el recorte de *Ínsula,* que también te envió su autor, y a más tendrías la revista»).

El año siguiente vemos una alusión el 24 de julio («Querido Pepe: Tu carta me llega y no sabes lo que sentí que no vinierais [...] El telegrama llegó por la noche (¡Vivan las comunicaciones rápidas!)») y otra tres meses después, el 24 octubre, («Querido Pepe: Llegó tu muy deseada carta. Me coge mejor, todavía no bien del todo, pues aún no tengo mi temperatura normal, pero en camino hacia ella»).

En cambio en el año 1962 hay hasta siete menciones: el 1 de febrero («Querido Pepe: Tuve tus líneas sabrosas, sobre las felicitaciones de todos los de 7 rue Carteret. Quería escribirte unas líneas antes de tu venida, y aquí me tienes haciéndolo»), el 4 de abril («Querido Pepe: Tu carta de hace un mes llegó como heraldo de tu venida, y veo que retrasada»), el 9 de abril («Querido Pepe: Tu carta se ha cruzado con la mía, que espero en tu poder, y sin embargo aquí me tienes escribiéndote de nuevo»), el 2 de julio («Querido Pepe: Tu carta llega y no con buenas noticias de tu padre, aunque en cierto modo sean las naturales»), el 13 de julio («Querido Pepe: Te escribiré a Vigo a casa de tus padres. Hoy esta "nota" (según tu creada palabra) es para decirte que llegó tu carta»), el 23 de noviembre («Querido Pepe: Tu carta llegó felizmente y hace dos o tres días te he mandado mi libro, que andará de viaje») y el 13 de diciembre («Querido Pepe: me ha apenado tu carta, con el nacimiento de la pequeña María y el dolor y la preocupación que os causa»).

En 1963 dice haber recibido correo del poeta ourensano cuatro veces: el 1 de marzo («Querido Pepe: ya Aquilino te había dado noticias de estas tierras. Tu carta fue muy bienvenida. Pronto hará un año que viniste y me da pena que por unas causas y otras esta vez no me anuncia tu llegada»), el 29 de abril («Queridos Pepe y Emilia: Recibo la carta de Pepe con la tristísima noticia de la muerte de la pequeña María. ¡Pobrecita! [...] Me ha emocionado tu carta escrita inmediatamente, y no sabes lo que te la agradezco»), el 11 de junio («Querido Pepe: Acabo de recibir tu artículo y me parece espléndido») y el 16 de septiembre («Querido Pepe: Llegó tu carta y ahora tu postal Tarraconense. Todo me alegra»).

El año siguiente, las referencias aparecen en las misivas del 18 de junio de 1964 («Querido Pepe: Acabo de recibir tu carta, he hablado con José Luis y esperarán mis líneas sobre D. Alberto Jiménez. Adaptaré mi carta, como tú me decías. Para ello la necesito y si me la envías lo haré en un periquete»), el 12 de julio («Querido Pepe: Acabo de recibir una cariñosa postal de Emilia y como no me da señas de Torredembarra te mando estas letrillas a ti con la esperanza de que te alcancen [...] Llegó tu carta con el texto de la anterior»), el 22 de septiembre («Escrita esta carta me levanto, y sobre una mesa está tu carta, llegada mientras yo te escribía. Lo sobresaliente: que vendrás») y el 29 de diciembre («Querido Pepe: Llegó tu carta y anoche tu postalilla me esperaba en mi cuarto. Aquí estamos ya finalizando el año»).

En una tarjeta postal del 3 de enero 1965 («Querido Pepe: ha llegado vuestra felicitación. Hagamos votos por un 1965 feliz, así dicen») y en cartas del 23 de abril («Querido Pepe: Tu carta llegó y poco después Emilia y los niños. Los tuvimos en casa y almorzamos juntos») y del 15 de junio («Querido Pepe: Esta vez soy yo el que tengo dos cartas tuyas, y te escribo en los primeros calores estivales de este Madrid extremoso») constatamos de nuevo la existencia de correspondencia.

A las referencias del 12 de febrero de 1966 («Querido Pepe: Tu carta me alegró mucho con sus buenas noticias. Contesto muy pronto por si te agrada una cosa») y el 12 de julio de ese año («Querido Pepe: De Madrid me retransmiten tu carta, bienvenida y deseada. Eres un "réprobo" que no me has escrito en toda la temporada; y te fuiste en marzo. Aquí me tienes ya, de nuevo») le siguen las del 11 de enero de 1967 («¡Qué envidia dan las fotos veraniegas que me mandas!»), del 25 de abril de 1968 («Tu carta me compensa de tanto silencio, con sus noticias y datos de vida») y del 16 de junio del mismo año («Querido Pepe: Primero la postal y luego la carta. Pero faltabas tú en persona. Me alegra te gusten esos "Diálogos del conocimiento". Antes saldrán los "Poemas de la Consumación"»).

El 25 de febrero de 1969 («Querido Pepe: Iba yo a escribirte cuando José Luis me dice que preguntas si me pasa algo. He estado una temporada fastidiado con mi artrosis de espina dorsal. Un tratamiento de inyecciones me ha mejorado y aquí me tienes dispuesto a rescatar el tiempo perdido. Llegó tu carta primero y no hace muchos días tu libro») y el 13 de mayo de ese año («Querido Pepe: Vino Calvert Casey como me anunciabas en tu primera carta [...] Luego ha llegado tu segunda carta, con gratas preguntas») anuncia la llegada de misivas del autor de *Fragmentos de un libro futuro*. Poco a poco, el intercambio de cartas se va haciendo más lento y espaciado en el tiempo.

De 1970 solamente hay una alusión, el 5 de mayo («Querido Pepe: El tiempo devora la vida y no sé los meses que no sabía de ti. Ha sido una alegría recibir vuestra postal»). Del año siguiente hay tres, el 17 de marzo de 1971 («Querido Pepe: Tu carta anula el tiempo. Ya me extrañaba a mí tanto pasado sin ninguna noticia, sobre todo cuando empezó el año, fechas en que siempre has llegado por escrito a esta vieja Velintonia»), el 7 de mayo («Querido Pepe: Primero tu carta, ahora el envío de libros. Todo está conmigo, incluso tu Cavafis, que me llegó ayer, con otros textos de la editorial») y el 3 de junio («Querido Pepe: Llegó tu carta con la postalita del canario, y antes la visita de tu hermano, con quién pasé un rato de charla muy agradable»).

El 4 de enero de 1972 («Recibí tus líneas, como en verano tu postal del Adriático, ésta en lugar de la acostumbrada visita a Miraflores, fallida por primera vez») y el 14 de septiembre («Querido Pepe: Llegó tu carta y hace unos días te he mandado un paquete certificado a Ginebra con mi cuadernito "Sonido de la Guerra" y el *Discurso de Clavería* que deseabas») dejan paso a dos menciones que hay al año siguiente: el 24 de enero de 1973 («Querido Pepe: Tu tarjetón me dice la verdad: que hace tiempo que no tienes noticias mías») y el

28 de noviembre («Junto con tu carta (al día siguiente) me ha llegado una postal de Emilia, desde Teherán»).

No habrá ninguna referencia en 1974, aunque se conserva una carta reproducida en el apéndice con fecha del 16 de abril de ese año, y solo una en 1975, del 16 de febrero («Querido Pepe: Vino tu carta y enseguida Emilia, que me trajo noticias vuestras. No sabía yo (en verano, ausente yo, no la vi) que habías adquirido una "buhardilla"»).

Sabemos que sí se conserva una carta de Valente del 7 de febrero del 76 reproducida en el *Apéndice* y una alusión el 26 de junio de ese año en carta de Aleixandre («Después de tu carta pasé otra mala temporada»). Hemos constatado que no hay cartas del poeta del 27 al autor de *Material memoria* ni del año 1978 ni de 1981. Sí hace referencia a una correspondencia pasada en una misiva del 13 de marzo de 1979 («Recibí tu carta en su día»), mientras que en la carta del 6 de mayo de 1980 no menciona haber recibido comunicación de Valente y en la tarjeta postal del 27 de julio de 1982, que cierra el epistolario, podemos leer lo siguiente: «No sé dónde andarás este verano. No por estas tierras, cuando no me has dicho nada. El tiempo vuela desde vuestra última visita, tan buena».

1.11. Conclusión

Hemos admitido ya en las páginas iniciales que la irrupción en el epistolario objeto de estudio no ha dejado de convertirse también en un acto de intromisión, al adentrarnos en unas páginas que nacieron para ser una comunicación privada con su destinatario. Después de la lectura y el análisis de las misivas que conforman este epistolario entre Vicente Aleixandre y José Ángel Valente, observamos que los temas más reiterados son los relacionados directa o indirectamente con la literatura, con la edición de textos, la lectura compartida de poemarios en los encuentros en casa de Vicente Aleixandre o en los actos públicos y las vicisitudes que rodean el hecho en sí de la publicación de los diferentes textos aludidos, aunque también los biográficos, como no podía ser de otro modo, dada la amistad que unió a los dos escritores durante un largo período de tiempo. El epistolario está cimentado sobre las relaciones humanas entre los dos autores, siendo Aleixandre el más prolífico en número de cartas y con las misivas más extensas.

Recordemos que tenemos cartas fechadas entre septiembre de 1954 y julio de 1982. Echamos en falta la parte del epistolario que corresponde a las cartas de respuesta de José Ángel Valente, misivas que formarían parte del legado que se encuentra en manos de la familia de Carlos Bousoño, tantas veces mencionado por el Nobel en el *corpus* recogido, y al que, hasta el momento, ha resultado imposible acceder.

En el archivo de la Cátedra José Ángel Valente de Poesía y Estética, donado por el poeta gallego a la Universidad de Santiago de Compostela gracias a la intervención y amistad del profesor Claudio Rodríguez Fer, se encuentran cientos de cartas de muchos autores de diversa procedencia, convirtiéndose en una fuente de gran valor documental para la comunidad investigadora.

No debemos olvidar la importancia que tienen los epistolarios de los autores «para el conocimiento de la vida y de la obra de éstos, y aún de la literatura, de la cultura y de la sociedad de su tiempo en general, es algo que nadie puede poner en duda. Además, a veces, tales epistolarios tienen por sí mismos valor literario o artístico, incluso conscientemente buscado por parte del autor, y, en no pocas ocasiones, por su valor documental, cumplen una utilísima función auxiliar en la edición y anotación de otros textos de sus autores» (RODRÍGUEZ FER, 2013: 385).

Para finalizar esta obra, vamos a recordar algunos de los momentos que pueden resultar más significativos en el análisis de los documentos estudiados. No obstante, podrían tomarse otros datos como ejemplos para este propósito. Como observamos en el estudio de diferentes epistolarios, y en este no podía ser de otro modo, «literatura y vida convergen siempre inevitablemente» (RODRÍGUEZ FER, 2012:121), por lo que hemos tratado de atender a diferentes perspectivas, la biográfica y la literaria.

Se han cruzado cuestiones relativas a los encuentros que han tenido lugar entre los dos poetas y los que esperan tener en el futuro, han mostrado sus propias preocupaciones (como es el paso del tiempo para el poeta del 27), ha habido espacio para las anécdotas y para expresar la alegría por el nacimiento de los hijos de Valente, siempre presentes en la memoria de Vicente Aleixandre.

No quedaron fuera de las misivas los asuntos relativos a la pérdida de seres queridos, la queja por las dolencias padecidas, los procesos de creación de varias de las obras literarias y su publicación ni todo lo relativo a los favores personales. Recordemos esa intercesión de Aleixandre para conseguir algunos lectorados, como vemos en la misiva dirigida a Jiménez Fraud. Así, también la intervención de José Ángel Valente resulta fundamental para que Claudio Rodríguez y Francisco Brines puedan finalmente ejercer la docencia en Inglaterra. En carta del 4 de septiembre de 1957 sabemos de la partida a Inglaterra de Claudio Rodríguez, a Nottingham. Será entonces cuando Aleixandre aproveche para pedirle que mire algo para que el curso siguiente pueda estar en Oxford o Cambridge, mientras Jaime Ferrán seguía inmerso en su objetivo de preparar las oposiciones de diplomático.

Aleixandre no dejará de reprocharle a Valente que quiera seguir en Inglaterra, después de tres años ausente (en carta del 10 de abril de 1957), a pesar de entender sus circunstancias familiares, estando ya casado y teniendo dos hijos. Tampoco perderá la ocasión en muchas de sus cartas para reclamarle unas líneas, para pedirle de forma reiterada que le escriba, acusándolo de «réprobo» y echándolo mucho de menos, no solo cuando se encuentra en Oxford, sino también cuando se traslada a Ginebra. En carta del 9 de enero de 1960 Vicente Aleixandre pretende vaticinar que el poeta gallego no aguantará mucho más en tierras ginebrinas, pero, como comprobamos en la biografía del ourensano, se equivocó en su pensamiento y permaneció en esa ciudad un importante ciclo de su existencia.

Gracias a las cartas sabemos, además, que hay publicaciones como *Ínsula* o *Índice* que ven interrumpido su curso, suspendiéndose la edición por largos periodos de tiempo. Así, en 1956 *Ínsula* solo sale en el mes de enero y será a comienzos de 1957 cuando se retome la edición periódica. Por lo que se refiere a *Índice,* su periodicidad se ve truncada en dos ocasiones: desde mayo de 1954 hasta enero de 1955 en una primera ocasión (ocho meses, debido al déficit económico que ocasionó la prohibición de la venta y distribución del número extraordinario dedicado a Pío Baroja e impuesta por la Dirección General de Prensa) y desde enero de 1956 hasta abril del mismo año «a raíz de la edición del número especial elaborado con motivo de la muerte de Ortega y Gasset (85, octubre 1955)». Al suspenderse la edición de *Ínsula* sabemos que las alternativas para Valente son Cantalapiedra o la Editora Nacional, según la carta de Aleixandre fechada el 21 de marzo de 1957, para la edición de *Poemas a Lázaro.*

Vemos que también se dilata en el tiempo el proceso de construcción y posterior edición de obras clave dentro de la trayectoria artística de los poetas que nos ocupan, como ocurre con *Los encuentros,* escritos entre 1954 y 1957 y publicados en el 58. Dice querer acabarlo en 1956, pero con la lectura de las misivas comprobamos que no será así. Posteriormente aumentará la obra con otros textos, prolongándose su construcción hasta el año 1967.

Se recomiendan lecturas, se informa de las novedades bibliográficas del grupo de amigos y Vicente Aleixandre también le solicita a Valente con frecuencia reseñas y distintos artículos que hablen de sus poemarios, invitándolo a participar en varias revistas o intercediendo para que algún sello editorial publique los textos del poeta gallego. Asistimos a todo ese intercambio epistolar que muestra cómo se va gestando la edición de los textos del que ganó el premio Adonáis en 1954 y cómo se está forjando una amistad que durará para Aleixandre hasta el final de sus días.

Observamos que la edición de determinadas obras se retrasa, así como la salida a la luz de la revista impulsada por Cela, *Papeles de Son Armandans*. Ese es el caso del número de homenaje dedicado a Vicente Aleixandre por su sesenta aniversario, en 1958. Bajo ese sello también publicará Valente algunos textos, junto a una extensísima nómina de autores. Se menciona en la carta del 5 de abril de ese año (día de su santo) y de nuevo en misivas enviadas el 6 de abril, el 9 de mayo y el 14 de junio. En cada carta le recuerda que envíe el poema para el número del homenaje. En esta última apunta que el número no saldrá hasta el otoño. En carta del 4 de septiembre dice que será en el mes de octubre, pero en la del 11 de noviembre dice que saldrá el mes de diciembre y posteriormente se dará como fecha el mes de enero. Se dilata en el tiempo la salida del número anunciado mucho antes, al igual que ocurre con la publicación de algunos libros citados en este epistolario.

Ya desde las primeras cartas vemos que los poetas opinan sobre los textos que van incluyendo en sus obras, autoevaluándose, como ocurre con Vicente Aleixandre desde que menciona poemas incluidos en la obra titulada *En un vasto dominio*. Vemos cómo cambian los títulos de los libros desde que se conciben hasta que se editan, como sucederá con *Mis poemas mejores* (mencionado en las cartas como *Mis mejores versos*). De igual manera, con el título de *Libro de Sones* (en carta del 5 de enero de 1956) se hace alusión a la obra que se publicará como *Breve son*.

Por otra parte, el 27 de septiembre de 1964 Aleixandre le informa de que está seleccionando poemas para un libro que se titulará *Retratos con nombre*. Con el mismo objetivo, el de tenerlo al corriente de sus proyectos literarios y publicaciones, el 5 de mayo de 1970 informa al gallego de que acaba de aparecer la segunda edición de sus *Poemas de la consumación* y de que va a salir otra de *Mundo a solas*, anunciándole a su vez que va a hacer una antología de su poesía superrealista. En carta del 24 de enero de 1973 le da su opinión sobre los *Treinta y siete fragmentos* y le comenta que está revisando sus *Diálogos del conocimiento*.

Comparten en ocasiones poemas, como cuando sabemos que Valente le envió a Aleixandre los textos titulados «El otro reino», «Cuando estoy en ti» y «La salida» en diciembre de 1956 o «El sapo» en marzo de 1957. También es significativo en este sentido el hecho de que se creen poemas concretos después de un encuentro entre los dos poetas, como es el caso del texto sobre el Castillo de Manzanares el Real que le envía el poeta del 27 y al que alude en diferentes epístolas: el 2 de julio de 1962, el 6 de julio de 1963, el 26 de agosto del mismo año, el 22 de septiembre de 1964, el 23 de abril de 1965 y el 30 de agosto de 1966. Este recurrente recuerdo muestra lo valiosos que eran para Vicente Aleixandre los encuentros con Valente desde que el poeta ourensano dejó Madrid para instalarse primero en Oxford y posteriormente en Ginebra.

Recuerdan a los amigos en común, preocupándose por sus avances en el terreno literario y por sus problemas personales, como ocurre con Alfonso Costafreda (cuya muerte conocemos en la carta fechada el 4 de mayo de 1974) o Jaime Ferrán, aludidos en las misivas en diferentes ocasiones. Conocemos a través de las cartas a las amistades de Aleixandre, certificando estos documentos la labor de mecenazgo que casi imperó en su querida Velintonia, apoyando a jóvenes escritores y ayudando a consolidarse en el ámbito profesional a muchos de ellos, intercediendo para que accediesen a lectorados, como hizo con el propio Valente. Consideramos, en este sentido, imprescindible recordar esa carta dirigida a Alberto Jiménez que se incluye por lo que tiene de significativo el papel de Aleixandre. El quehacer poético se convierte en tema de conversación dentro de este epistolario, así como el recuerdo de las visitas de distintos escritores y amigos en casa del andaluz, quien actúa de mecenas y acoge a poetas que empiezan, como Juan Peñalva o Juan Carmona (citados en la misiva del 23 de octubre de 1956).

Hablan también de sus viajes personales, de las visitas para realizar lecturas, conferencias y recitales poéticos, así como de diferentes eventos en que son homenajeados, como cuando en la carta del 7 de noviembre de 1955 dice Aleixandre lo siguiente:

El otro día dije mi discurso en la Real Academia (como dicen los argentinos). La cosa quedó bien y mi vanidad satisfecha porque si a los actos del «Instituto de España» no van más que 30 oyentes, al mío se llenó el salón (y aquello es un teatro) y la gente hervía. Me gusta, para que vean que un poeta no es un camastrón de la Academia de Farmacia, y que, como yo digo y repito y tripito: toda poesía es multitudinaria en potencia, o no lo es. Tu nombre sonó, cuidadosamente pronunciado, cuando aludí al tema de España.

A través de esta correspondencia hemos querido reconstruir cómo fue la relación de Vicente Aleixandre con José Ángel Valente tomando su palabra escrita como el testimonio directo de la propia voz. A nuestros ojos aquí reside la parte más importante de este trabajo, puesto que a través de estas cartas documentamos diferentes aspectos de la vida privada de los autores, lo que contribuye a matizar cuestiones relativas a sus biografías, que ya han sido objeto de ediciones y estudios varios, consultados durante el avance de esta investigación y mencionados en la bibliografía final.

Reflexionan en las cartas sobre los libros que van publicando, sobre el proceso de creación de las distintas obras y hablan de la corrección de los textos que van a salir a la luz. Así, en carta del 8 de agosto de 1962 sabemos que el poeta del 27 está esperando las galeradas de la obra titulada *En un vasto dominio*. Dice haber hecho algunos cambios, añadiendo unos poemas y sustituyéndolos por otros. Como hemos dicho, mencionan la participación en distintos premios y revistas literarias de la época. Las cartas plasman asuntos literarios y académicos, pero también de carácter personal, como los problemas de salud de Aleixandre y los familiares de Valente. Así, en la carta del 21 de marzo de 1957 sabemos que muy pronto Valente va a ser padre por segunda vez y el 12 de junio de 1960 sabemos de la enfermedad de la madre de Emilia, de quien se sigue hablando en misivas posteriores. Dos años después (en documento del 18 de octubre de 1962) el Nobel le preguntará si ha perdido a su padre.

Además de prestar atención a las experiencias personales, en el transcurso del epistolario asistimos a los cambios que experimentan intelectualmente, viendo desde la pequeña cerradura de una puerta su gran evolución como escritores a lo largo de todos esos años. Las palabras de Vicente Aleixandre en carta del 21 de junio de 1959 son estas, para referirse a *Poemas a Lázaro*:

> El poeta es el mismo de tu primer libro, pero considerablemente más rico y maduro. Es un poeta evolucionado que aquí alcanza una primera meseta de madurez y arroja una mirada extensa, preñada de preocupación, sobre el destino del hombre, entre los hombres… y bajo un cielo. Con una severa fuerza interior el libro parece una enorme pregunta. (Tú dices una vez con frase tremenda – que la repuesta es anterior a la pregunta).

Como se ha señalado, desde que el epistolario se inicia en la década de los cincuenta (1954) hasta que el Nobel firma la última tarjeta postal en 1982 han pasado casi treinta años. Cambia el pensamiento, cambian las ideas, evolucionan como poetas, algo que se hace especialmente notable en el caso del joven poeta gallego que marchaba a Oxford poco después de iniciarse este epistolario y que Aleixandre ve crecer como hombre y como poeta, a lo que se refiere a menudo en la correspondencia que conforma el *corpus* descrito.

El Nobel se muestra desde el comienzo de la relación epistolar muy preocupado por el poeta gallego. Ese intento de protección se mantendrá para siempre, y ya lo vemos cuando desea hacerle saber al joven amigo que si él no forma parte del jurado del premio Adonáis el nombre de Valente no figurará entre los candidatos. El hecho de que la obra presentada le llegue a José Luis Cano fuera de plazo no supondría un problema, lo que muestra que en todo momento toma partido por el ourensano. De igual forma, en varias cartas se muestra interesado por conocer la evolución del trabajo de investigación de Valente cuando este está elaborando su tesis doctoral (le pregunta, por ejemplo, el de 20 de septiembre 1957 si traerá su tesis para graduarse). Celebra sus progresos, sus éxitos, y sigue muy de cerca su trayectoria profesional y vital, recomendándole varios sellos editoriales y sugiriéndole varias colaboraciones para distintas revistas literarias de la época.

En varias cartas (como la del 29 marzo de 1956) Aleixandre alude a asuntos que tienen que ver con el cambio de residencia de Valente y en esta en concreto a los problemas sufridos con la dueña de la casa. Se tratan, pues, asuntos cotidianos en las misivas. Como cuando anuncia la muerte del viejo Sirio, el perro que acompaña a Aleixandre en su hogar y que se convierte en compañero de juegos para los hijos de Valente en las visitas que le hacen con su madre, Emilia Palomo.

Pero también hay información sobre proyectos literarios (como es el plan de José Luis Cano de elaborar la *Antología de la Nueva Poesía Española*, que publicará Gredos en 1958) y viajes realizados por los dos autores. En ocasiones las cartas se convierten en una guía poética, para dejar paso a la crítica literaria y el intercambio de impresiones sobre los textos que se van a incorporar en las próximas publicaciones. La carta sirve de esta forma también como canal para hacer llegar al otro las muestras de lo que se está escribiendo, intercambiándose poemas y sugiriéndose temas.

Hemos perseguido en todo momento como objetivo analizar la correspondencia que Vicente Aleixandre le envió a José Ángel Valente durante casi treinta años para poder reflexionar sobre los temas más frecuentes de las cartas y comprobar cómo se fue forjando esa relación de amistad entre los dos poetas, arrojando luz sobre la descripción sus biografías. Recordemos las palabras de Valente sobre el mismo concepto de biografía: «Yo creo que el poeta debe tener una biografía o incluso varias, a condición de que todas estén cuidadosamente falsificadas».

Hemos observado que Vicente Aleixandre escribió distintos tipos de misivas teniendo en cuenta a su destinatario y la situación vital del receptor de la carta. Vemos cartas, en su mayoría, muy extensas, cuando se trata de las enviadas por el Premio Nobel al escritor gallego. De este último no se conservan más que tres respuestas (de la última etapa del epistolario), frente al archivo de ciento veinte documentos del escritor andaluz (incluyendo la carta dirigida a Jiménez Fraud y la enviada por José Ortega).

La frecuencia de las cartas no fue regular, registrándose años en los que el intercambio epistolar es muy rico mientras que en otros momentos resulta casi anecdótico e incluso podemos comprobar que hay épocas de total ausencia de misivas en el archivo, bien porque se perdieron y no llegaron a su destino, porque su destinatario no las ha conservado o tal vez porque no existieron. Hacia el final del epistolario las cartas se van espaciando y las últimas de Aleixandre aparecen mecanografiadas porque eran misivas dictadas, debido a su grave problema de visión, algo que le preocupaba enormemente, al temer que sus días acabasen como lo fueron para Juan Valera o Benito Pérez Galdós. Los libros eran para él *manjares* prohibidos y prohibida estaba también la escritura de cartas en sus últimos años, actividad que había desarrollado durante toda su vida de forma tan prolífica.

No olvidamos que los documentos que conforman el *corpus* que aquí se analiza, resultan fundamentales para ahondar en el conocimiento de ambos escritores, aportando datos sobre las relaciones personales forjadas durante las tres décadas que abarca este epistolario y el avance de su trayectoria artística, con la edición de las distintas obras literarias. Se trata de un conjunto de documentos hasta ahora inéditos que se pondrán a disposición de los filólogos para su consulta en el futuro. Concebidas en primera instancia para ser privadas, con su descripción ahora empiezan a conocerse. El 27 de julio de 1982 se cierra el epistolario con la última comunicación de Vicente Aleixandre, que reza lo siguiente: «Espero algún día nos veamos otra vez, tú del todo, yo a medias». Cuando pueda leerse la otra cara del epistolario se sabrá si ese encuentro tuvo lugar finalmente o son estas en realidad las últimas palabras del poeta del 27 para Valente, quedando ya para siempre en la memoria.

Este es José Ángel Valente, el poeta que nos ha dejado una poesía, no como lección, sino como experiencia quizá irrepetible porque sólo en él estaba este poder desolado de localizar la muerte en los límites y que hasta allí mismo llegase la canción (GAMONEDA, 2007: 110-111).

Bibliografía

Bibliografía primaria

OBRA DE VICENTE ALEIXANDRE

ALEIXANDRE, Vicente (1928): *Ámbito*, Málaga, Ed. Litoral.

ALEIXANDRE, Vicente (1946): *Pasión de la tierra*, Madrid, Adonáis.

ALEIXANDRE, Vicente (1932): *Espadas como labios*, Madrid, Espasa- Calpe.

ALEIXANDRE, Vicente (1935): *La destrucción o el amor*, Madrid, Signo, Los cuatro vientos.

ALEIXANDRE, Vicente (1944): *Sombra del paraíso*, Madrid, Adán.

ALEIXANDRE, Vicente (1950): *Mundo a solas*, Madrid, Clan.

ALEIXANDRE, Vicente (1953): *Nacimiento último*, Madrid, Ínsula.

ALEIXANDRE, Vicente (1954): *Historia del corazón*, Madrid, Espasa- Calpe.

ALEIXANDRE, Vicente (1956): *Mis poemas mejores*, Madrid, Gredos, 1ª ed.

ALEIXANDRE, Vicente (1960): *Poesías Completas*, prólogo de Carlos Bousoño, Madrid, Aguilar.

ALEIXANDRE, Vicente (1961): *Picasso*, Málaga, Cuadernos de María Cristina.

ALEIXANDRE, Vicente (1962): *En un vasto dominio*, Revista de Occidente, Madrid.

ALEIXANDRE, Vicente (1965): *Retratos con nombre*, Barcelona, El Bardo.

ALEIXANDRE, Vicente (1968): *Poemas de la consumación*, Barcelona, Plaza & Janés.

ALEIXANDRE, Vicente (1974): *Diálogos del conocimiento*, Barcelona, Plaza & Janés, Selecciones de Poesía española.

ALEIXANDRE, Vicente (1976): *Sombra del paraíso*, edición de Leopoldo de Luis, Clásicos Castalia, Madrid. (Última ed. en vida del autor).

ALEIXANDRE, Vicente (1977): *Obras Completas*, prólogo de Carlos Bousoño, 2ª ed., Madrid, Aguilar.

ALEIXANDRE, Vicente (1985): *Los encuentros*, edición aumentada e definitiva, prólogo de José Luis Cano, ilustracións de Ricardo Zamorano, Espasa- Calpe, Selecciones Autral, Madrid.

ALEIXANDRE, Vicente (1986): *Epistolario*, selección, prólogo e notas de José Luis Cano, Alianza Tres, Madrid.

ALEIXANDRE, Vicente (2001): *Poesías completas*, edición e prólogo de Alejandro Duque Amusco, Visor Libros, Madrid.

ALEIXANDRE, Vicente (2002): *Prosas completas*, edición e prólogo de Alejandro Duque Amusco, Visor Libros, Madrid.

OBRA DE JOSÉ ÁNGEL VALENTE

VALENTE, José Ángel (1955): *A modo de esperanza*, Madrid, Rialp.

VALENTE, José Ángel (1960): *Poemas a Lázaro*, Madrid, Índice.

VALENTE, José Ángel (1963a): *Sobre el lugar del canto*, Barcelona, colección Colliure.

VALENTE, José Ángel (1963b): «Poemas», Madrid, *Revista de Occidente*, núm. 6, pp. 316-328.

VALENTE, José Ángel (1966): *La memoria y los signos*, Madrid, Revista de Occidente.

VALENTE, José Ángel (1967): *Siete representaciones*, Barcelona, El Bardo.

VALENTE, José Ángel (1968): *Breve son*, Barcelona, El Bardo.

VALENTE, José Ángel (1970a): *Presentación y memorial para un monumento*, Madrid, Poesía para Todos.

VALENTE, José Ángel (1970b): *El inocente*, México, Joaquín Mortiz.

VALENTE, José Ángel (1971a): *Número trece*, Las Palmas, Inventarios provisionales.

VALENTE, José Ángel (1971b): *Las palabras de la tribu*, Madrid; 2.ª ed. brevemente aumentada, Barcelona, Tusquets, 1994.

VALENTE, José Ángel (1972): *Punto cero (Poesía 1953-1971)*, Barcelona, Seix Barral.

VALENTE, José Ángel (1976): *Interior con figuras*, Barcelona, Barral.

VALENTE, José Ángel (1979): *Material memoria*, Barcelona, La Gaya Ciencia.

VALENTE, José Ángel (1980): *Punto cero (Poesía 1953-1979)*, Barcelona, Seix Barral.

VALENTE, José Ángel (1982): *La piedra y el centro*, Madrid, Taurus.

VALENTE, José Ángel (1984): *El fulgor*, Madrid, Cátedra.

VALENTE, José Ángel (1989): *Treinta y siete fragmentos*, Barcelona, Ambit. Prólogo de Antonio Domínguez Rey.

VALENTE, José Ángel (1991): *Variaciones sobre el pájaro y la red*, precedido de *La piedra y el centro*, Barcelona, Tusquets.

VALENTE, José Ángel (1992): *No amanece el cantor*, Barcelona, Tusquets.

VALENTE, José Ángel (1994): *Las palabras de la tribu*, Barcelona, Tusquets.

VALENTE, José Ángel (1995): *Material Memoria (1979-1992)*, Madrid, Alianza.

VALENTE, José Ángel (1997): *Notas de un simulador*, Madrid, Ediciones La Palma.

VALENTE, José Ángel (1997b): «Valente: "La poesía será siempre una bandera de libertad"», ABC / Cultural, págs. 48-49, Madrid (7 de abril).

VALENTE, José Ángel (1998): *El fulgor*, antología recopilada por Andrés Sánchez Robayna, Barcelona, Círculo de Lectores / Galaxia Gutenberg.

VALENTE, José Ángel (2000): *Fragmentos de un libro futuro*, Barcelona, Círculo de Lectores / Galaxia Gutenberg.

VALENTE, José Ángel (2004): *La experiencia abisal*, Barcelona, Círculo de Lectores / Galaxia Gutenberg.

VALENTE, José Ángel (2006): *Obras completas I. Poesía y prosa*, edición e introducción de Andrés Sánchez Robayna, Barcelona, Círculo de Lectores / Galaxia Gutenberg.

VALENTE, José Ángel (2008): *Obras completas II. Ensayos*, edición de Andrés Sánchez Robayna y recopilación e introducción de Claudio Rodríguez Fer, Barcelona, Círculo de Lectores / Galaxia Gutenberg.

VALENTE, José Ángel (2011): *Diario anónimo*, edición de Andrés Sánchez Robayna, Barcelona, Círculo de Lectores / Galaxia Gutenberg.

MANUALES DE INVESTIGACIÓN COMO PUNTO DE PARTIDA

BLECUA, Alberto (1963): *Manual de crítica textual*, Castalia, Madrid.

PÉREZ PRIEGO, Miguel Ángel (1997): *La edición de textos*, Síntesis, Madrid.

Rodríguez Fer, Claudio (1998): *Guía de investigación literaria*, Júcar, Gijón, Guías del comentario de textos.

Rodríguez Fer, Claudio (1994): *Comentario de textos populares e de masas*, Xerais, Vigo.

Rodríguez Fer, Claudio (1992): *Comentario de textos contemporáneos*, Xerais, Vigo.

Rodríguez Fer, Claudio (1991): *Arte literaria*, Xerais, Vigo.

Bibliografía secundaria

BIBLIOGRAFÍA SOBRE DISTINTOS ASPECTOS REFERIDOS EN EL EPISTOLARIO DE VICENTE ALEIXANDRE A JOSÉ ÁNGEL VALENTE Y LA OBRA DE LOS DOS AUTORES

Agudo, Marta (2012): «Valente en Madrid: *Crónica de un aprendizaje*», en *Valente vital (Galicia, Madrid, Oxford)*, edición de Claudio Rodríguez Fer, Santiago de Compostela, Universidade de Santiago de Compostela.

Aguinaga, Luis Vicente de (2007): *Desde esta orilla. Ensayos sobre Literatura Española, 1975-2000*, edición de Carlos Ulises Mata, Guanajuato, Universidad de Guanajuato.

Alonso, Dámaso (1944): *Ensayos sobre poesía española*, Revista de Occidente, Buenos Aires.

Alonso, Dámaso (1952): *Poetas españoles contemporáneos*, Gredos, Biblioteca Románica Hispánica, II, Estudios y Ensayos, Madrid.

Andújar Almansa, José (2019): «VALENTE Y LA PALABRA SUMERGIDA», en *Prosemas. Revista de Estudios Poéticos*, 4, pp. 53-84.

Bousoño, Carlos (1951): *Seis calas en la expresión literaria es-*

pañola (en colaboración con Dámaso Alonso), Madrid, Editorial Gredos.

BOUSOÑO, Carlos (1952): *Teoría de la expresión poética*, Madrid, Editorial Gredos.

BOUSOÑO, Carlos (1974): *Situación y características de la poesía de Francisco Brines*. Prólogo a *Ensayo de una despedida*, Barcelona, Plaza Janes, pp. 9-94.

BOUSOÑO, Carlos (1977): *La poesía de Vicente Aleixandre. Imagen, estilo, mundo poético*, Ínsula, Madrid (3ª ed. aumentada).

BOUSOÑO, Carlos (1985): *Poesía poscontemporánea. Cuatro estudios y una introducción*, Madrid, Ediciones Júcar.

BRINES, Francisco (1959): *Las brasas*, Madrid, Rialp.

BRINES, Francisco (1965): *El santo inocente,* Madrid, Gráficas Pulido.

BRINES, Francisco (1966): *Palabras a la oscuridad* (1966). Madrid, Col. Ínsula.

BRINES, Francisco (1995): *Escritos sobre poesía española (De Pedro Salinas a Carlos Bousoño)*, Valencia, Pre-Textos.

CABALLERO BONALD, José Manuel (2007): *Somos el tiempo que nos queda: obra poética completa 1952-2005*, Barcelona, Seix Barral.

CABALLERO BONALD, José Manuel (2010): *La novela de la memoria*, Barcelona, Seix Barral.

CABAÑERO, Eladio (1961): *Recordatorio*, Madrid, Taurus. (Reeditado en 1995 por Ediciones La Palma).

CABAÑERO, Eladio (1970): *Poesía : 1956-1970*, Barcelona, Plaza y Janés.

CANO, José Luis (1986 a): *La poesía de la generación del 27*, Labor, Punto Omega, Madrid, 3ª ed.

CANO, José Luis (1986b): *Los Cuadernos de Velintonia. Conversaciones con Vicente Aleixandre,* Seix Barral, Biblioteca Breve, Barcelona.

CASEY, Calvert (1967a): *El regreso y otros relatos,* Barcelona, Seix Barral.

CASEY, Calvert (1967b): *Notas de un simulador,* Barcelona, Seix Barral.

CASTELLET, José María (1960): *Veinte años de poesía española, 1939-1959,* Barcelona, Seix Barral.

CASTELLET, José María (1965): *Un cuarto de siglo de poesía española, 1939-1964,* Barcelona, Seix Barral.

CAVAFIS, Constantino (1964): *Veinticinco poemas,* Málaga, Caffarena & León. Traducción de José Ángel Valente y Elena Vidal.

CAVAFIS, Constantino (1972): *Treinta poemas,* Barcelona, editorial Ocnos. Traducción de José Ángel Valente y Elena Vidal.

CELA, Camilo (1996): *Poesía completa,* Barcelona, Galaxia Gutenberg / Círculo de Lectores. Prólogo de José Ángel Valente.

COHEN, Leonard (1974): *Poemas Escogidos,* Barcelona, Plaza y Janés. Versión de Jorge Ferrer-Vidal.

COLINAS, Antonio (1977): *Conocer Vicente Aleixandre y su obra,* Barcelona, Dopesa.

COSTAFREDA, Alfonso (1974): *Suicidios y otras muertes,* Barcelona, Barral Editores.

DALMAU, Miguel (2010): *Jaime Gil de Biedma,* Barcelona, Circe.

DE LUIS, Leopoldo (1978): *Vida y obra de Vicente Aleixandre,* prólogo de Ramón de Garciasol, Espasa- Calpe, Selecciones Austral, Madrid.

DE LUIS, Leopoldo (1982): *Vicente Aleixandre. Poesía y prosa. Biografía,* Bruguera, Barcelona.

DEFARGES, Ricardo (1963): *El arbusto*, Madrid, Rialp.

DIEZ DE REVENGA, Francisco Javier (1977): «Vicente Aleixandre, poeta de la consumación». *Monteagudo: Revista de literatura española, hispanoamericana y teoría de la literatura*, Universidad de Murcia, pp. 39-46.

DIEZ DE REVENGA, Francisco Javier (1987): *Panorama crítico de la generación del 27*, Castalia, Madrid.

DUQUE AMUSCO, Alejandro (2017): «La obra poética de Vicente Aleixandre: una vida completa», en *La poesía de Vicente Aleixandre: Cuarenta años después del Nobel*, Ed. Marcial Pons, Colección Universidad y Lectura (pp.17-29).

EMILIOZZI, Irma (2001) ed.: *Correspondencia a la generación del 27: (1928-1984)*, de Vicente Aleixandre, Madrid, Castalia.

ESCOBAR, F. Javier (2012): «Nueve cartas inéditas de José Ángel Valente a Concha Lagos (con Vicente Aleixandre y Dámaso Alonso al fondo», Revista de Filología, Universidad de La Laguna, Santa Cruz de Tenerife, pp.185-201.

FERNÁNDEZ RODRÍGUEZ, Manuel (2001): *Análisis integral de la narrativa de José Ángel Valente*, Biblioteca Virtual Miguel de Cervantes, 2000 y, en CD-Rom, Universidade de Santiago de Compostela.

FERNÁNDEZ RODRÍGUEZ, Manuel (2012): «Valente en Oxford: *Del rumor a la voz*», en *Valente vital (Galicia, Madrid, Oxford)*, edición de Claudio Rodríguez Fer, Santiago de Compostela, Universidade de Santiago de Compostela.

FERRÁN, Jaime (1981): *Alfonso Costafreda*, Madrid, Ediciones Júcar.

FERRÁN, Jaime (1983): *Libro de Alfonso*, Madrid, Orígenes.

FUERTES, Gloria (1970): *Antología poética (1950-1969)*, Barcelona, Plaza y Janés.

GAMONEDA, Antonio (2007): *Valente: texto y contexto*, Santiago de Compostela, Universidade de Santiago de Compostela, Publicaciones de la Cátedra José Ángel Valente de Poesía y Estética, n° 3.

GARCÍA HARO, Inmaculada (2017), «Vicente Aleixandre: el poeta de la totalidad», Málaga, Sur. Revista de Literatura, N° 11 (Otoño 2017).

GARCÍA JAMBRINA (2000): *La promoción poética de los 50*, Madrid, Espasa Calpe.

GARCÍA LARA, Fernando (2017): «Almería 1985-2000» en *Valente vital (Magreb, Israel, Almería)*, edición de Claudio Rodríguez Fer, Santiago de Compostela, Universidade de Santiago de Compostela, pp. 361-457.

GIL DE BIEDMA, Jaime (1981): *Antología poética*, Madrid, Alianza Editorial. Prólogo de Javier Alfaya, selec. de S. Mangini.

GOMIS, Lorenzo (1978): *Poesía: 1950-1975*, Barcelona, Plaza y Janés. Prólogo de Pere Gimferrer

GONZÁLEZ HERRÁN, José Manuel (1994): «José Ángel Valente, en su contexto generacional», en *Material Valente*, edición de Claudio Rodríguez Fer, Gijón, Ediciones Júcar, pp. 15-31.

GOYTISOLO, José Agustín (1968): *Poetas catalanes contemporáneos. Antología*. Selección y traducción de José Agustín Goytisolo. Barcelona, Seix Barral.

GOYTISOLO, Juan (2009): *Ensayos sobre José Ángel Valente*, edición de Claudio Rodríguez Fer, introducción de Luis Vicente Aguinaga, Universidade de Santiago de Compostela, Cátedra José Ángel Valente.

JIMÉNEZ, José Olivio (1983): *La presencia de Antonio Machado en la poesía española de posguerra*, Society Spanish and Spanish-American Studies. USA.

Lezama Lima (1969): *Posible imagen* de José Lezama Lima. Introducción de José Agustín Goytisolo, Barcelona, Llibres de Sinera, 1969 (2ª ed. 1972).

Lopo, María (2007): «José Ángel Valente y Edmond Jabès. Reconocerse en la palabra», *Referentes europeos en la obra de Valente*, Universidade de Santiago de Compostela, Publicaciones de la Cátedra José Ángel Valente de Poesía e Estética, 149-184.

Lopo, María (2014): «Valente en París: *Fragmentos recuperados*», en *Valente vital (Ginebra, Saboya, París)*, edición de Claudio Rodríguez Fer, Santiago de Compostela, Universidade de Santiago de Compostela.

Molinos, Miguel de (1974): *Guía espiritual,* Ed. de José Ángel Valente, incluye su Ensayo sobre Miguel de Molinos, Barcelona, Barral Editores.

Neira, Julio (1986): *Aleixandre: El proyecto editorial de «Desamor»*, Artes Gráficas Bedia, Santander.

Otero, Blas de (2005): *Pido la paz y la palabra*, Barcelona, Lumen.

Pavese, Cesare (1971): *Antología poética,* Barcelona, Plaza y Janés. Versión de José Agustín Goytisolo.

Polo, Victoriano (Ed.) (1992): *Hispanoamérica: La sangre del espíritu*, Murcia, Universidad, Secretariado de Publicaciones.

Riera, Carmen (1988): *La Escuela de Barcelona*, Anagrama, Barcelona.

Rodríguez, Claudio (1953): *Don de la ebriedad*, Madrid, Rialp.

Rodríguez, Claudio (1958): *Conjuros*, Torrelavega, Ed. Cantalpiedra.

Rodríguez, Claudio (1965): *Alianza y condena*, Madrid, Revista de Occidente.

Rodríguez, Claudio (1971): *Poesía (1953-1966)*, Barcelona, Plaza y Janés. Prólogo de Carlos Bousoño.

Rodríguez, Claudio (2009): *Poesía completa (1953-1991)*, Barcelona, Tusquets.

Rodríguez Fer, Claudio (1999): «Entrevista vital a José Ángel Valente: de Ourense a Oxford», *Moenia. Revista lucense de Lingüística & Literatura*, núm. 4, (1998), pp. 451-464.

Rodríguez Fer, Claudio (2001): «Entrevista vital a José Ángel Valente: de Xenebra a Almería», *Moenia. Revista lucense de Lingüística & Literatura*, núm. 6, (2000), pp. 185-210.

Rodríguez Fer, Claudio (2007): «O consello de guerra contra José Ángel Valente», *Moenia. Revista lucense de Lingüística & Literatura*, núm. 12, pp. 463-467.

Rodríguez Fer, Claudio (2012): «Valente en Galicia: *Quedar para siempre*», en *Valente vital (Galicia, Madrid, Oxford)*, edición de Claudio Rodríguez Fer, Santiago de Compostela, Universidade de Santiago de Compostela.

Rodríguez Fer, Claudio (2013): «Epistolario Jorge Guillén / José Ángel Valente», *Perspectivas críticas para la edición de textos de literatura española*, edición de Ermitas Penas, Santiago de Compostela, Universidade de Santiago de Compostela, 385-415.

Rodríguez Fer, Claudio (2014): «Valente en Ginebra: *Memoria y figuras*», en *Valente vital (Ginebra, Saboya, París)*, edición de Claudio Rodríguez Fer, Santiago de Compostela, Universidade de Santiago de Compostela. En colaboración con Tera Blanco de Saracho.

Rodríguez Fer, Claudio (2018): *Valente infinito (Libertad creativa y conexiones interculturales)*, Santiago de Compostela, Universidade de Santiago de Compostela.

Rodríguez Fer, Claudio (2021): *Valente epistolar (Correspondencia de José Ángel Valente con sus amistades)*, Santiago de Compostela, Universidade de Santiago de Compostela.

Rodríguez Fer, Claudio 1985): *Rumor de Tánger*, Madrid, Cuadernillos de Madrid.

Sáenz de Santa Mª, Alberto (2017): *El archivo Vicente Aleixandre*, Cáceres, Servicio de Publicaciones de la Universidad de Extremadura.

VV.AA. (1996): *En torno a la obra de José Ángel Valente*, Madrid, Alianza. Contiene trabajos de Jacques Ancet, Américo Ferrari, Rosa Rossi, Andrés Sánchez Robayna, Giorgio Agamben, José Jiménez, Emilio Lledó y Claudio Rodríguez Fer.

Valladares, Saturnino (2017): *Retrato de grupo con figura ausente: Análisis de la correspondencia entre José Ángel Valente y los poetas de su edad*, Ourense, Diputación Provincial.

Zambrano, María (1992): «La mirada originaria en la obra de José Ángel Valente», en *José Ángel Valente*, edición de Claudio Rodríguez Fer, Madrid, Taurus Ediciones, pp. 31-38.

Zardoya, Concha (1987): «Un epistolario de Vicente Aleixandre», *Cuadernos Hispanoamericanos*, 442, pp.111-119.

2. EPISTOLARIO
Carlos Bousoño/José Ángel Valente

Laura Paz Fentanes

El hombre que, como vemos, está sustancialmente referido a su circunstancia, no puede ser juzgado sino en ella y desde ella: «No me llames después / ni quieras / a eternidad remota / aplazarme y juzgarme. / No me llames después: / hay tantas cosas / de llanto y luz urdidas / (ahora, cerca / de mí) que la vida limita / (...). Júzgame ahora / sobre el oscuro cuerpo / del amor, del delito.»

Carlos Bousoño cita unos versos del poema «El emplazado» de José Ángel Valente, en «La poesía de J. Á. Valente y el nuevo concepto de originalidad».

Agradecimientos

A mi madre y a mi padre, por su apoyo constante e incondicional.

A los profesores y a las profesoras que durante estos años me han guiado y enseñado desde la vocación y la dedicación. En particular, a la profesora Alejandra Ulla Lorenzo, por ser siempre tan generosa con sus alumnos y alumnas; y al profesor y director de la Cátedra José Ángel Valente de Poesía y Estética de la Universidade de Santiago de Compostela, Claudio Rodríguez Fer, por darme la oportunidad de trabajar a su lado.

Un agradecimiento especial para la profesora María Lopo, con la que comparto el afán literario-detectivesco, y para la profesora Cristina Marchisio, por ayudarme con la bibliografía italiana. Otro agradecimiento a los bibliotecarios y a las bibliotecarias que, con su trabajo, facilitan el trabajo de las investigadoras y de los investigadores.

En memoria de José Ángel Valente y Carlos Bousoño.

2.1. Introducción

En este estudio se aborda el contenido del epistolario entre Carlos Bousoño Prieto y José Ángel Valente Docasar, que permanece inédito en la Cátedra José Ángel Valente de Poesía y Estética de la Universidade de Santiago de Compostela[1]. Este intercambio se inició, según las cartas que constan en la Cátedra Valente, el 19 de mayo de 1956 y terminó el 9 de febrero de 1968. Se trata de doce años de correspondencia en los que, pese a que no se dispone de la totalidad de las cartas enviadas por ambos autores, las cuestiones que se abordan son reveladoras.

Así, se estudian las cartas que se conservan en la Cátedra Valente, creada en el año 2000, un año después de que la universidad santiaguesa invistiese como doctor *honoris causa* al poeta orensano, durante el rectorado de Darío Villanueva. Su amigo y también poeta Claudio Rodríguez Fer es el director, bajo cuya coordinación la Cátedra Valente ha publicado, hasta el momento, dieciocho volúmenes entorno al autor[2].

---

1 En adelante, Cátedra Valente.
2 De entre todos ellos, destacan las dos últimas publicaciones, ya que abordan el epistolario del autor: *Valente epistolar (Correspondencia de José Ángel Valente con sus amistades)* (2021), editado por Claudio Rodríguez

Asimismo, a lo largo de los años, en esta institución se han convocado numerosos actos alrededor de la poesía del escritor[3]. Ha sido, además, director de numerosas tesis sobre la obra y la figura de José Ángel Valente, también en relación con otros artistas[4]. Sin embargo, el interés por el epistolario del gallego con otras personalidades tiene un gran peso, tal y como explica el mismo Claudio Rodríguez Fer:

> El epistolario de José Ángel Valente [...] está compuesto por miles de cartas, postales, telegramas y faxes que recibió o, en copia, que envió el citado autor a lo largo de su vida.
>
> Su riqueza documental en lo biográfico, lo histórico, lo intelectual, lo artístico y lo poético es, pues, extraordinaria, como se ha podido comprobar en los epistolarios ya total o parcialmente editados [...].
>
> No obstante, algunos de estos epistolarios podrían ampliarse algo o mucho con material todavía inédito que obra en la Cátedra Valente, donde además se conservan miles de misivas nunca editadas que ofrecen toda clase de interés (2021: 9-10).

Fer, y *Lo que en la tuya me dices. Epistolario José Ángel Valente-Florentino Martino* (2022), editado por Saturnino Valladares.

3   Destacan los actos en los que se ha hablado de la relación intelectual entre José Ángel Valente y la filósofa María Zambrano o, más recientemente, la celebración del Centenario de Luz Pozo Garza, poeta cantora de Valente (2022).

4   Sirvan de ejemplo estas dos tesis: la edición y el estudio de las cartas de José Ángel Valente y su grupo poético, editadas por Saturnino Valladares en *Retrato de grupo con figura ausente* (2016) y el análisis de la relación artística y personal que estudia Javier Pueyo en *La nada poética. Mística y vacío en la estética contemporánea. Cajas metafísicas de Jorge Oteiza. Tres lecciones de tinieblas de José Ángel Valente* (2020).

Precisamente con la intención de ampliar este corpus, gracias al estudio de las cartas intercambiadas entre Carlos Bousoño y José Ángel Valente que se conservan en el legado del segundo, y dar a conocer la relación intelectual y personal entre los autores se lleva a cabo este trabajo.

2.2. Objetivos y metodología

Por un lado, el principal objetivo de este trabajo consiste en poner de manifiesto la relación intelectual y amistosa que Carlos Bousoño y José Ángel Valente mantuvieron por más de una década. Para ello se recurre no solo a las misivas conservadas en la Cátedra Valente, sino que además se incluyen los datos de los que se dispone, y que no figuran en las cartas en la mayoría de las ocasiones, para poder ofrecer una visión más completa y aproximada a la realidad. Se presta especial atención a las tres cartas de la autoría de José Ángel Valente, por ser estas las únicas en las que se puede acceder a sus palabras directamente y no por medio de las frecuentes referencias que Carlos Bousoño incluye en sus misivas para responder a cuestiones que le ha planteado el poeta gallego en las suyas previas. Además, como podrá verse más adelante, dos de las tres copias tienen un interés máximo para poder entender mejor la relación intelectual que mantuvieron Carlos Bousoño y José Ángel Valente. Con todo, también se hará referencia a las misivas enviadas por el poeta asturiano para poder ofrecer la visión de las dos direcciones de este epistolario.

Por el otro, la metodología empleada es de tipo inductiva, ya que se parte de la lectura de las veintidós cartas conservadas en la Cátedra Valente para generar un nuevo conocimiento a cerca del tipo de relación que Carlos Bousoño y José Ángel Valente mantuvieron. Además, se analizan lo que escribieron el uno sobre el otro tanto de forma pública, esto es, sus artículos, entrevistas o reseñas mutuas, como inédita, ya que en el caso de José Ángel Valente se ha podido acceder a la lectura que hizo de la obra teórica más importante del poeta asturiano[5]. Así, se parte de lo escrito por ambos autores para poder trazar una visión más detallada de su vínculo.

2.3. Hipótesis de trabajo

Teniendo en cuenta la existencia de diecinueve cartas enviadas por Carlos Bousoño a José Ángel Valente y tres copias de algunas de las enviadas por este a aquel, se pretende indagar en las cuestiones tratadas por ambos autores en las misivas, con lo que se espera poder entender mejor la relación intelectual entre ambos poetas, así como muchos de sus proyectos literarios durante la época en la que se escribieron. De esta manera, el estudio de este epistolario contribuye, en cierta medida, a la posible interpretación de las obras literarias de los autores desde distintos puntos de estudio, como el de la gestación, a los actualmente contemplados.

---

5 *Vid.* «2.4.1. José Ángel Valente lee a Carlos Bousoño».

El análisis de la correspondencia y no de alguna de las obras de los autores se debe no solo a su carácter inédito, sino también al interés en la información que transmiten. Con frecuencia la correspondencia de un autor se concibe como documentos privados que este podría querer que no saliesen a la luz. Sin embargo, este no es el caso, al menos de José Ángel Valente, ya que él mismo donó su archivo a la Universidade de Santiago de Compostela y se preocupó, incluso en los años de actividad autorial, por conservar muchas de las cartas recibidas y enviadas, así como otro tipo de documentación. Se parte, pues, de la idea de que las cartas

> Son documentos de gran interés, no solo para el estudio biográfico y literario de un autor, sino también para otras investigaciones históricas y literarias de carácter más general. La correspondencia permite conocer la historia desde diversos puntos de vista, a través de comentarios sobre la situación social, el ambiente cultural en el que se vive, los distintos puntos de vista de los corresponsales, etc.

> [...] Documentos de carácter eminentemente personal, las cartas resultan más espontáneas y revelan datos de los que quizás el autor ni siquiera es consciente al escribirlas, como determinadas expresiones lingüísticas, aspectos personales, datos históricos y sociológicos, fechas y lugares, etcétera. Estos datos pueden ser para el investigador tan útiles como los que se refieren a reacciones de las personalidades de los corresponsales, sobre todo en las cartas enviadas por escritores, que, en algunos casos, constituyen auténticas joyas líricas y en otras ocasiones pueden resultar piezas de valiosa crítica literaria (Díez de Revenga, 2012: 130).

Efectivamente, gracias a ellas se tiene acceso a información todavía desconocida, en este caso sobre Carlos Bousoño y José Ángel Valente, por parte de quienes no las han leído. Con este trabajo de investigación se espera contribuir a ampliar el conocimiento que sobre estos autores existe y, además, ayudar a entender mejor la relación de la que ambos gozaron en los años en los que transcurrió el intercambio. Muchas son las cuestiones que se abordan en las misivas y que se tratan de analizar aquí con el fin de poder entender la compleja relación entre José Ángel Valente y Carlos Bousoño.

2.4. La relación entre José Ángel Valente y Carlos Bousoño

Si bien es cierto que las epístolas de estos dos poetas muestran cómo fue su trato, lo cierto es que también se dispone de otros datos que, aunque no aparecen referidos en las misivas en la mayoría de los casos, son de obligada mención, si bien de forma sumaria, para poder completar la visión del tipo de vínculo que mantuvieron los autores. A continuación, se traza un pequeño recorrido por la vida de ambos escritores para poder apreciar cómo fueron capaces de mantener el contacto, pese a llevar vidas ciertamente diferentes.

Carlos Bousoño Prieto nació el 9 de mayo de 1923 en Boal (Asturias). Estudió hasta bachillerato en Oviedo y vivió la guerra civil con trece años, momento en el que empezó a escribir poesía. A los diecisiete años publicó sus primeros poemas y entró en contacto con grandes personalidades de la esfera literaria, como Dámaso Alonso y el por aquel entonces futuro Premio Nobel Vicente Aleixandre. Estudió en la Universidad Central de Madrid Filología Románica, carrera que también empezó José Ángel Valente en el año 1949 y que este abandonó por Filosofía y Letras. En ese momento de su vida, Carlos Bousoño conoció a más poetas importantes como, por ejemplo, Alfonso Costafreda. Tras varios viajes y conferencias se doctoró y empezó a ejercer en la Universidad Complutense de Madrid (Velo, 1995: 17-19).

Por su parte, José Ángel Valente Docasar nació el 25 de abril de 1929 en Ourense. Empezó a estudiar Derecho en Santiago de Compostela, carrera que no continuó para instalarse, más tarde, en Madrid. Allí estudió en los colegios mayores Nuestra Señora de Guadalupe y Ximénez de Cisneros. En este ambiente universitario comenzó a forjar valiosas relaciones de amistad e intelectuales (*vid*. Agudo, 2012), entre ellas la de Carlos Bousoño. Este fue su profesor en la Facultad de Filología de Letras de la Universidad Complutense de Madrid en el año 1951, en el que Carlos Bousoño impartió clases desde ese año (Valente, 1953: 3).

Durante la etapa madrileña los poetas debieron de tener una relación constante y fluida. Así pues, coincidieron en numerosas ocasiones en la casa de Vicente Aleixandre, durante las reuniones que este hacía con frecuencia y donde participaban los grandes poetas del momento. De una de ellas fue testigo José Luis Cano (Agudo, 2012: 273), cofundador de la revista *Ínsula* en la que José Ángel Valente empezaría a publicar al año siguiente de dicho encuentro.

Carlos Bousoño permaneció en Madrid casi toda su vida, lugar desde donde escribe todas sus cartas a José Ángel Valente, a excepción de los múltiples y puntuales viajes que realizó. No obstante, el gallego se trasladó a Oxford desde el año 1955 hasta 1958, año en el que se instaló en Ginebra, donde escribe todas las cartas que le envía a Carlos Bousoño, como es lógico, ya que vivió y trabajó allí como funcionario para la Organización Mundial de la Salud (OMS) hasta 1982. Desde ese año y hasta 1984 trabajó como traductor para la Organización de las Naciones Unidas para la Educación, la Ciencia y la Cultura (UNESCO) en París. Luego, compró una casa en Almería, donde asentó su última residencia, aunque no cesó de viajar a París y a Ginebra (Rodríguez Fer, Agudo y Fernández Rodríguez, 2012). Sin embargo, este exilio espacial que padeció toda su vida adulta no lo condicionó nunca a perder el interés por la cultura y el panorama españoles, a los que siempre se mantuvo conectado. Muestra de ello puede ser la mención que hace del mismísimo Carlos Bousoño el 3 de septiembre de 1962 en su *Diario anónimo*: «Ver C[arlos] B[ousoño] (p. 196): Y tú que tanto amas, tanto ríes, / tanto adivinas y conoces tanto… («Letanía del ciego»)» (2011: 70). Además, Valente mantuvo el contacto con las personalidades con las que se carteó en esa época, no solo a través de las misivas. Por ejemplo, en el caso de su relación con Carlos Bousoño, en el año 1964, coincidieron en la conferencia «Miguel Hernández: Poesía y realidad» que impartió el poeta orensano y de lo que dejó constancia por escrito Carlos Bousoño en su carta del 8 de diciembre de ese mismo año[6]. En dicha misiva el poeta asturiano le expresa su buen parecer por la conferencia impartida, aunque le recuerda que discrepa de él en cuanto a la denominación «objeto poético» que emplea José Ángel Valente para referirse al exceso en la poesía de Góngora, ya que Carlos Bousoño considera que lo confunde con un elemento de la realidad. Con todo, este detalle no opaca la felicitación que el poeta asturiano le transmite nuevamente por su intervención.

Además, dos artículos publicados años antes de que se iniciase el intercambio epistolar entre Carlos Bousoño y José Ángel Valente apuntan a la existencia de otras cartas anteriores hoy perdidas o, quizás, conservadas en el legado de Carlos Bousoño. Estos escritos, ambos de la autoría de José Ángel Valente, son: «Seis calas en la expresión literaria española, vistas, por José Ángel Valente», publicado en febrero de 1952, y «Conversación con Carlos Bousoño «Premio Fastenrath» de crítica literaria», publicado en abril de 1953[7]. Con todo, en estos años los autores mantuvieron numerosas conversaciones y encuentros personales, lo que podría indicar que no recurrieron con tanta frecuencia en esos momentos iniciales de su relación a las misivas.

Otra gran muestra de la buena relación que José Ángel Valente y Carlos Bousoño mantuvieron durante el tiempo que

---

6 La conferencia de José Ángel Valente se publicó finalmente en *Ínsula*, Madrid, n.º 224-225, julio-agosto 1965, p. 10.
7 De ellos se habla en el apartado «2.4.2. José Ángel Valente escribe sobre Carlos Bousoño».

comprende no solo las cartas conservadas, sino que va más allá, son las dedicatorias del poeta asturiano al gallego[8]. Estas se hallan en la biblioteca de la Cátedra Valente, en los libros que Carlos Bousoño le envió al poeta gallego, un total de nueve[9]. La nómina de libros que Carlos Bousoño envió y le dedicó a José Ángel Valente es, por orden cronológico de publicación, la siguiente: *La poesía de Vicente Aleixandre* (cop. 1956), Madrid: Gredos; *Teoría de la expresión poética: hacia una explicación del fenómeno lírico a través de textos españoles* (2ª ed. aum., 1956), Madrid: Gredos; *Poesías completas. Primavera de la muerte* (1960), Madrid: Giner; *Teoría de la expresión poética: hacia una explicación del fenómeno lírico a través de textos españoles* (3ª ed. aum., 1962), Madrid: Gredos; *Invasión de la realidad* (1962), Madrid: Espasa-Calpe; *Poesía contemporánea y poesía postcontemporánea* (1964), Madrid: Gredos; *Teoría de la expresión poética* (4ª ed. muy aum., 1966), Madrid: Gredos D.L.; *Oda en la ceniza* (2ª ed., 1968), Madrid: Ciencia Nueva; y *Las monedas contra la losa* (1973), Madrid: Alberto Corazón.

---

8   La presencia de una dedicatoria posterior al año de la última carta fechada conservada en la Cátedra Valente refuerza la hipótesis de la existencia de otras misivas que José Ángel Valente no debió de conservar, pero que podrían hallarse, al menos las enviadas por Valente, en el legado de Carlos Bousoño.

9   Existen cuatro libros más de la autoría de Carlos Bousoño en la biblioteca personal de José Ángel Valente, pero no tienen dedicatoria por lo que, probablemente, no habrían sido enviados por su autor, sino adquiridos por el orensano.

Así, por más de una década José Ángel Valente y Carlos Bousoño conversaron y se escribieron, en otras palabras, intercambiaron pensamientos, literatura, anécdotas, etc. por distintas vías. Sin embargo, la impronta que dejó el uno en el otro fue más duradera, aunque dispar. Por un lado, José Ángel Valente mencionó al autor en un total de siete artículos, además de los dos anteriormente citados, y nunca escribió en su contra[10]. Por el otro, Carlos Bousoño también se pronunció favorable a José Ángel Valente y a su obra; sin embargo, poco tiempo después de la muerte del gallego profirió unas palabras muy contrarias a lo que se transmite en el epistolario conservado en la Cátedra Valente[11].

2.4.1. José Ángel Valente lee a Carlos Bousoño

De entre todos los libros del escritor asturiano anteriormente mencionados, José Ángel Valente sintió mayor interés por *Teoría de la expresión poética*. La mayor prueba de ello

---

10 De todos ellos se habla en el apartado «2.4.2. José Ángel Valente escribe sobre Carlos Bousoño».

11 ·Estas palabras fueron pronunciadas en base a un malentendido, ya que José Ángel Valente había fallecido dos años antes de que se tomase la decisión última de no incluir a Carlos Bousoño en la antología *Ínsulas extrañas* y pueden consultarse en <https://www.libertaddigital.com/cultura/2002-09-10/carlos-bousono-senala-que-jose-angel-valente-fue-un-ser-destructivo-1275316983/>. La razón de que no se profundice en su contenido en este trabajo se debe a que el epistolario, verdadero objeto de estudio del mismo, muestra una complicidad, sintonía y capacidad resolutiva de las disputas que nada tiene que ver con las últimas declaraciones de Carlos Bousoño sobre el poeta gallego.

es que conservó hasta tres volúmenes de las ediciones que Carlos Bousoño fue ampliando de su teoría poética. Sin embargo, quizás resulten más enriquecedoras las notas que José Ángel Valente escribió mientras leía las distintas ediciones del libro. En los tres volúmenes presentes en la biblioteca personal del autor se ha podido constatar el uso que hizo de ellos.

El primero, *Teoría de la expresión poética: hacia una explicación del fenómeno lírico a través de textos españoles* (2ª ed. aum.), contiene numerosas notas y subrayados que, seguramente, Valente empleó para la elaboración del artículo, anteriormente citado, que hizo sobre el libro de Carlos Bousoño en esa época. Por ser uno de los ejes principales en las misivas de los autores, a continuación, se transcriben las notas de Valente en el ejemplar y se citan los subrayados que hizo:

→ Subrayado: «son inútiles para sentir con *más viveza* la obra de arte [...] no es algo *práctico*, sino algo *teórico*: buscar la causa más radicalmente originaria de lo poético» (Bousoño, 1956: 18-19).

→ Subrayado: «poesía es, ante todo, *comunicación*, establecida con meras palabras, de un contenido psíquico tal como es (con su plural aspecto conceptual-afectivo-sensóreo), conocido por el espíritu sintéticamente como formando un todo particular» (Bousoño, 1956: 20).

▷ Anotación de Valente: «* yo creo hoy que la poesía es primariamente un <u>conocimiento</u> y solo en segundo término <u>comunicación</u>.».

236

→ Subrayado:

> Y en efecto, según tendremos ocasión más delante de recordar, nuestra representación de los objetos posee un carácter tripartito: es tanto conceptual como sensorial y afectiva porque nuestro modo de registrar la realidad, según Dámaso Alonso, comprende: «a) las diferencias individualizadoras de esa realidad (recibidas sensorialmente); b) la adscripción a un género (operada intelectualmente); c) la actitud del hablante ante esa realidad (descargada afectivamente). La persona que ve en la fruta que alguien come un gusano, y grita: «¡un gusano!», parte de la sensación individualizadora (blancuzco, determinados movimientos ondulados, etc.) (Bousoño, 1956: 21).

▷ Anotación de Valente: «El llamado placer estético deriva del conocimiento, que es lo que está realmente detrás de lo que Carlos llama expresión idónea. V. p. 28.».

→ Subrayado:

> En cuanto a las otras cuestiones que se nos han planteado, diré, antes que nada, lo más obvio: a veces el contenido anímico comunicado es expresión *formalizada* de las vivencias del poeta. Pero en otras ocasiones, aunque el poeta hable desde posibilidades propias, no está sin más otorgando cauce formal (Bousoño, 1956: 24).

▷ Anotación de Valente: «Desde luego: el poeta habla con frecuencia por medio de *dramatis personae*. Este principio se ha redu [continúa en la página 25] cido, estúpidamente, al dramaturgo o al novelista. Creo que opera plenamente en la poesía.».

→ Subrayado:

> La poesía es así, en su primera etapa, un acto de conocimiento (conocimiento de lo singular psíquico por medio de la fantasía) y en su etapa postrera, un acto de comunicación,

a través del cual ese conocimiento se manifiesta a los demás hombres. Nosotros sólo podemos iluminar científicamente este segundo instante. A él reduciremos toda la atención del presente libro (Bousoño, 1956: 26).

▷ Anotación de Valente: «No se trata -para mí- de etapa primera o postrera sino de elemento esencial y elemento secundario (conocimiento y comunicación)».

→ Subrayado:

Nosotros, por el contrario, diremos aquí que cuando la expresividad del diario lenguaje se debe sólo a su sintaxis o a su léxico, el *habla* es *poética*; que habla y poesía son dos aspectos, dos grados de un mismo hecho esencial: el hecho *estético* (Bousoño, 1956: 33).

→ Subrayado:

Mezclamos lengua y poesía en nuestra cotidiana conversación: no debemos realizar esa mezcla en el poema. Precisamente la causa de que un poema no esté conseguido del todo se deba a la presencia de elementos de lengua dentro de él. El poema debe ser por entero una sustitución: un sustituyente[7].

[7] Cuanto hemos dicho sobre la naturaleza de la poesía es un ideal hacia el que tienden los poetas, una aspiración a veces no cabalmente alcanzada por ellos, y entonces el grado lírico del poema desciende. La existencia de grados dentro de la poesía es algo generalmente admitido y que nuestra tesis supone también. Según ella, un poema es mejor que otro:

1.º Si la individualización de los distintos signos que lo constituyen es más perfecta. (Con esto quiere decirse, igualmente, que será mejor el poema que conserve menos elementos de lengua dentro de sí): y

2.º Si el contenido psíquico transmitido es más rico, más vasto y complejo.

(En el capítulo XIII hemos de ver un nuevo ingrediente de la calidad lírica.) (Bousoño, 1956: 61).

▷ Valente destaca los dos últimos apartados citados y rodea el segundo elemento de la enumeración, en el que marca la palabra «psíquico» y añade a todo ello «¡ojo!».

→ Subrayado:

Incluso existen versos, ricos de poesía, que no semejan llevar procedimiento alguno que motive su íntima vibración. De tales versos se ha dicho que están escritos en un «lenguaje directo», desnudo de todo artificio. Yo quisiera mostrar aquí lo contrario: que también esos versos se apoyan en un procedimiento, y que a su vez, consiste éste en una sustitución. Procuraré que bastantes de los ejemplos estudiados pertenezcan a esta última clase, por ser los que más poderosamente han de asegurarnos en nuestra previa hipótesis (Bousoño, 1956: 66).

→ Subrayado:

En expresión más concisa: a lo largo de estas páginas nos va a guiar un triple propósito:

1.º Completar y afianzar la teoría expuesta hasta aquí.

2.º Descubrir nuevos recursos literarios no considerados por la preceptiva tradicional.

3.º Caracterizar el habla de algunos poetas y de algunas épocas por el uso más frecuente de ciertos medios expresivos. (Bousoño, 1956: 67).

→ Subrayado:

Lo que pretendemos examinar es el mecanismo de la poesía, comprobando la unidad sustancial de todos los recursos líricos, en cuanto que todos ellos significan una sustitución: tienen todos en lo esencial idéntica textura (modificante, modificado, sustituyente y sustituido) e idéntica finalidad: afectar, mudar la significación de las palabras hacia la individualización (haciéndolas así vehículo transmisor de una realidad anímica) (Bousoño, 1956: 68).

→ Valente marca con una equis «*atribución de cualidades o de funciones irreales a un objeto*» (Bousoño, 1956: 102).

▷ Anotación de Valente, aunque termina tachándola: «x si esto es así ¿cuál es la diferencia esencial con el lenguaje hiperbólico?».

→ Valente dibuja un asterisco en el verso citado por Carlos Bousoño: «Alto, padre, como una montaña que pudiera inclinarse.» (Bousoño, 1956: 104).

▷ Anotación de Valente: «* Este verso es un [ILEGIBLE] [ILEGIBLE] es un [ILEGIBLE]. No: el plano irreal exagera una cualidad real.».
Saca una flecha del mismo verso y en la página 105 escribe: «La naturalidad en este verso viene para mí de que el plano irreal está invadido por una cualidad del plano real: «que pudiera inclinarse» - ».

▷ En la página 108 Valente anota: «En qué relación puede estar la «visión» con lo que normalmente le llaman «exageración» en el habla o con la «hipérbole» de los retóricos.».

→ En la página 182 Valente dibuja un círculo en el epígrafe: «LA SUPERPOSICIÓN SIGNIFICACIONAL».

▷ Tras un círculo idéntico anota: «palabras complejas Ambigüedad ([ILEGIBLE])».

▷ En la página 186 anota: «El juego de palabras. V. Daiches. Auge del [ILEGIBLE].».

▷ En la página 217 anota: «La exageración o hipérbole es siempre una ruptura de sistema, de este tipo o de otro.».

→ Subrayado:

> Estimo que no está de más adelantar que el recurso engendra aquí poesía y no comicidad o absurdo, porque el verso de la rima al que atendemos se apoya en un ángulo de la realidad. En ciertas ocasiones de dolor muy profundo, ha habido personas cuyo cabello se volvió, en tiempo muy breve, completamente blanco (Bousoño, 1956: 238).

▷ Valente traza un interrogante en la frase: «Es menester que esa convención *descanse sobre un fondo de veracidad*» (Bousoño, 1956: 256).

→ Subrayado:

> Mas –entiéndaseme bien, pues la cosa es ya inexcusable– de ninguna manera he pretendido que tal recurso *por sí sólo* (símbolo, superposición o lo que fuere) despertase en nosotros *toda* la intuición artística, que es, en general, y aun podríamos aventurar que siempre, el sintético logro de un complejo, a veces laberíntico, formado por un entramado o combinación de medios expresivos. El poema de Espronceda que acabo de traer a cita es un ejemplo bastante elocuente de lo que digo (Bousoño, 1956: 262).

→ Subrayado: «poderosa» y «nuestro» (Bousoño, 1956: 283);

▷ Valente dibuja una flecha en ese apartado y anota: «¿de quién? porque el asentimiento variará de mi a ti - ¿puede esto ser la base de una valoración?».

→ Subrayado:

> Estas son, pues, las dos condiciones «necesarias» para que un valor poético se instaure. Ninguna de las dos por separado son «suficientes», pues mutuamente se complementan y precisan. En el supuesto de que una de ellas no exista o tienda a no existir, el efecto poético variará en idéntico sentido: se anulará o tendrá a anularse, respectivamente. Si esto

le ocurre a la primera condición, el resultado es «lengua» o casi «lengua». Si la así afectada es la condición segunda, nos hallaremos ante un «absurdo» o un momento de poesía tanto más pobre cuanto más se acerque a ese otro fenómeno (Bousoño, 1956: 284).

▷ En la página 290 Valente anota: «Moralidad y poema como «persona dramática». Tema de los «caracteres dramáticos» y la «coherencia temática»-».

→ Valente dibuja tres interrogantes en color rojo a las siguientes afirmaciones, que subraya del mismo color:

Aparte de la otra condición de la lírica, cuanto más perfecta sea la ética de que se nutra un poema a juicio del que lee, tanto más firme será el «asentimiento» que éste le otorgue y por ello el poema resultará *mejor* (Bousoño, 1956: 293).

→ Valente dibuja una exclamación en los siguientes párrafos:

Bajo las aguas lleva existencia no perceptible, pero no por ello menos real, una zona enorme del helado volumen. Sin duda, en la poesía es también mucho más lo que se calla que lo que se dice. Y examinar en ella lo que permanece silente acaso no sea una insignificante tarea.

Es muy posible que quepa realizar este trabajo de modo exhaustivo. Es más, estoy por presumir que convendría agotar en una labor sistemática nuestro conocimiento de todo el repertorio genérico de supuestos sobre los que la poesía se asienta. Y aún diré que no está fuera de mis proyectos intentar en la medida de mis fuerzas esta faena algún día. Pero por hoy me conformaré con efectuar, de modo excesivamente sumario, una primera pesquisa exploratoria, sirviéndome para ello exclusivamente de materiales que ya tengamos referencias en el presente libro (Bousoño, 1956: 314).

▷ Valente anota: «Ortega, sobre el lenguaje».

→ Subrayado: «La poesía sólo existe entre el poema y el hombre, no en el poema a secas» (Bousoño, 1956: 235).

→ Marcado: «capítulo VII» (Bousoño, 1956: 340).

Frente a todo ello, el segundo volumen, *Teoría de la expresión poética: hacia una explicación del fenómeno lírico a través de textos españoles* (3ª ed. aum.), no tiene ninguna nota y no es posible saber si el autor lo leyó o no porque las hojas ya habían pasado por el proceso de guillotinado. Sin embargo, del tercer volumen, *Teoría de la expresión poética* (4ª ed. muy aum.), parece que José Ángel Valente leyó la nota introductoria, lectura que Carlos Bousoño le recomienda en la dedicatoria que escribe en el libro que él mismo le envió. Que solo leyese la nota inicial se ha podido deducir porque el resto del volumen permanece intonso.

2.4.2. *José Ángel Valente escribe sobre Carlos Bousoño*

El poeta gallego escribió tres textos sobre la figura y/o la obra del asturiano. En estos escritos José Ángel Valente aporta datos complementarios al epistolario conservado que, por lo tanto, ayudan a ofrecer una visión más completa del tipo de relación que mantuvieron durante todos esos años los autores.

Por orden de publicación, en febrero de 1952 se publicó «Seis calas en la expresión literaria española, vistas, por José Ángel Valente» en el número 26 de *Cuadernos Hispanoamericanos*. Pese a ser esta una recensión del volumen de Dámaso Alonso y Carlos Bousoño, el poeta orensano no desaprovecha la ocasión para incluir alguna valoración de la escrita del asturiano, del que llega a decir que lleva a cabo un «sagacísimo análisis» (Valente, 1952: 300).

En segundo lugar, en abril de 1953 en el número 62 del suplemento *Libros* de *Índice de artes y letras* se puede leer «Conversación con Bousoño «Premio Fastenrath» de crítica literaria». Se trata de una entrevista que José Ángel Valente le realizó a Carlos Bousoño con preguntas sobre las que de una forma u otra los autores acaban volviendo a lo largo de su intercambio epistolar. En primer lugar, Valente declara:

> He hablado muchas veces con Bousoño a propósito de su libro; es más, pude presenciar hace un par de años el ritmo apasionante de su crecimiento, en las clases con las que Bousoño inauguraba su actuación como profesor en la Facultad de Letras de Madrid. Ahora he hablado de nuevo con él y me he limitado a resumir en forma de entrevista algunas aclaraciones, a propósito de su libro premiado [...] (1953: 3).

Efectivamente, Valente pudo vivir ese proceso creativo también del que si bien no son testimonio sus misivas, se sabe que el gallego fue alumno del asturiano en el primer año en el que este ejercía en la Universidad Complutense de Madrid, en 1951. Sin embargo, las cartas sí recogen el testigo de las sucesivas ediciones que Carlos Bousoño fue publicando de *Teoría de la expresión poética*, ediciones que ya aventuraba en su respuesta a la pregunta «¿Consideras que tu *Teoría...* necesita un desarrollo posterior o piensas que es una obra cerrada y conclusa?» (1953: 3) que Valente le formuló en esa misma entrevista. Además, la visión de su futuro literario también queda patente en la respuesta que le ofrece a Valente sobre sus próximas publicaciones:

> Se va a hacer pronto una segunda edición de mi libro de poesía Hacia otra luz, publicado por Insula (sic). Para esa edición tengo ya varios poemas nuevos y sigo trabajando en ese sentido. Además, preparo dos nuevas obras en prosa. Una, casi terminada ya, sobre poetas del siglo xx español, incluyendo los jóvenes que estimo lo merecen. La otra es un libro más teórico que, tal vez, podría titularse El cambio de gusto en la Literatura. Pero de este último no he escrito todavía nada; sólo tengo pensadas sus líneas generales (Bousoño en Valente, 1953: 3).

En última instancia, quizás los datos más enriquecedores de esta entrevista se hallen justo al final, cuando Valente escribe:

> Hago, pues, traición a un conocimiento de carácter personal y amistoso si digo que a raíz de la publicación de Teoría de la expresión poética, Bousoño ha recibido cordiales palabras de aliento y de elogio en cartas de Benedetto Croce, Américo Castro, Jorge Guillén, Allison Peers y Helmut Hatzfeld. Algunos jóvenes investigadores extranjeros siguen actualmente las explicaciones de Carlos Bousoño en nuestra Facultad de Letras, con el propósito de aplicar sus métodos de investigación estilística a la poesía de sus países respectivos. Por otra parte, la aparición de Teoría de la expresión poética fué recibida con elogiosas reseñas en Italia, Francia, Suiza, Alemania y países sudamericanos (1953: 3).

Pues, estas son unas referencias bibliográficas sobre la recepción de *Teoría de la expresión poética* que Carlos Bousoño le escribe en la carta no fechada catalogada como XXI en este epistolario (*vid.* «2.5. Relación de cartas»). Es precisamente gracias a este artículo que se puede ofrecer una aproximación cronológica de dicha misiva y es también este un buen ejemplo del diálogo que traban las publicaciones de aquellos años por parte de ambos autores con las misivas que también se escribían y leían mutuamente.

En tercer lugar, se trata del poema «El alma» que José Ángel Valente le dedica y que incluye como cuarta composición de la primera parte de un total de cinco en que se divide el poemario *Poemas a Lázaro* (1960). Tras una cita del poeta metafísico inglés John Donne, Valente dedica explícitamente el poema «A Carlos Bousoño» (2014: 111):

> ¿Dónde apoyar la sed
> si el labio no da cauce?
> ¿Dónde la luz
> que el ojo ya no sabe?
> ¿Y dónde el alma al fin
> sin forma errante,
> en qué cámaras ciega,
> anónima en qué aire?
>
> No, tú no existirás
> en la espera terrible
> sin rama en que posarte,
> hasta que el barro sople sobre ti

y en nueva luz te alce
a tu reino completo,
para hacerte visible a los ojos del Padre.

Cabe añadir también aquellos ensayos en los que José Ángel Valente menciona a Carlos Bousoño, aunque no forme parte del tema central del escrito. Ejemplo de ello podría ser «César Vallejo, desde esta orilla», donde menciona al poeta asturiano en el siguiente contexto:

> Quisiera añadir tan sólo que un procedimiento, cuya importancia en la poesía de Otero ha señalado Carlos Bousoño, la ruptura del sistema formado por una frase hecha –procedimiento frecuentemente reforzado por el uso del encabalgamiento– se da también en la poesía de Vallejo (Valente, 2008: 157).

En «Estética y dinámica de la obra de arte» alaba una vez más al amigo con las siguientes palabras: «[...] en exposiciones tan amplias e inteligentes como la de Carlos Bousoño [...]» (Valente, 2008: 792). Nuevamente lo recuerda a propósito de «Perfil de Jorge Guillén, al vuelo», donde el poeta gallego queda reducido a un mero testigo de un encuentro entre Carlos Bousoño y el protagonista que da nombre al ensayo:

> [...] Ha llegado hace un momento Bousoño, y todos los procedimientos poéticos con él, en ese libro que prepara, ferviente y minucioso a la vez como él mismo, en quien se unen felizmente una gran pasión por la poesía y una poderosa capacidad para verla analíticamente. Jorge Guillén examina el libro, oye a Carlos con afecto, se sorprende. También él –Guillén– aparece allí analizado, penetrado, sorprendido su artificio, su modo de

obrar el verso. El poeta habla, con una especie de beatífica envidia, de una posible vena crítica que nunca ha explotado y que tal vez late en él, y que tal vez recogerá su hijo, ahora lector de castellano en Bonn, cuyo recuerdo se repite en la conversación varias veces, porque Jorge Guillén es entrañablemente padre. [...] (Valente, 2008: 802).

En «Trayectoria ejemplar de Vicente Aleixandre» Valente cita a Carlos Bousoño, como hace con frecuencia, en relación con la obra del Premio Nobel: «[...] hasta el amplio estudio, todavía reciente, de Carlos Bousoño. [...]» (Valente, 2008: 908). Algo que se repite en «El ciclo de la realidad imaginada. Notas de la poesía de Vicente Aleixandre en un aniversario»:

> En su excelente libro sobre el poeta que nos ocupa, Carlos Bousoño ha hecho un inventario minucioso de los animales mencionados en *La destrucción o el amor*, señalando el número exacto de veces que se nombra a cada uno (Valente, 2008: 1082).

En «Adonais» lo cita en compañía de otros poetas de la época como autores que han publicado en la colección: «[...] Desde su aparición, esta colección ha ido dando paso a las voces más nuevas de la poesía española de postguerra: Hidalgo, Hierro, Bousoño, Nora, Gomis, Caballero, etcétera. [...]» (Valente, 2008: 924). Como último caso, en «Notas breves a un poema largo» Valente referencia, una vez más, al amigo: «[...] Debo añadir que el fragmento comentado es pródigo ejemplo de lo que Carlos Bousoño ha estudiado como superposiciones temporales y situaciones en su *Teoría de la expresión poética*» (Valente, 2008: 1055).

2.4.3. *Carlos Bousoño escribe sobre José Ángel Valente*

Inversamente, el asturiano dedicó a José Ángel Valente «El arte de callar a tiempo: *A modo de esperanza* de José Ángel Valente», publicado en abril de 1955 en el número 79 de *Índice de artes y letras*. El artículo surge como respuesta a cuando José Ángel Valente ganó el Premio Adonais del año 1954, el primero de muchos que le serían otorgados a lo largo de su trayectoria literaria[12]. En él, Carlos Bousoño alaba el estilo del gallego en este primer poemario publicado suyo y destaca lo que más le ha gustado de *A modo de esperanza*. Resultan claves las palabras que el asturiano dedica al gallego al final del escrito para poder entender mejor los inicios intelectuales de su relación:

> Entre ese reducido grupo de poetas originales contará desde hoy José Angel (sic) Valente, que por la variedad y riqueza relativas de sus temas y de sus enfoques, por la plenitud de su lenguaje intuitivo y por la inteligente estructuración de su reciente libro, me parece uno de los escritores jóvenes que más han sobresalido en los últimos años, y uno de los que más esperanza pueden otorgar al crítico más exigente (Bousoño, 1955: [s. p.]).

Además, Bousoño escribe el artículo «La poesía de J. Á. Valente y el nuevo concepto de originalidad», que publica en

---

12 A lo largo de su carrera, José Ángel Valente ganó el Premio de la Crítica (en el año 1961 y nuevamente en 1980), el Premio de la Fundación Pablo Iglesias (1984), el Premio Príncipe de Asturias de las Letras (1988), la Medalla de Andalucía (1990), el Premio Nacional de Poesía (en el año 1993 y nuevamente, aunque de forma póstuma, en 2001) y el Premio Reina Sofía de Poesía Iberoamericana (1998).

el número 174 de *Ínsula* en mayo de 1961. La escritura de este artículo constituye uno de los temas fundamentales de este epistolario. Su extenso y pormenorizado escrito es una muestra de la atención y del interés que le suscitó el poemario *Poemas a Lázaro* de Valente. En él si bien llega a criticar ciertas partes: «A mí, en su segunda mitad (la primera, en cambio, está muy bien), me pareció pesado y reiterativo, y ninguna relectura me hizo cambiar de opinión. [...]» (Bousoño, 1961: 1); lo cierto es que predominan las alabanzas: «[...] Valente escribe bien, muy bien; posee en alto grado ese don lingüístico que delata, sin más, al escritor de raza. [...]» (Bousoño, 1961: 1), «[...] Valente tiene estilo, pero está por encima de él, sin mirarlo con deleitado narcisismo. [...]» (Bousoño, 1961: 1) e incluso «[...] El resultado es, ya lo hemos dicho, una poesía de sello inconfundible. Yo leo un poema de José Ángel Valente y sin mirar la firma lo señalo como de su autor» (Bousoño, 1961: 14).

2.5. Relación de cartas

Como ya se ha anunciado, las veintidós cartas conservadas en la Cátedra Valente fueron escritas entre los años 1956 y 1968 en Madrid por parte de Carlos Bousoño y en Ginebra por lo que respecta a José Ángel Valente. Cronológicamente, la primera misiva conservada de este epistolario es del poeta asturiano, mientras que la última es de José Ángel Valente. Con todo, existen dos epístolas, ambas de la autoría de Carlos Bousoño, que están sin fechar. Por el contenido se ha podido llegar a la conclusión de que una de ellas podría ser la carta más antigua conservada realmente y no la del 19 de mayo de 1956, ya que dicha carta podría ser anterior al año 1953. En la carta sin fecha, lo que Carlos Bousoño escribe está en sintonía con la conclusión que José Ángel Valente pone a la entrevista que le hizo en el año 1953, «Conversación con Bousoño «Premio Fastenrath» de crítica literaria», como ya se ha comentado en el apartado «2.4.2. José Ángel Valente escribe sobre Carlos Bousoño». La otra misiva sin fecha sería de los primeros meses de 1966, lo que se puede deducir a partir de una carta enviada por José Luis Cano a José Ángel Valente en enero de ese mismo año. En esa carta, el crítico le recomienda al gallego que hable con Carlos Bousoño para que medie con el director teatral José Luis Alonso Mañés para que lea su obra de teatro *La guitarra*. En la carta sin fechar de Bousoño, este informa a Valente de que ha conseguido contactar con José Luis Alonso Mañés para hablarle de su obra.

En cuanto al estado de conservación general de las misivas se puede decir que es bueno, ya que el papel, por ejemplo, no se ha visto afectado por el paso del tiempo debido al buen y concienzudo mantenimiento en las instalaciones de la Cátedra Valente. Las tres cartas del poeta gallego son copias que hizo sobre papel cebolla al tiempo que escribía los originales que enviaba a Carlos Bousoño en papel. Tanto estas tres cartas como otras cuatro del poeta asturiano fueron mecanografiadas. Sin embargo, la escritura a mano es la que predomina en este epistolario, ya que el resto de las misivas, todas ellas de Carlos Bousoño, fueron escritas por él mismo de su puño y letra, una letra, en ocasiones, ciertamente compleja de descifrar[13]. Además, el poeta asturiano tenía la característica forma de escribir sus cartas como si de un libro se tratase, ya que doblaba a la mitad los folios, lo que en ocasiones dificulta todavía más la lectura[14].

A continuación se muestra un listado ordenado cronológicamente, en los casos en los que se dispone de este tipo de información, que son la mayoría; así como con las indicaciones de quien es remitente y el destinatario de cada carta y si esta es manuscrita o mecanoescrita:

I. De Carlos Bousoño a José Ángel Valente: Madrid, 19 de mayo de 1956 / carta mecanoescrita en una hoja con postdata manuscrita.

II. De Carlos Bousoño a José Ángel Valente: Madrid, 26 de mayo de 1956 / carta mecanoescrita en una hoja con postdata manuscrita.

III. De Carlos Bousoño a José Ángel Valente: Madrid, 29 de diciembre de 1956 / carta manuscrita en una hoja con membrete.

---

13 De la lectura de las veintidós epístolas han quedado sin descifrar, finalmente, dos palabras que, por el contexto en el que se insertan, podrían ser nombres o apellidos de dos autores distintos, cuya identificación no ha sido posible, quizás por haber caído hoy en día sus nombres en el olvido.

14 Normalmente sus cartas son extensas, por lo que se componen de dos folios, como si se tratase de dos folletos dípticos el uno en el interior del otro. Al terminar de escribir en el verso de la primera mitad del primer folio Carlos Bousoño acostumbra a seguir en el recto de la primera mitad del segundo hasta llegar al verso de la segunda mitad del segundo folio y terminar en el verso de la segunda mitad de la primera hoja.

IV.   De Carlos Bousoño a José Ángel Valente: Madrid, 3 de abril de 1957 / carta mecanoescrita en una hoja con membrete, párrafos finales manuscritos.

V.   De José Ángel Valente a Carlos Bousoño: Ginebra, 17 de marzo de 1959 / carta mecanoescrita en dos hojas.

VI.   De Carlos Bousoño a José Ángel Valente: Madrid, 18 de marzo de 1959 / carta manuscrita en dos hojas.

VII.   De Carlos Bousoño a José Ángel Valente: Madrid, 10 de septiembre de 1959 / carta manuscrita en dos hojas.

VIII.   De Carlos Bousoño a José Ángel Valente: Madrid, 24 de octubre de 1960 / carta manuscrita en dos hojas[15].

IX.   De Carlos Bousoño a José Ángel Valente: Madrid, 13 de marzo de 1961 / carta manuscrita en una hoja y media[16].

X.   De Carlos Bousoño a José Ángel Valente: Madrid, 5 de abril de 1961 / carta manuscrita en una hoja y media.

XI.   De Carlos Bousoño a José Ángel Valente: Madrid, 12 de abril de 1961 / carta manuscrita en una hoja.

XII.   De Carlos Bousoño a José Ángel Valente: Madrid, 29 de diciembre de 1961 / carta manuscrita en una hoja y media.

XIII.   De Carlos Bousoño a José Ángel Valente: Madrid, 16 de noviembre de 1962 / carta manuscrita en una hoja.

---

15 A esta carta le falta un pequeño trozo, seguramente debido a la forma en la que se abrió el sobre, por lo que hay una pequeña parte del texto que falta.

16 Al igual que en el caso anterior, la carta está rota, con la diferencia de que en esta ocasión, por el contexto, se puede deducir fácilmente la información que falta.

XIV.   De Carlos Bousoño a José Ángel Valente: Madrid, 14 de enero de 1963 / carta manuscrita en una hoja.

XV.   De Carlos Bousoño a José Ángel Valente: Madrid, 29 de abril de 1963 / carta manuscrita en una hoja.

XVI.   De Carlos Bousoño a José Ángel Valente: Madrid, 5 de diciembre de 1963 / carta manuscrita en una hoja y media.

XVII.   De José Ángel Valente a Carlos Bousoño: Ginebra, 6 de diciembre de 1963 / carta mecanoescrita.

XVIII. De Carlos Bousoño a José Ángel Valente: Madrid, 10 de diciembre de 1963 / carta manuscrita en una hoja y media.

XIX.   De Carlos Bousoño a José Ángel Valente: Madrid, 8 de diciembre de 1964 / carta manuscrita en una hoja.

XX.   De José Ángel Valente a Carlos Bousoño: Ginebra, 9 de febrero de 1968 / carta mecanoescrita.

XXI.   De Carlos Bousoño a José Ángel Valente: [sin datos espaciales] [previsiblemente Madrid] [sin datos cronológicos] [< 1953] / carta mecanoescrita en una hoja.

XXII. De Carlos Bousoño a José Ángel Valente: Madrid, [sin datos cronológicos] [previsiblemente 1966] / carta manuscrita en una hoja.

2.6. Las cartas de José Ángel Valente a Carlos Bousoño

Como ya se ha anunciado, en este epistolario se conservan tres cartas mecanoescritas por José Ángel Valente de las que él mismo hizo copia. Sin embargo, se sabe que Valente le envió a Carlos Bousoño muchas más y de ello se tiene constancia por las menciones que hace el poeta asturiano en sus misivas de otras enviadas por Valente. Así, Carlos Bousoño hace referencia a las cartas que le escribe Valente de forma explícita en sus epístolas del 26 de mayo y del 29 de diciembre de 1956, del 24 de octubre de 1960, del 14 de enero y del 5 de diciembre de 1963.

En otras cartas Carlos Bousoño alude al contenido de las misivas escritas por Valente. Por ejemplo, en la del 3 de abril de 1957, donde se sabe por lo que Bousoño le escribe que Valente ha leído sus obras *Noche del sentido* y *Teoría de la expresión poética*; o en la del 5 de abril de 1961, donde Bousoño apunta a la opinión que Valente le habría confesado sobre la antología *Veinte años de poesía española (1939-1959)* de Josep Maria Castellet.

Es evidente que la carencia de la totalidad de las misivas que conformarían este epistolario supone una barrera en la tarea de obtener una visión completa de la interacción entre José Ángel Valente y Carlos Bousoño[17]. Afortunadamente, el hilo conversacional de las epístolas conservadas por Valente

---

17 Algunas de las cartas que hoy no se conservan en la Cátedra Valente podrían hallarse en el legado de Carlos Bousoño, que incluye también parte del del Premio Nobel de Literatura Vicente Aleixandre, custodiado desde la muerte del asturiano por Ruth Bousoño, su viuda. Sin embargo, a diferencia de lo que ocurre con el de José Ángel Valente, al legado Bousoño no se ha podido tener acceso por su carácter privado. En él es probable que se hallen las cartas de Valente, pero no resulta esperable que Bousoño realizase copia de sus propias cartas como sí hacía en ocasiones Valente, ya que la mayoría de las misivas del asturiano están escritas a mano.

puede mantenerse de unas misivas a otras en líneas generales y es de suponer que las cartas hoy en día perdidas no serían de gran importancia, al menos para Valente, porque, de ser así, las de Carlos Bousoño seguramente las hubiese conservado y a las suyas les hubiese hecho copia.

El método de la copia empleado por el autor gallego hace deducir también que a las epístolas de su autoría enviadas al asturiano a las que más importancia les dio fue efectivamente a las únicas tres que conservó y que se han podido hallar en la Cátedra Valente. Las dos primeras misivas, del 17 de marzo de 1959 y del 6 de diciembre de 1963, muestran su rigor y complejidad intelectual. En la primera, Valente le confiesa a Carlos Bousoño que no le ha parecido bien que no lo haya citado en el artículo «Ante una promoción nueva de poetas» que Bousoño publicó en el número 27-28 de *Cuadernos de Ágora*, en enero-febrero de 1959. Inversa, aunque paralelamente, la segunda carta es la respuesta que Valente le ofrece a Carlos Bousoño por no haberlo citado, algo que molestó profundamente al poeta asturiano, en su prólogo «Conocimiento y comunicación» para la antología *Poesía última* de Francisco Ribes publicada en la editorial Taurus en marzo de 1963.

Con todo, el rigor erudito de Valente no es un impedimento para la muestra de sus emociones con respecto al amigo y que transmite, por ejemplo, cuando no es citado por Carlos Bousoño en el artículo de 1959:

[...] el artículo me produjera, de una parte, un sentimiento de desagrado y me hiciese formular, de otra, un juicio desfavorable. En el sentimiento han intervenido los dos primeros motivos; en el juicio solo los de últimos (carta de 1959);

o en la epístola en la que responde al enfado de Bousoño por, en este caso, ser el propio poeta gallego el que no lo cita en su prólogo del año 1963:

> [...] Lamento enormemente, pues de sobre conoces mis sentimientos hacia ti, que la lectura de ese texto mío pueda haberte lastimado de algún modo. Creo, querido Carlos, que todo proviene de un malentendido con respecto a las intenciones que me atribuyes o crees que pueden serme atribuidas. [...]
>
> [...]
>
> [...] Esto en lo que estrictamente se refiere al plano intelectual de nuestra relación. En lo que se refiere a su aspecto humano, te agradecería infinitamente que ni ahora ni en otra ocasión pusieses en duda la honradez y verdad de mis sentimientos hacia ti.

Quizás, esta expresión de sus pensamientos se deba a la confianza conferida por la amistad que los une, una amistad en la que prevé a Carlos Bousoño capaz de entender sus sentimientos, como, en efecto, este muestra en sus respuestas a ambas cartas. En la del 18 de marzo de 1959, en contestación a la primera carta de Valente, Carlos Bousoño se lamenta de haberle creado ese malestar por no haberlo citado y aguarda que el poeta orensano le escriba nuevamente para saber si ha comprendido los motivos de la omisión de su nombre en el artículo publicado, algo que espera que no haya dañado su amistad literaria y personal. En la carta del 10 de diciembre de 1963, en respuesta a la segunda carta del orensano, Carlos

Bousoño se congratula de que su reproche por no citarlo no le haya parecido mal a Valente y que siga siendo su amigo como hasta entonces; además, se muestra comprensivo con los motivos que Valente le expone en su carta anterior para haber omitido su nombre.

La tercera y última carta de José Ángel Valente a Carlos Bousoño conservada en la Cátedra Valente es de principios del año 1968, el mismo en el que se publicó la segunda edición del poemario *Oda en la ceniza* del poeta asturiano, que es el ejemplar que el gallego guarda en su biblioteca. Este poemario constituye el tema central de la breve carta enviada por Valente, la más escueta de las tres y, sin embargo, la más poética: «Yo de ceniza ando hecho un miércoles, pero ya no sé qué hacer con ella, salvo buscar sin esperanza (con convencimiento) algo de fuego seco o una lasca de olvidado pedernal para encenderlo», le escribe José Ángel Valente.

Sin embargo, a lo largo de las cartas también son frecuentes las referencias a los silencios epistolares, lo que hace suponer que la cantidad de cartas que faltan no es demasiado elevada. Sirvan como ejemplo las misivas del 18 de marzo o del 10 de septiembre de 1959, donde Carlos Bousoño explicita que ambos han permanecido incomunicados por la vía epistolar en un buen espacio de tiempo.

2.7. Análisis del contenido epistolar

En las veintidós cartas que conforman el epistolario entre Carlos Bousoño y José Ángel Valente se puede apreciar que ambos autores hablan de temas esencialmente literarios, pero también están presentes los personales, los familiares, los ideológicos, los políticos, los económicos, etc. A continuación, se abordan los temas más recurrentes a lo largo del intercambio y que permiten una aproximación a la relación entre los poetas.

2.7.1. Cuestiones literarias

A lo largo de los doce años en los que tiene lugar este intercambio epistolar, ambos autores publican numerosos libros y artículos[18]. Valente publicó los poemarios *Poemas a Lázaro*, en 1960, por el que al año siguiente recibió el Premio de la Crítica; y, en 1963, *Sobre el lugar del canto*. Más numerosos son los artículos o los ensayos que divulga en ese tiempo, un total de cuarenta y dos[19]: «Vicente Aleixandre en «La raya de la esperanza», *Índice de artes y letras*[20], mayo-junio 1956, 88-89, 8; «Once poetas: Ángel González», *Índice*,

---

18 En la relación bibliográfica que se ofrece a continuación no se incluyen las obras o los textos publicados a partir de 1964 porque, la siguiente carta fechada es de cuatro años después y solo se trata de una, en la que se hace únicamente mención explícita a la obra de Carlos Bousoño *Oda en la ceniza*. Por ello, no se considera necesario incluir esos datos bibliográficos, que no son mencionados en ninguna de las cartas ni hacen referencia a algún dato para la esencial comprensión de las mismas, frente a lo que ocurre con los datos bibliográficos que se ofrecen a continuación y que, en su mayoría, son esenciales para la lectura de las misivas.

19 Es posible que existan otros artículos que todavía se desconozcan, pero se ha tratado de ofrecer un listado exhaustivo con la información existente. Además, en los casos en los que la publicación es de tipo poética se advierte. Esto aplica de igual modo para la relación bibliográfica que de la obra de Carlos Bousoño se ofrece también posteriormente.

20 En adelante, *Índice*.

mayo-junio 1956, 88-89, 12; «Oxford, 1956», *Índice*, agosto 1956, 91, 6 (edición extranjera); «Once poetas: Jaime Ferrán», *Índice*, agosto 1956, 91, 17 (edición extranjera); «Crítica universitaria», *Índice*, septiembre 1956, 93, 22; «Once poetas: José Agustín Goytisolo», *Índice*, noviembre 1956, 94, 17 (edición extranjera); «La última palabra», *Cuadernos de Ágora*, noviembre-diciembre 1956, 1-2, 22-23 (poema); «Juan Ramón Jiménez, en la tradición poética del medio siglo», *Índice*, febrero 1957, 97, 5-6 y 10; «Notas breves a un poema largo», *Índice*, junio 1957, 102, 19-20; «Vicente Aleixandre», *Papeles de Son Armadans*[21], 1958, 32-33, 410-411 (poema); «Variaciones sobre el terror. *La Question*», *Índice*, junio 1958, 114, 25; «Ezra Pound, il miglior fabbro», *Índice*, noviembre 1958, 119, 11; «A don Francisco de Quevedo, en piedra», *Papeles*, 1959, 45, 313-316 (poema); «Una copia desconocida de las Soledades de Góngora», *Bulletin of Hispanic Studies*, Liverpool, enero 1959, 36, 1-14; «El ciclo de la realidad imaginada. Notas sobre la poesía de Vicente Aleixandre en un aniversario», *Índice*, marzo 1959, 123, 5-6; «El autor en su treinta aniversario», *Papeles*, 1960, 56, 179-181 (poema); «Suite para un muerto», *Poesía de España*, 1960, 4, 27 (poema); «César Vallejo, desde esta orilla», *Índice*, febrero 1960, 134, 7-8; «El arte del Estado y el arte de la persona (a propósito de dos ensayos sobre Maquiavelo y Gracián)», *Ínsula. Revista de Letras y Ciencias Humanas*[22], julio-agosto 1960, 164-165, 23; «Antonio Machado, la Re-

---

21 En adelante, *Papeles*.
22 En adelante, *Ínsula*.

sidencia y los quinientos», *Ínsula*, diciembre 1960, 169, 3; «Miguel de Unamuno (1936)», *Ínsula*, 1961, 181, 10; «Cinco poemas», *El Ciervo*, enero 1961, 91, 15 (poemas); «Los poetas. José Ángel Valente», *El Ciervo*, enero 1961, 91, 15; «Del simbolismo a nuestros días (en torno a un libro de J. M. Cohen)», *Ínsula*, mayo 1961, 174, 6; «De la lectura a la crítica y otras metamorfosis», *Ínsula*, septiembre 1961, 178, 7; [Sobre los diez primeros años de *Índice*], *Índice*, octubre-noviembre-diciembre 1961, 154-155-156, 13; «Tendencia y estilo», *Ínsula*, noviembre 1961, 180, 7; «A don Antonio Machado, 1939», *Versos para Antonio Machado*, 1962, París: Ruedo Ibérico, 80-81 (poema); «Cuba: una isla navega», *España canta a Cuba*, 1962, París: Ruedo Ibérico, 98 (poema); «Doña Milagros y la Revolución francesa», *Índice*, junio-julio 1962, 161-162, 15; «Luis Cernuda y la poesía de la meditación», *Homenaje a Luis Cernuda*, otoño de 1962, Valencia: La caña gris, 29-38; «Vicente Risco, o el estilo como virtud», *Índice*, noviembre 1962, 166, 21; «Melancolía del desierto», *Papeles*, 1963, 93, 280-283 (poema); «Portrait of the Artist as a Young Corpse», *Papeles*, 1963, 93, 280-283 (poema); «Conocimiento y comunicación», *Poesía última*, 1963, Madrid: Taurus, 155-161; «El reseñador reseñado o las nuevas zahúrdas», *Ínsula*, enero 1963, 194, 4; «La necesidad y la musa», *Ínsula*, mayo 1963, 198, 6; «Vicente Aleixandre: la visión de la totalidad», *Índice*, junio 1963, 174 29-30; «Los físicos, de F. Dürrenmatt», *Ínsula*, septiembre 1963, 202, 15; «Encuestas de *Ínsula*. Poesía», *Ínsula*, diciembre 1963, 205, 5; «The Dying Man», *The Times, Literary Supplement*, 12 diciembre 1963, 3.224, 1.026 (poema traducido al inglés por J. M. Cohen); «Luis Cernuda en su mito», *Ínsula*, febrero 1964, 207, 2; «Dos versiones libres de Gunter Kunert», *Índice*, abril 1964, 184, 21; «Constantino Cavafis. (Noticia y selección)», *Revista de Occidente*, mayo 1964, 14, 173-184 (selección y versión de Elena Vidal y Valente. Se ha utilizado el texto de los poemas completos del autor publicados en la 4ª ed., 1958, Atenas: Editorial Ikaros); «Don Alberto», *Ínsula*, septiembre 1964, 212-213, 4; «Don Alberto Jiménez Fraud», *Cuadernos para el Diálogo*, octubre 1964, 13, 19; «Notas para un centenario», *Ínsula*, noviembre-diciembre 1964, 216-217, 10.

Por su parte, Carlos Bousoño publicó hasta cuatro libros entre los años 1956 y 1964: *Noche del sentido* (1957), *Poesías completas. Primavera de la muerte* (1960), *Invasión de la realidad* (1962) y *Poesía contemporánea y poesía postcontemporánea* (1964)[23]. Asimismo, divulgó dieciocho ensayos: «Consideraciones en torno a un libro de poesía», *Bolívar*, 1954, 226-246; «Sobre Historia del corazón de Vicente Aleixandre», *Ínsula*, junio 1954, 102, 3 y 10; «Nuevo concepto de la estilística: fondo, forma y personalidad», *Bolívar*, 1955, 40, 1017-1027 (reproducido en *Índice*, abril-mayo 1956, 88-89, 1 y 10); «La poesía como género literario», *Papeles*, julio 1956, 4, 32-37; «Obra poética de Julio Maruri», *Ínsula*, noviembre 1957, 132, 5; «La percepción del tiempo», *Ínsula*, enero 1958, 134, 1 y 12; «El término «gran poesía» y la poesía de Vicente Aleixandre», *Papeles*, noviembre-diciembre

---

23 No debe olvidarse que en 1956 se publica la segunda edición de *Teoría de la expresión poética* y en 1962 la tercera.

1958, 32-33, 245-255; «La poesía de Dámaso Alonso», *Papeles*, noviembre-diciembre 1958, 32-33, 256-300; «Ante una promoción nueva de poetas», *Cuadernos de Ágora*, enero-febrero 1959, 27-28, 3-6; «Notas sobre un poema de Miguel Hernández: «Antes del odio», *Cuadernos de Ágora*, 1960, 49-50, 31-35; «Sentido de la poesía de Vicente Aleixandre», *Poesías completas de Vicente Aleixandre*, 1960, Madrid: Aguilar, 11-44 (prólogo; reeditado y ampliado en *Obras completas de Vicente Aleixandre*, 1968, Madrid: Aguilar, 9-71); «La poesía de Vicente Gaos», *Papeles*, octubre 1960, 55, 75-100; «Carta abierta a José M.ª Castellet», *Ínsula*, enero 1961, 170, 15; «La poesía de José Ángel Valente y el nuevo concepto de originalidad», *Ínsula*, mayo 1961, 174, 1 y 14; «En torno a una ley de la poesía», *Ínsula*, enero 1962, 182, 1 y 10; «Nuevas ideas sobre la comunicación en poesía», *Papeles*, abril 1962, 73, 9-47; «Materia como historia (El nuevo Aleixandre)», *Ínsula*, enero 1963, 194, 1, 12 y 13; «Poesía contemporánea y poesía postcontemporánea», *Papeles*, agosto 1964, 101, 121-184; «La sugerencia en la poesía contemporánea», *Revista de Occidente*, noviembre 1964, 2ª ép. 20, 188-208. Además, en la época citada Carlos Bousoño participó hasta en diecinueve obras colectivas con algunos de sus poemas, que fueron seleccionados por numerosos antologadores[24].

---

24 Cuatro de estas antologías fueron en otras lenguas, como el portugués, el francés y el italiano. Ante la imposibilidad de reproducir aquí todas sus intervenciones en ellas, ya que estas tampoco son relevantes en este epistolario, se ofrecen como ejemplos más destacados los títulos *Antología de la nueva poesía española* (1957), de José Luis Cano, y *Poesía española*

2.7.2. Publicaciones de las que dan fe las cartas

Como es de esperar, muchas de estas publicaciones se gestaron durante el discurrir del intercambio epistolar entre los autores, que se daban noticias sobre sus proyectos. Ello justifica que estas cartas sean testimonio escrito de la gesta de algunos de los poemarios de José Ángel Valente y de Carlos Bousoño y de muchos de sus artículos. Por ejemplo, a lo largo de sus misivas Carlos Bousoño va moldeando su concepción sobre el poemario de Valente *Poemas a Lázaro*[25] a través de, al menos, dos relecturas[26], y también va posponiendo la escritura del artículo que le había prometido al poeta gallego sobre ese poemario suyo[27]. Además de la escritura de este ar-

---

contemporánea. Antología (1939-1964). Poesía religiosa (1969), de Leopoldo de Luis. Para más información sobre la bibliografía de y sobre Carlos Bousoño puede consultarse Duque Amusco (1995: 227-249).

25 Algunas de las opiniones manifestadas por Carlos Bousoño pueden encontrarse en las cartas del 29 de diciembre de 1956, del 3 de abril de 1957, del 10 de septiembre de 1959 y del 5 de abril de 1961. En la carta del 24 de octubre de 1960 aparecen nuevas opiniones de Carlos Bousoño sobre el libro, pero también la posposición de la escritura de su artículo y la primera relectura confesa del poemario de Valente. Por su parte, la carta del 12 de abril de 1961 gira exclusivamente en torno al poemario del gallego. También en la primera carta conservada de Valente, este le habla de *Poemas a Lázaro*.

26 Carlos Bousoño declara la segunda relectura del poemario de Valente en su carta del 5 de abril de 1961.

27 Carlos Bousoño vuelve a posponer la escritura de su artículo en la misiva del 13 de marzo de 1961, con renovadas promesas de que pronto lo escribirá. En la del 5 de abril de 1961 informa a Valente de que ya ha escrito su artículo.

tículo, que es uno de los motivos principales de este epistolario, son frecuentes también las opiniones que el autor de *Teoría de la expresión poética* le manifiesta a Valente sobre sus artículos, lo que permite descubrir la faceta lectora del asturiano. Sirvan como ejemplo sus felicitaciones al gallego en la carta del 19 de mayo de 1956 por los artículos «Vicente Aleixandre en «La raya de la esperanza» y «Hombre y Dios de Dámaso Alonso» y, tan solo siete días después, por «Once poetas: Ángel González».

En la primera de las cartas conservadas de Valente se aprecia la explicación del propio poeta de algunos de sus poemas, lo que resulta también enriquecedor para completar la lectura que pueda hacerse de ellos. Por citar algún ejemplo, Valente le dice que «[...] el tema de España ha tenido en mi poema «Patria cuyo nombre no sé» un tratamiento radicalmente distinto, tanto biográfica como literariamente. [...]» y, más adelante, le recuerda que «[...] un considerable número de poemas de mi primer libro tenía como recurso vertebral la ironía («Una inscripción», «El crimen», «El santo», etc.) [...]». Sobre los poemas del orensano también opina Carlos Bousoño desde la óptica del lector y crítico en, por ejemplo, las cartas del 5 de diciembre de 1963 o del 8 de diciembre de 1964. Opiniones estas que se suman a la que ya había publicado respecto del primer poemario de José Ángel Valente en *Ínsula*.

Por parte de Carlos Bousoño también se tienen noticias sobre sus propias creaciones, ya que él mismo le dice a Valente qué está escribiendo, leyendo y publicando por esas fechas. Destacan las referencias a la publicación de *Noche del sentido* en las cartas del 19 y 26 de mayo y 29 de diciembre de 1956; de *Poesías completas*. *Primavera de la muerte* en las misivas del 10 de septiembre de 1959, 5 de abril de 1961 y 14 de enero y 10 de diciembre de 1963; de *Invasión de la realidad* en las del 18 de marzo y 10 de septiembre de 1959, 24 de octubre de 1960, 5 de abril de 1961 y 10 de diciembre de 1963; y de *Teoría de la expresión poética* en las del 26 de mayo de 1956 y 29 de diciembre de 1961[28]. De igual modo, abundan las menciones de ciertos artículos que Carlos Bousoño acababa de publicar como, por ejemplo, en las cartas del 18 de marzo y del 10 de septiembre de 1959, del 5 de marzo de 1961 y del 16 de noviembre de 1962. Llama la atención la epístola catalogada en el apartado «2.5. Relación de cartas» como carta XXI[29], ya que es en sí misma una carta bibliográfica en la que Carlos Bousoño le proporciona a Valente numerosas referencias para su publicación bajo el nombre del gallego en la entrevista que le hizo al asturiano y que ya se ha estudiado en el apartado «2.4.2. José Ángel Valente escribe sobre Carlos Bousoño».

---

28 Que las menciones a este último libro se den en años tan lejanos, en el inicio y en los años finales del epistolario, apunta a que uno de los grandes motivos que lo sustentaron fue precisamente la escritura del artículo de Valente sobre esta obra, como ya se ha apuntado. Además, al contar con varias ediciones, es normal que Carlos Bousoño aluda a ella con frecuencia, bien para informar a Valente, bien para avisarle de que le enviará un nuevo ejemplar.

29 Se alude a esta misiva de esta forma porque, recuérdese, carece de datos cronológicos.

2.7.3. Proyectos publicados y abortados

Aunque este epistolario incluye referencias a las publicaciones de ambos poetas, la obra de Carlos Bousoño es la que mayor peso adquiere por las constantes menciones que él mismo hace[30]. Por ello, estas cartas transmiten tanto la gesta de proyectos que fueron publicados tiempo después de que el autor empezase a pensar en ellos, como aquellos en los que afirmó estar trabajando y que nunca llegaron a publicarse.

De entre las obras que se gestaron a lo largo de los años en los que mantuvieron contacto epistolar Bousoño y Valente destacan dos proyectos del primero que llegaron a materializarse, aunque el segundo de ellos vio la luz años después de la última carta conservada en la Cátedra Valente. El primero, la gesta de *Poesía contemporánea y poesía postcontemporánea* (1963) queda testimoniada en la carta del 5 de abril de 1961. En ese momento Bousoño denomina el plan con otro título, *Poesía de posguerra*, lo que es entendible porque afirma que es algo sobre lo que va a escribir y no que ya haya empezado a hacerlo[31]. El segundo, se trata de *Épocas literarias y evolución. Edad Media, Romanticismo, época contem-*

---

30 En el caso de José Ángel Valente, solo se tiene noticia de que Juan Fernández Figueroa, director de la revista *Índice*, le había propuesto escribir un ensayo sobre *Poesías completas* de Carlos Bousoño, pero no se sabe si lo aceptó y luego no lo escribió o directamente no llegó a aceptarlo, lo que sí se conoce es que no publicó nada con relación a este libro.

31 En las cartas del 16 de noviembre de 1962 y del 10 de diciembre de 1963 Carlos Bousoño informa a José Ángel Valente de que avanza en el proyecto.

poránea (1981), el cual Bousoño le anuncia a Valente como proyecto en el que trabaja en la carta del 16 de noviembre de 1962[32].

Sin embargo, existe una mayor cantidad de proyectos que Bousoño se propuso a lo largo de los años en los que transcurre el intercambio con Valente, pero que, finalmente, no llegaron a ver la luz[33]. El primero aparece enunciado en la carta del 18 de marzo de 1959 como *La estructura literaria*, donde Bousoño pretendía reunir artículos sobre poetas y poesía de la época. Que este proyecto no llegase a publicarse tiene su explicación en las palabras del propio autor, que habla de él como una proyección y no como algo sobre lo que ya hubiese empezado a trabajar. Además, el contexto en el que le dice estas palabras al poeta gallego podría apuntar a que el autor nunca llegó a trabajar en él[34].

En la carta del 24 de octubre de 1960, Bousoño le comenta a Valente que la editorial Herder le ha encargado un artículo; sin embargo, este nunca se publicó. También le informa en la misiva del 29 de diciembre de 1961 de que su *Teoría de la expresión poética* había recibido unha proposición de tra-

---

32 En la carta del 10 de diciembre de 1963 Carlos Bousoño le cuenta a José Ángel Valente que está progresando en el proyecto.

33 Se desconoce si puede haber algunas notas, borradores, etc. relacionados con los proyectos que a continuación se exponen en el legado de Carlos Bousoño y que permanezcan inéditos.

34 Esta es la carta en la que Carlos Bousoño se excusa con José Ángel Valente por no haberlo citado en el artículo «Ante una promoción nueva de poetas», anteriormente referido. Con la mención de este nuevo e hipotético libro le promete mencionarlo y reparar así el daño.

ducción al inglés; no obstante, esta no debió de llegar a aco-meterse porque no se ha podido encontrar una traducción de la obra en ninguna de las bibliotecas estadounidenses donde debería constar de haberse publicado[35].

Con todo, el proyecto que no tuvo éxito más destacado de todos los mencionados por Carlos Bousoño es el de la revista que él y otros poetas quisieron crear en Madrid y que, por discusiones internas, nunca se fundó[36]. Del tema tan solo se habla en un par de cartas: la del 16 de noviembre de 1962, donde el poeta asturiano se muestra entusiasmado con el plan, y la del 14 de enero de 1963, donde informa a Valente de la imposibilidad de su creación.

2.7.4. Cuestiones personales

Las cartas intercambiadas entre Carlos Bousoño y José Ángel Valente no solo giran en torno a cuestiones literarias, pues entre las confesiones que se hacen los poetas tienen cabida los sentimientos y las relaciones sociales con otros personajes del panorama literario de la época. La carta más reveladora a este respecto es la del 19 de de mayo de 1956,

---

35 Entre los catálogos consultados se encuentran los de la *Library of Congress* y *New York Public Library*.

36 Que Carlos Bousoño hiciese partícipe a José Ángel Valente de este proyecto apunta a que podrían querer de él no solo su colaboración en la revista, sino quizás también su implicación en la fundación de la misma, algo que subraya el asturiano en la última carta en la que aborda este tema. En esta línea, recuérdese que José Ángel Valente fue secretario de la revista *Índice*.

donde el autor de *Oda en la ceniza* habla de hasta seis amigos: Jaime Ferrán[37], Alfonso Costafreda[38], Bartolomé

---

37 Jaime Ferrán (Lleida, 1928-Georgia, 2016) fue poeta, profesor e integrante del grupo poético de los 50. Valente escribió sobre Ferrán el artículo «Once poetas: Jaime Ferrán». Por su parte, Ferrán escribió sobre el asturiano en «Carlos Bousoño sueña el tiempo», en *Los encuentros*, 1958, 251-259; y «*Teoría de la expresión poética* de Carlos Bousoño», *Laye*, agosto-octubre 1952, 20, 49-56.

38 Alfonso Costafreda (Lleida, 1926-Ginebra, 1974) fue un poeta y traductor vinculado al grupo de Barcelona y al grupo poético de los 50, así como integrante de la Escuela de Barcelona. En 1955 se exilió por su posición antifranquista a Ginebra, donde trabajó para la OMS (Valladares, 2016: 318). Conoció a José Ángel Valente cuando estudiaron en Madrid y pronto empezaron a escribir el uno sobre el otro (Rodríguez Fer y Blanco de Saracho, 2014: 22). Valente le dedicó su poema «El otro reino», incluido en *Poemas a Lázaro* (1955-1960), el artículo «Once poetas: Alfonso Costafreda» en *Índice de artes y letras*, Madrid, n.º 80, junio 1955, 15 y el poema «Portrait of the Artist as a Young Corpse» (2014: 830-831). Tras el suicidio del catalán, en 1974, a raíz de la muerte de su padre, Valente le dedicó el poema «Compañera de hoy» en *Interior con figuras* (1973-1976): «Para Alfonso Costafreda, en memoria» (2014: 348-349) y el artículo «Alfonso Costafreda: elegía», reescrito como «Ahora cuando la escayola de los eminentes se llena de lagartos» (2008: 1465-1467). Además, Valente creó un dossier en memoria del amigo muerto, cuyo contenido es descrito en «Costafreda y otros colegas literatos» en el capítulo «Valente en Ginebra» en *Valente vital (Ginebra, Saboya, París)* (Rodríguez Fer y Blanco de Saracho, 2014: 29-31). Inversamente, Alfonso Costafreda le dedicó a José Ángel Valente el poema «Las palabras». Por su parte, Carlos Bousoño conoció al catalán en 1943 en una residencia de estudiantes en la Ciudad Universitaria (Velo, 1995: 18). Lo que se sabe de su relación es lo que el propio Carlos Bousoño le escribe a Valente cuando le habla de él: que le cuesta que el catalán le responda a sus cartas y que le da pena su estado anímico.

Lloréns[39], José Luis Hidalgo[40], Julio Maruri[41] y F. Carratalá[42].

Pero, sin duda, la relación más importante para Carlos Bousoño fue la que mantuvo con Vicente Aleixandre[43]. Este

---

39 Bartolomé Lloréns (Catarroja, 1922-1946) fue, en palabras de Carlos Bousoño, «uno de los más sobresalientes poetas de la generación de posguerra» (1948: 11).

40 José Luis Hidalgo (Cantabria, 1919-Madrid, 1947) fue un poeta y pintor de la Quinta del 42, sin embargo, su primera publicación fue el artículo «Dos ideas», a los catorce años. Luego, escribió y publicó su primer poema, «Noche». A los diecisiete años comenzó a hablar en público. Como pintor realizó exposiciones de sus cuadros. Algún título de sus creaciones pictóricas más famosas es: «Vieja» (García Cantalapiedra, 1975).

41 Julio Maruri (Santander, 1920-Cantabria, 2018) fue un escritor y participante de la tertulia que reunía Vicente Aleixandre, donde se encontraba el propio Carlos Bousoño (Maruri, 1957). El asturiano escribió sobre él «Obra poética de Julio Maruri» en *Ínsula*, noviembre 1957, 132, 5. Desde el año 1951 hasta 1974 Julio Maruri fue fraile, algo a lo que hace referencia en su carta Carlos Bousoño.

42 No se ha podido identificar a este autor. Por la alusión que hace de él Carlos Bousoño tuvo que ser un amigo de la época y para mencionárselo a José Ángel Valente, probablemente, también fuese conocido de este.

43 Vicente Aleixandre (Sevilla, 1898-Madrid, 1984) fue uno de los máximos exponentes del grupo del 27 español, integrante de la Real Academia Española y ganador de varios premios, entre ellos el Premio Nobel de Literatura en el año 1977. Valente escribió, como ya se ha indicado, sobre el poeta el artículo «Vicente Aleixandre en «La raya de la esperanza». También le dedicó poemas como «La salida», incluido en *Poemas a Lázaro* (1960), y «Vicente Aleixandre» en *Papeles de Son Armadans*, Madrid, 1955, 32-33, 410-411; así como numerosos ensayos, por citar alguno: «Trayectoria ejemplar de Vicente Aleixandre» en *Índice de artes y letras*, Madrid, noviembre-diciembre 1953, 68-69, 21; «El ciclo de la realidad imaginada. Notas sobre la poesía de Vicente Aleixandre en un aniversa-

vínculo se aprecia en las múltiples cartas en las que menciona al Premio Nobel, como en la carta del 29 de diciembre de 1956, del 10 de septiembre de 1959, del 29 de diciembre de 1961 y del 16 de noviembre de 1962. Además, el hecho de compartir amigos, como Vicente Aleixandre o Francisco Brines, les permite a Carlos Bousoño y a José Ángel Valente hablar con sinceridad y confianza sobre ellos y de su obra. Ejemplo de ello son sus valoraciones sobre las publicaciones de Josep Maria Castellet (en las cartas del 24 de octubre de 1960, del 5 de abril y del 29 de diciembre de 1961 y del 10 de diciembre de 1963), de Fernández Suárez (26 de mayo y 29 de diciembre de 1956 y 13 de marzo de 1961), de Claudio

---

rio» en *Índice de artes y letras*, Madrid, marzo 1959, 123, 5-6; «Vicente Aleixandre: la visión de la totalidad» en *Índice de artes y letras*, Madrid, junio 1963, 174, 29-30; «Retrato del artista anciano» en *Ínsula*, Madrid, enero-febrero 1985, 458-459, 5; entre otros. Sobre la relación entre José Ángel Valente y Vicente Aleixandre se remite al estudio previo de Ruth Fernández Fernández. Por su parte, Carlos Bousoño conoció a Vicente Aleixandre a los diecinueve años, en 1942, por recomendación de Dámaso Alonso, y su amistad duró toda la vida (Velo, 1995: 18). Bousoño escribió sobre él en numerosas ocasiones; entre artículos y libros hay más de una decena de textos inspirados en la obra del sevillano. Destaca su tesis doctoral *La Poesía de Vicente Aleixandre. Imagen, estilo, mundo poético* (1950). Además, tras la muerte del sevillano participó en homenajes a su persona (en 1985 y en 1988). Aleixandre escribió también sobre Bousoño en múltiples ocasiones, por ejemplo: prologó su *Primavera de la muerte* (1946) y escribió la semblanza o el apunte biográfico «Carlos Bousoño sueña el tiempo» en *Los encuentros*, Guadarrama, Madrid, 1958, 251-259. Como dato curioso, puede añadirse que Vicente Aleixandre fue padrino tanto del primer hijo de Carlos Bousoño (Velo, 1995: 20) como de la tercera hija de José Ángel Valente, Patricia (Agudo, 2012: 230-231).

Rodríguez (19 de mayo de 1956), de Ángel González (19 de mayo de 1956) y de Fernández Figueroa (19 y 26 de mayo y 29 de diciembre de 1956, 10 de septiembre de 1959 y 13 de marzo, 5 de abril y 12 de abril de 1961).

Como es de esperar, estas manifestaciones sobre la amistad también recaen sobre la persona a la que se dirigen las cartas. Así, son numerosas las ocasiones en las que el poeta asturiano le reprocha a José Ángel Valente que no le escriba más y abundantes en las que le expresa el valor de su amistad[44]. En algunas cartas, como la del 10 de diciembre de 1963, Carlos Bousoño se alarma por si Valente se ha llegado a sentir menos amigo de él a raíz del reproche que le había hecho por no citarlo en «Conocimiento y comunicación»[45].

También son notables las ocasiones en las que Carlos Bousoño se muestra interesado por la situación familiar y económica de la familia Valente. En muchas cartas se preocupa por la salud de la suegra de Valente y por la del padre de este. En otras le da el pésame por sus muertes y la de su cuarta hija. Además, le aconseja que regrese a España y se ofrece de intermediario para que Valente pueda prosperar económicamente en varias ocasiones.

---

44 En las cartas del 18 de marzo y 10 de septiembre de 1959, 13 de marzo y 5 y 12 de abril y 29 de diciembre de 1961, Carlos Bousoño le pide directamente a José Ángel Valente que le escriba.

45 Algo que, como se comprobará en el apartado «2.8. Puntos de desencuentro y de reencuentro: los pilares de este epistolario», quedó aclarado por ambas partes.

No obstante, entre todas las misivas también tienen cabida otras referencias no tan positivas a otros compañeros[46]. Destaca la crítica a Leopoldo de Luis en la primera carta conservada. En esta línea, el crítico literario Bousoño está presente también en algunas de las menciones que hace a ciertas publicaciones. El máximo ejemplo de la crítica bousoñana se encuentra canalizada hacia la figura y la obra de Josep Maria Castellet, sobre el que José Ángel Valente parece compartir, aunque sea parcialmente, su opinión por lo que se deduce de lo escrito por Carlos Bousoño.

El poeta asturiano le habla también a Valente de cómo se siente. Por ejemplo, le confiesa sus enamoramientos, sus estados anímicos, etc. De todas esas confesiones, destaca la de la carta del 26 de mayo de 1956, donde Bousoño dice sentirse muy mayor, pese a que en ese momento tan solo tenía treinta y tres años, algo que le repetirá en una carta distinta tres años más tarde, ya con treinta y seis.

2.7.5. Cuestiones políticas

En este epistolario se han detectado también menciones al contexto político de los autores. Aunque, al menos en las cartas conservadas, no son abundantes las referencias a la política, Carlos Bousoño retransmite tres sucesos importantes que marcaron la vida de las personas contemporáneas a

---

46 De algunos Carlos Bousoño incluso llega a rectificar su opinión para mejorarla, como es el caso del escritor y economista gallego Álvaro Fernández Suárez o incluso sobre la obra poética del propio Valente.

los autores (los dos primeros hitos) y la de los mismos de forma más directa (el tercero). Además, el autor de *Teoría de la expresión poética* hace unas interesantísimas confesiones, que suponen una profunda, sincera y confiada reflexión sobre la situación de la España literaria y social de la dictadura franquista.

En primer lugar, el asturiano incluye en su carta del 29 de diciembre de 1956 un breve comentario sobre la Revolución de Hungría que se está produciendo en esas fechas[47]. Por cómo está escrito, parece que debe responder al tema por habérselo mencionado José Ángel Valente en una carta suya anterior.

En segundo lugar, aunque no se trate de un tema exactamente político, se incluye aquí la referencia a la situación sanitaria que se vive a raíz de la epidemia de viruela en los años 60[48]. En las cartas del 13 de marzo y del 5 de abril de 1961, Bousoño expresa su preocupación por la expansión de la enfermedad, en ambas ocasiones en relación con el viaje que realizó José Ángel Valente a la India en febrero de 1961 por motivos de trabajo, ya que actuó como traductor en una misión de la ONU «con motivo de la XIVª Asamblea Mundial de la Salud celebrada en Nueva Delhi» (Rodríguez Fer, 2014: 20). Sin embargo, el gallego no disfrutó mucho de este viaje por varias razones, entre ellas la visibilidad de la miseria

---

47 Para más información sobre este hecho histórico puede consultarse Kopácsi (2009).

48 Para más información sobre la situación sanitaria del momento puede consultarse Heras Salord, Martín Espinosa y Mariño Gutiérrez (2014).

y el hambre y la toma de conciencia de la gran responsabi-
lidad que estaba a desarrollar y en la que no quería fallar
(Rodríguez Fer, 2014: 20-21).

En tercer lugar, en la carta de 1964 Carlos Bousoño ha-
bla de la censura que vivían en ese momento la editorial de
Carlos Barral[49], Seix Barral, y, en especial, el poeta Gabriel
Celaya[50]. La censura encarnizada de esta época contra ellos

---

[49] Carlos Barral (Barcelona, 1928-1989) fue un escritor español del grupo
de los 50, autor de obras como *Metropolitano* (1957) y *Diecinueves fi-
guras de mi historia civil* (1961). Sobre la *Teoría de la expresión poética*
de Bousoño escribió «Poesía no es comunicación» en *Laye*, Barcelona,
abril-junio 1953, 23, 23-26. De la relación entre ambos Sánchez Santiago
dice:

> En esta última cuestión –la que trata de adjudicar una función a la
> poesía y un papel social al poeta– hubo una toma común de postura
> en estos escritores, explícita en varios artículos y prólogos desenca-
> denados por la ya aludida afirmación bousoñiana, contenida en su
> *Teoría de la expresión poética*, de que la poesía era fundamentalmente
> comunicación. Las reflexiones al respecto de Barral, Badosa o Gil de
> Biedma, aun no coincidiendo del todo, contrarrestaron con eficacia la
> exclusividad de los planteamientos de Bousoño (1990: 42).

Y de la de Barral y Valente: «La mayor afinidad se produce con Valente,
que en su ensayo «Tendencia y estilo» defiende la tesis de una poesía como
un proceso individual del conocimiento, no subsidiario de un pretexto
previo» (Sánchez Santiago, 1990: 43). Para más información sobre la re-
lación entre ambos autores *vid.* Valladares (2016: 134-158).

[50] Gabriel Celaya (Guipúzcoa, 1911-Madrid, 1991) fue un autor español y
amigo del poeta y dramaturgo Federico García Lorca. Durante la Guerra
Civil Española se posicionó con el bando republicano, lo que hizo que
acabase siendo un prisionero en un campo de concentración de Palencia.
Su formación como ingeniero hizo que el bando fascista lo necesitase y
dejase libre, pero condenado a un exilio interior en el que nunca dejó de

estuvo motivada, en parte, por la antología *España canta a Cuba* (1962)[51]: «El poema con el que Gabriel Celaya colaboró en la antología, «¡Muchas gracias, cubanos!» no pudo ser publicado en la España de Franco y apareció junto a otros textos igualmente conflictivos, los «Poemas tachados», en Argentina en el volumen *Dirección prohibida*» (Sánchez López, 2010, 359)[52].

En cuanto a las anunciadas reflexiones de Carlos Bousoño sobre la situación de España, se hallan en dos epístolas distintas. La primera, en la carta del 26 de mayo de 1956, Carlos Bousoño se manifiesta «pesimista» ante la situación social y cultural actual y futura de España. En la segunda, del 3 de abril de 1957, que finalmente le envía a Valente el día 14 tal y como indica al final de la misma el propio poeta asturiano,

---

escribir, pero sí de publicar, actividad que retomaría pasado un tiempo. Fue nombrado doctor *honoris causa* por la Universidad de Granada póstumamente (Chicharro Chamorro, 2007). En la Cátedra Valente se conservan inéditas las cartas enviadas por Gabriel Celaya y un retrato suyo dedicado al poeta orensano y a su primera esposa, Emilia Palomo. Sin embargo, José Ángel Valente no tenía en alta estima al guipuzcoano y a su esposa, Amparo Gastón, a los que dedicó el poema «Fábula de payaso en la ancianidad y su pareja» (2014: 826-827), para más información acerca de la opinión de Valente sobre los Celaya *vid.* Valladares (2016: 42-45). Por su parte, Carlos Bousoño le dedicó a Gabriel Celaya «En la muerte de Gabriel Celaya. La poesía social», *ABC*, Madrid, 19 abril 1991, 56.

51 José Ángel Valente colaboró en esta antología también con el poema «Cuba: una isla navega».

52 Para más información sobre la censura de la obra de Gabriel Celaya puede consultarse el artículo «Censura y poesía en Gabriel Celaya: una aproximación» (Chicharro Chamorro, 2020).

pone, nuevamente, de manifiesto una visión desesperanzada sobre el futuro de los españoles y las españolas[53].

2.8. Puntos de desencuentro y de reencuentro: los pilares de este epistolario

Si se atiende exclusivamente al contenido de este epistolario, la relación entre los poetas fue polifacética. Si bien los temas que predominan son los relacionados con la escritura, especialmente de artículos de un autor sobre la obra del otro, también tienen cabida, tal y como se ha manifestado, las confidencias personales, familiares, espirituales, políticas, sociales e incluso económicas. Con el tiempo, parece que la relación entre ambos fue disolviéndose sin que se pueda dar un motivo concreto.

De entre las veintidós misivas que componen este epistolario destacan dos pares no solo por su contenido, sino también por la importancia que ambos autores debieron otorgarles[54]. Se trata de la misiva de José Ángel Valente a Carlos Bousoño

---

53 Este carácter profético vuelve a hallarse en la carta del 13 de marzo de 1961, donde predice el decaimiento de la poesía, hegemónica en 1961, en favor de la narrativa.

54 Nótese que dos tercios de las cartas de Valente en este epistolario son precisamente estas. Además, la rapidez con la que los autores leyeron los artículos motivo de debate en cada una de las dos ocasiones, escribieron sus impresiones, enviaron sus cartas y, luego, el otro la recibió, la leyó y respondió es asombrosa y una peculiaridad en todo este epistolario, ya que apenas pasa un día de diferencia entre misiva y misiva.

del 17 de marzo de 1959 y la respuesta de Carlos Bousoño a José Ángel Valente del 18 de marzo de 1959, en el caso del primer par; y de la carta de Carlos Bousoño a José Ángel Valente del 5 de diciembre de 1963 y la respuesta de este a Carlos Bousoño en la del 6 de diciembre de 1963, en el caso del segundo par. Estos dos pares son distintos, pero comparten grandes similitudes, como se ha ido adelantando y como se podrá apreciar más detenidamente a continuación.

El primer par tiene su origen en la lectura que hace José Ángel Valente del artículo de Carlos Bousoño «Ante una promoción nueva de poetas», que si bien es un «[...] estudio analítico considerado como el primero de los trabajos que sintetiza las claves estéticas y bases doctrinales y poéticas de una nueva generación lírica» (Sánchez Dueñas y Porro Herrera, 2015: 61), no satisfizo, como se ha estudiado anteriormente, al poeta orensano. Este se queja en su carta del año 1959 al asturiano de que no lo ha citado, lo que le parece «injusto», y no se muestra conforme con las razones que presenta Carlos Bousoño para distinguir a unos poetas de otros. Aunque coincide con algunos de sus planteamientos, no sucede lo mismo con otro esencial: el autor del artículo apunta como diferenciadores del «grupo de Barcelona» el tema de España y la ironía, los cuales Valente le asegura que ya se encontraban en poemas suyos anteriores y de ahí que le parezca poco acertado que no lo haya mencionado. Además, Valente deduce del artículo del asturiano que las características que cataloga de revolucionarias son la «vigilancia y tensión expresiva», lo que para él significan «literalmente nada».

La respuesta de Carlos Bousoño justifica, y por lo que se deduce de la continuación del intercambio epistolar, satisface, al menos en parte, al gallego. El poeta asturiano le manifiesta el gran afecto que le tiene y justifica el citar a otros poetas y no a Valente no por cuestiones de sentimiento o afinidad, sino por lo que recordaba, por sus impresiones e incluso debido a la prisa e imprecisión con las que tuvo que redactar el artículo. Añade que, de volver a escribirlo, lo citaría en base a las propias razones que le había presentado el mismo Valente en su carta y le propone una subsanación a través de la publicación de un nuevo artículo que ponga fin a su malestar; escrito que, es de suponer, Valente no debió considerar necesario porque Bousoño no llegó a publicar nada semejante.

El segundo par de cartas anteriormente anunciado es, quizás, el más interesante por el tema tratado[55]. En este caso, Carlos Bousoño escribe la primera de las cartas tras la lectura del prólogo «Conocimiento y comunicación» de Valente. Lo que le ha disgustado a Bousoño es que, como le sucedió antes a Valente, no lo mencione frente a las, pocas, referencias que sí hace de otros autores. En especial le desagrada que pueda pensarse que lo que ha escrito Valente es en su contra,

---

55 A este binomio se podría sumar la carta de Carlos Bousoño a José Ángel Valente del 10 de diciembre de 1963, donde el poeta asturiano afirma que ha recibido la misiva del día 6 de Valente el día en el que le vuelve a escribir, el 10. En esta tercera carta Bousoño se muestra conforme con las explicaciones del gallego, aunque continúa rebatiéndole la lectura que este hace de su *Teoría de la expresión poética* porque concibe la poesía no como comunicación, sino como conocimiento.

algo que este último le desmiente en su carta-respuesta[56]. Allí, Valente se muestra sorprendido por la reacción del poeta asturiano, ya que afirma que es algo sobre lo que habían venido hablando en los últimos tiempos y, por lo tanto, debería conocer ya su posición[57]. Lo cierto es que la poesía como

---

56 La existencia de esta carta se la revela el propio José Ángel Valente al escritor José Agustín Goytisolo en la misiva que le escribe el 22 de marzo de 1959 y que editó el doctor Valladares en su magnífica tesis:

Hasta aquí me ha llegado un n°. de Ágora con un artículo de Carlitos Bousoño donde la propaganda rodriguil me dio la sensación de pasarse un poco de rosca. Vosotros todavía os salváis, si bien como grupo. Yo, por mi parte, quedo envuelto en la mierda conforme del anonimato. Comuniqué al propio Carlos mis puntos de vista sobre su trabajo hace un par de días (2016: 85).

57 Un malentendido similar se produce entre Valente y el escritor sevillano Aquilino Duque años antes. La posición de Valente puede leerse en la carta que le envía a Aquilino Duque el 21 de diciembre de 1960, que publica Adriano Duque Crane, y cuya respuesta del poeta sevillano no se conserva:

La cita de nuestra conversación es solo parcialmente exacta en lo que a mi posición se refiere. Hablamos con demasiada rapidez para matizar el problema. Si te aclaro dos principios esenciales para mí, quizás veas sin más explicación en qué medida lo que tú me atribuyes y lo que en realidad pienso difieren.

1° No creo que el poeta conozca primero y comunique después. Conocimiento y comunicación son dos caras simultáneas del acto creador. Creo, en cambio, que el conocimiento es el impulso primario de la creación.

2° Ese conocimiento no es un conocimiento lógico sino poético, que no opera sobre conceptos más que en la medida unamuniana en que se piensa lo que se siente, se siente lo que se piensa («siente el pensamiento»). Tú dices que la poesía es para ti una «experiencia emocional». Yo

comunicación o como conocimiento fue un tema central para los escritores circunscritos al grupo de los 50[58]:

> La polémica tiene su origen en unas palabras de Aleixandre en las que se definía a la poesía como comunicación. La definición tuvo amplio éxito y fue recogida y glosada por autores como Celaya o en las páginas de *Espadaña*. Más importante es, sin embargo, el hecho de que estará en la base de la definición de poesía que preside la primera edición del conocido ensayo de Bousoño *Teoría de la expresión poética*. Es precisamente este libro el que provocará la respuesta inmediata de Barral, produciéndose después las de Gil de Biedma, Badosa y la del teórico más lúcido de la generación, Valente. [...] Dejando aparte lo sesgado que pueda haber en la interpretación de las palabras de Aleixandre y, sobre todo, en las de Bousoño, considerablemente matizadas en las sucesivas ediciones de su obra, lo cierto es que ideas como las sintetizadas por Valente se reproducen continuamente en las ocasiones en que los autores del 50 se ven obligados a hablar de su concepto de la poesía (López-Pasarín Basabe, 2007: 35).

---

te digo, la capacidad de convertir un alto pensamiento en experiencia emocional profunda es el sello de toda gran poesía. Hablo de los grandes. Aquellos cuyo vuelo (como decía Hölderlin) tiene uno que seguir, aunque perezca en el empeño.

Basta de esto, porque podríamos seguir hablando horas o kilómetros de papel. Solo quiero añadirte que mi idea del rigor o precisión del lenguaje poético no excluye de él ni las enumeraciones caóticas ni cualquier otro elemento alógico. Siempre que esté rigurosamente articulado en el poema, que es para mí (y no en el verso) la unidad mínima del conocimiento poético (2016: 138-139).

58 Lo que, por supuesto, incluye también a los integrantes de la Escuela de Barcelona. *Vid.* «Poesía como comunicación o poesía como conocimiento» (Riera, 1988: 149-164).

2.9. Conclusiones

En conclusión, el epistolario de José Ángel Valente y Carlos Bousoño expone una relación personal y, en especial, intelectual, que no se ha estudiado hasta el momento. Su correspondencia, pese a saberse incompleta, permite un primerizo acercamiento al vínculo que forjaron los poetas al menos entre los años 1956 y 1968.

La relación intelectual y de amistad que reflejan las misivas que, esencialmente, envió Carlos Bousoño a José Ángel Valente son síntoma del tipo de trato que debieron mantener en persona. Sin embargo, la década de finalización de carteo entre ellos y su forma abrupta también son indicadores de que esta se vio interrumpida y, quizás, desgastada. Con todo, las numerosas muestras de afecto que transmiten estas epístolas hacen pensar que, mientras existió, su relación fue no solo cordial, sino también amena, apacible y de confianza. Una confianza que se debió de ver reforzada por la cantidad de amistades literarias que compartieron y, en especial, la de Vicente Aleixandre.

Bien es cierto que debe reconocerse que, en parte, la escritura del artículo «La poesía de J. Á. Valente y el nuevo concepto de originalidad» por parte de Carlos Bousoño sobre el segundo poemario publicado del gallego en 1961 es el tema central de las misivas. Asimismo, las discrepancias sobre la concepción de determinados aspectos literarios, como el de la poesía como comunicación o conocimiento, fueron también un potente motor que mantuvieron a ambos escritores en frecuente diálogo. Es, pues, esta una relación multipolar de la que se puede ser testigo gracias a la donación de José Ángel Valente de su legado para la construcción de la Cátedra Valente y que ha tratado de reconstruirse aquí respetando la fidelidad de lo que los autores se escribieron y leyeron recíprocamente.

Bibliografía citada

BOUSOÑO, C. (1948) Prólogo. En: *Secreta fuente*. Ed. por Llo-
réns, B. Madrid: Gráficas Uguina, 11.

BOUSOÑO, C. (1952) *Teoría de la expresión poética*. Madrid:
Gredos.

BOUSOÑO, C. (abril 1955) El arte de callar a tiempo: *A modo
de esperanza* de José Ángel Valente. *Índice de artes y letras*,
79, [s. p.].

BOUSOÑO, C. (mayo 1961) La poesía de J. Á. Valente y el nuevo
concepto de originalidad. *Ínsula*, 174, 1 y 14.

CHICHARRO CHAMORRO, A. (2020) Censura y poesía en Ga-
briel Celaya: una aproximación. *Ínsula*, 879, 17-21.

DÍEZ DE REVENGA, F. J. (2012) Gestión de un patrimonio lite-
rario: manuscritos, epistolario, documentos personales, edi-
ciones (el legado de Carmen Conde). En: *Crítica genética y
edición de manuscritos hispánicos contemporáneos*. Ed. por
Gamba Corradine, J. y Vauthier, B. Salamanca: Ediciones
Universidad de Salamanca, 129-144.

DUQUE AMUSCO, A. *et al.* (1995) *Carlos Bousoño. Premio Na-
cional de las Letras Españolas 1993*. Ed. a cargo de Antonio
Duque Amusco. Madrid: Ministerio de Cultura y Deporte.

DUQUE CRANE, A. (2016) *Cartas a un poeta joven: epistolario
para Aquilino Duque Gimeno (1952-2005)*. Sevilla: Edito-
rial Universidad de Sevilla, 12-21 y 138-146.

GARCÍA CANTALAPIEDRA, A. (1975) Parte I. En: *Tiempo y vida
de José Luis Hidalgo*. Madrid: Taurus, 31-110.

LÓPEZ-PASARÍN BASABE, A. (marzo 2007) La poesía de la Ge-
neración española del 50. *Cuadernos Canela*, XVIII, 27-43.

MARURI, J. (1957) *Antología*. Torrelavega: Cantalapiedra.

REDONDO ABAL, F. X. (2016) *Biblioteca de José Ángel Valente*. Santiago de Compostela: Universidade de Santiago de Compostela, Servizo de Publicacións e Intercambio Científico.

RIERA, C. (1988) *La Escuela de Barcelona: Barral, Gil de Biedma, Goytisolo: el núcleo poético de la generación de los 50*. Madrid: Anagrama.

RODRÍGUEZ FER, C. (ed.) (2021) *Valente epistolar (Correspondencia de José Ángel Valente con sus amistades)*. Santiago de Compostela: Universidade de Santiago de Compostela, Servizo de Publicacións e Intercambio Científico.

RODRÍGUEZ FER, C., Agudo, M., y Fernández Rodríguez, M. (2012) *Valente vital (Galicia, Madrid, Oxford)*. Santiago de Compostela: Universidade de Santiago de Compostela, Servizo de Publicacións e Intercambio Científico.

RODRÍGUEZ FER, C., BLANCO DE SARACHO, T., y LOPO, M. (2014) *Valente vital (Ginebra, Saboya, París)*. Santiago de Compostela: Universidade de Santiago de Compostela, Servizo de Publicacións e Intercambio Científico.

SÁNCHEZ DUEÑAS, B. y PORRO HERRERA, M. J. (2015) *Concha Lagos, agente cultural: Los Cuadernos de Ágora*, Madrid, UNED, 61-62.

SÁNCHEZ LÓPEZ, P. (2010) Rescate de una antología: España canta a Cuba. *Castilla. Estudios de literatura*, 1, 346-364.

SÁNCHEZ SANTIAGO, T. (1990) *Dos poetas de la Generación de los 50: Carlos Barral y José Ángel Valente*. Granada, Ediciones A. Ubago, 41-51.

VALENTE, J. Á. (febrero 1952) Seis calas en la expresión literaria española, vistas, por José Ángel Valente. *Cuadernos Hispanoamericanos*, 26, 297-302.

VALENTE, J. Á. (abril 1953) Conversación con Bousoño «Premio Fastenrath» de crítica literaria. *Índice de artes y letras,* supl. *Libros,* 62, 3.

VALENTE, J. Á. (2008) *Obras completas* [T. II]. Ed. por Sánchez Robayna, A. y recop. e intr. por Rodríguez Fer, C. Barcelona: Galaxia Gutenberg, Círculo de Lectores D. L.

VALENTE, J. Á. (2011) *Diario anónimo.* Ed. por Sánchez Robayna, A. Barcelona: Galaxia Gutenberg, Círculo de Lectores D. L., 35-123.

VALENTE, J. Á. (2014) *Poesía completa.* Ed. por Sánchez Robayna, A. Barcelona: Galaxia Gutenberg, Círculo de Lectores D. L.

VALLADARES, S. (2016) *Retrato de grupo con figura ausente: edición y análisis de la correspondencia entre José Ángel Valente y los poetas españoles de su edad.* Ourense: Diputación Provincial de Ourense.

VELO, M. J. (1995) Cronología. Apuntes sobre la vida de Carlos Bousoño. En: *Carlos Bousoño. Premio Nacional de las Letras Españolas 1993.* Ed. por Duque Amusco. Madrid: Ministerio de Cultura y Deporte, 15-22.

Bibliografía consultada

BENÉITEZ ANDRÉS, R. (2019) Poesía como conocimiento frente a poesía como comunicación: una querella de largo recorrido. *RILCE. Revista de Filología Hispánica,* 35 (2), 347-370.

BOUSOÑO, C. (noviembre 1951) La poesía de Blas de Otero. *Ínsula,* 71, 2.

BOUSOÑO, C. (1955) Nuevo concepto de estilística: fondo, forma y personalidad. *Bolívar,* 40, 1017-1027.

BOUSOÑO, C. (enero-febrero 1959) Ante una promoción nueva de poetas. *Cuadernos de Ágora*, 27-28, 3-6.

BOUSOÑO, C. (enero 1961) Carta abierta a José M.ª Castellet. *Ínsula*, 170, 15.

BOUSOÑO, C. (enero 1963) Materia como historia. (El nuevo Aleixandre). *Ínsula*, 194, 1, 12 y 13.

BOUSOÑO, C. (agosto 1964) Poesía contemporánea y poesía postcontemporánea. *Papeles de Son Armadans*, 101, 121-184.

CASTELLET, J. M. (1960) *Veinte años de poesía española (1939-1959)*. Barcelona: Seix Barral.

CHICHARRO CHAMORRO, A. (2007) Poesía y vida: Nota bio-bibliográfica. En: *Estudios sobre Gabriel Celaya y su obra literaria*. Granada: Universidad de Granada.

DUQUE AMUSCO, A. Carlos Bousoño Prieto. Real Academia de la Historia, *Diccionario Biográfico electrónico*. Disponible en <https://dbe.rah.es/biografias/9104/carlos-bousono-prie-to> [consulta: 22 octubre 2022].

EDITORIAL HERDER. Disponible en <https://herdereditorial.com/sobre-herder> [consulta: 28 noviembre 2022].

EFE (2002) Carlos Bousoño señala que José Ángel Valente fue «un ser destructivo». *Libertad Digital* 10 septiembre. Disponible en <https://www.libertaddigital.com/cultura/2002-09-10/carlos-bousono-senala-que-jose-angel-valente-fue-un-ser-destructivo-1275316983/> [consulta: 12 diciembre 2022].

ESCOBAR BORREGO, F. J. (2012) Nueve cartas inéditas de José Ángel Valente a Concha Lagos (con Vicente Aleixandre y Dámaso Alonso al fondo). *Revista de Filología de la Universidad de La Laguna*, 30, 185-200.

HERAS SALORD, J. de las, MARTÍN ESPINOSA, N. M., y MARIÑO GUTIÉRREZ, L. (2014) Aproximación a una perspectiva sociosanitaria de la viruela y su vacuna en España en el siglo xx. En: *Medicina y poder político: XVI Congreso de la Sociedad Española de Historia de la Medicina*. Ed. por Campos Marín, R., González de Pablo, A., Porras Gallo, M. I., y Montiel, L. Madrid: SEHM y Facultad de Medicina de la Universidad Complutense de Madrid (UCM), 181-190.

Kopácsi, S. (2009) 1956, una cronología húngara. En: *En nombre de la clase obrera*. Barcelona: El Viejo Topo.

Lanz, J. J. (2009) *Conocimiento y comunicación: textos para una polémica poética en el medio siglo (1950-1963)*. Palma de Mallorca, Edicions UIB.

Library of Congress. Disponible en <https://www.loc.gov/> [consulta: 12 diciembre 2022].

New York Public Library. Disponible en <https://www.nypl.org/> [consulta: 12 diciembre 2022].

Ortega y Gasset, J. (1923-) *Revista de Occidente*. Disponible en <https://ortegaygasset.edu/categoria-producto/publicaciones/revista-de-occidente/> [consulta: 25 julio 2022].

Rodríguez Fer, C. (2013) Epistolario Jorge Guillén / José Ángel Valente. En: *Perspectivas críticas para la edición de los textos de literatura española*. Ed. por Penas Varela, E. Santiago de Compostela: Universidade de Santiago de Compostela, 385-415.

Rodríguez Fer, C. (2018) *Valente infinito: (libertad creativa y conexiones interculturales)*. Santiago de Compostela: Universidade de Santiago de Compostela, Servizo de Publicacións e Intercambio Científico.

Sanz Villanueva, S. (2010) *La novela española durante el franquismo: itinerarios de la normalidad*. Madrid, Gredos, 81-83.

University of San Francisco (1855-) Disponible en <https://www.usfca.edu/who-we-are/san-franciscos-university/our-history> [consulta: 28 noviembre 2022].

Valente, J. Á. (junio 1955). Once poetas: Alfonso Costafreda. *Índice de artes y letras*, 80, 15.

Valente, J. Á. (septiembre 1955) Once poetas: Claudio Rodríguez. *Índice de artes y letras*, 84, 18.

Valente, J. Á. (mayo-junio 1956) Once poetas: Ángel González. *Índice de artes y letras*, 88-89, 12.

Valente, J. Á. (agosto 1956) Once poetas: Jaime Ferrán. *Índice de artes y letras*, 91, 17.

Valente, J. Á. (marzo 1963) Conocimiento y comunicación. En: *Poesía última*. Ed. por Ribes, F. Madrid: Taurus, 155-161.

Valente, J. Á. (1969) *Poesía última*. Ed. por Ribes, F. Madrid: Taurus, 153-188.